这才是你的世界

万物大历史

【美】李乃义 著

人民出版社

新 版 序

2007年初，承东方出版社不弃，把我想传给女儿的、自以为了不得的"武林秘籍"，公开发行。

结果：

（一）女儿是不会中文的两个假洋鬼子，虽然启发了老大到中国学中文、想把老爸的"非家传秘方"译出个英文本来，于是，配备给她一份英文初稿，但她至今没读完、当然也没译完，也就没法传给老二。她的抱怨：你写得不好，太涩了，不好读。

（二）出版社的编辑朋友们，很客气地告诉我：

"读者们嫌那本书难读，信息量太大，人文不像人文，科普不像科普。要更有趣到能吸引十几、二十几岁的年轻人读，才算本事。"

所以，虽然海峡两岸都印行，销售三万册，但也不过近乎"孤芳自赏"，倒真像武侠小说里常常形容的那些难解的"武林秘籍"，快要入土为安；要不"留赠有缘"、要不索性"失传"算了。

自我检讨：

（一）2016年末季，在北京同久违的出版社朋友们聚会，承他们建议再版，但要我"修改得容易读些"，似乎还有那么一点值得读的意思。秘籍所讲的，无非是"天下武功大杂烩"，把中外古今发生过的、已知的事理，用中国功夫整出头绪，讲个"天地人大演义"罢了。故事讲得没趣、让人不明白，肯定是没讲好，我的不是。

（二）初版是典型第一次开车的人"生手上路"的作品，兴奋、紧张之余，不免自我中心、耍炫、卖酷。我应该自觉地、更多地站在群众一边，"为人民服务"。

此外，大家都是老中，可以坦言家丑：

中国大地流失了太多"秘方"、"秘本"、"秘画"、"秘谱"、"秘法"、"秘制"……都因中国人喜欢搞"家传秘方"，不幸，许多智慧就因此灭绝。那么些好玩、有用的功夫，给弄丢了，未免有点可惜。

现在是信息时代了，信息和知识的自由流通，使得"武林秘籍"再也难以私密化……坊间"仿冒"版够多的了，于是，反正已经"卖弄"过、再也脱不了"卖弄"的嫌疑，就"下定决心"、"排除万难"、"继续革命"：修整个新版本出来。当然，也因为过去 10 年了，又有许多新知识、新数据，是初版不知道或认知错的，正好顺便修正。

希望读到这本新版书的读者们，能够感到读得更有趣些，并且能真切地感到"知道"了"这才是我的世界"。

目　录

引子　每个人都有个故事

大　背　景

谁人没有个他自己的故事呢？

人们最熟悉的故事，一定是发生在每个人自己身上的经历与记忆。所以，要讲故事，最好从自己的故事说起：

跟每个人一样，这个叫做"李乃义"的"我"，有他自己的特定生长环境，和肯定与任何其他人都不尽相同的境遇。我老爸，显然是蒋介石的追随者，他说他老爸，就是我爷爷（我没见过），是孙中山的追随者。这倒也符合他们那个时代中国人的现实景况，总之，1949年吧，老爸便带着一家人跟着国民党到台湾了，成为所谓的"军公教"人员，也就是吃公粮的人。

那时候，第二次世界大战才结束不久，中国内战正以毛泽东的胜利标志着共产中国的开端。中国土地上连续此起彼落、长达近一个世纪的战乱，使得即便像台湾这样一个每年稻米可以收成三四次的地方，也显得相当穷困。大家也就是将就着番薯、蔬菜过日子罢了，我家也不例外。幸好我的外祖父（我也没见过），他是印度尼西亚华侨中的殷商，靠他这个"海外关系"的接济，老爸、老妈便算是拉拔起一个中等家庭的架式了。所以，我的童年，生活虽说不上富裕，但也不辛苦。

如果台湾的嘉南平原好比大陆的江南鱼米之乡，那么苗栗就近乎贵州了。我就是在山间的小镇里长大的，那里生活水平低，老爸糊一家七口的生计比较容易。10 岁之前，每天要走大约个把钟头的路上学，可是回想起来，那是段感觉很快乐的时光，每天同双胞胎的哥哥（大我 15 分钟）作伴一路玩到学校，放学又一路玩回家。

小 时 候

几件印象比较深刻的事：

其一是 6 岁的时候，因为家里共有 4 个小男孩，皮到老妈实在受不了，就让一位邻居领着我们双胞胎去天主堂受洗，做了个天主教徒，这一做 12 年，到 18 岁我才离开教会。那些神父、修女们的教化十分管用，8 岁那年，我们已经是周日弥撒里披上袈裟、跟着神父念念有词的小辅祭了。教会常施舍些美国面粉、牛油、奶粉，作用还真不赖，苗栗小乡镇里的天主教徒有增无减，我就穿过用美国面粉袋改做的小内裤。

其间发生过一个有趣的小插曲，因为在课堂和教堂里都经常被教育"要有同情心"，有一天，我们路过一间小铺，门前坐了位衣衫褴褛、面目黧黑的人，我们当下认定他是个可怜的乞丐，同情心大大发作，立马便要将身上仅有的两毛钱舍了给他，那人却着急起来：

"我不是乞丐，我不是乞丐……"

不但避开我们的小手，还让我们团团追了几转。

好心做坏事、无意中伤人，直到现在，我们似乎都还时不时地犯同样的毛病呢！

有一次，我真的犯错了：从老妈的钱包里偷了 10 块钱，是比现在从家里偷张百元大钞还严重的事。当然，天下没有不透风的墙，风光不了两天，才花不到 3 块钱，便被老妈逮住了。记得是晚上洗完澡，上床后被叫起来端坐，问："是不是你拿的?"

我只好强自庄敬："是。"

大概没料到能如此坦白结案，老妈只好说："怎么罚?"

我把手一伸："五十下。"

多年之后，老妈告诉我："你怎么会说 50 下，打到我都手酸。"

其实，那时我怎会明白什么"诚信"、"责任"的大道理，只不过认准了：有错认错、犯错受罚是应该的，何况眼下就蒙混不过去，至少自己明白那钱是偷来的，挨打，活该。

后来，上了高中，很读了些历朝历代史，以及洋枪、洋炮、洋教下的中国近代史，又读了些新旧约、可兰经、佛经，觉得耶稣固然很伟大，中外历史上的伟人可也不少。至少那些远道来华、深入民间传教的和尚、神父、修女们的慈悲，便相当可敬。于是决定回归中国传统的儒、侠、贤、圣之路，比较自在。

然而，小天主教徒的回忆，是个美好的童年印记。相对于中国道、禅的破执与破格，所有耶稣教会对信仰的执着，永远成为内心里的两极境界。

其二是上学不久，便决定同大多数小朋友一样打光脚上学，因为几乎全班都光脚，做光脚族，同大伙一道嬉戏，玩伴多些，至少随时可以一脚踩进清澈的小溪里，摸点小鱼、小虾、小蚬的。此举，一定让老妈相当高兴，省了不少买鞋的钱。那时，全校第一名的模范生是位詹同学，妈妈是日本人，每天把他整理得干干净净、清清爽爽，偶尔上他家玩，进门得先洗脚。他家相对来说很现代化，新奇玩具、点心都不少，去了拘束，大家很少去，礼数规矩变成天然的距离，小学毕业之后，竟无缘再会了。

那时候，国民政府为了鼓励农民子弟上学，每学期都会给贫困农民家庭发个 20 来块钱左右的助学金，言明他们得让孩子们交回来作为簿本费。有一回，来了位刚从师范毕业的老师，不知有意无意，他把现金发给班上的小朋友带回家，结果第二天有好几户人没带钱回来，因为被他们的老爸拿去买酒、肉，全家打牙祭去了。那时新台币很大，一斤上等里脊瘦肉不过 5 块钱！

小学毕业后，搭火车上台北去考初中（得乘上半天火车），在列车停的一个小站上，跳进来违法叫卖柑橘的小贩，抬头一看，是同班一起玩乐的同学！他显然已行之有素，刹时的尴尬凝结在车掌喝捕声中，便顺着徐行的火车跳下去了。就这样，有生以来，第一次感受到些许人生的不同与无奈，至今都还记得那位同学错愕的形影。

上 中 学

中学嘛，跟现在的孩子们一样可怜，就是考、考、考，考个没完没了。可现在想起来，那时台湾的考试制度算是个非常合理公平的竞赛，能走的后门、能用的权势相当稀罕，很少很少特例，全是各凭本事打天下。又要做功课，又不能少掉玩的，更不能少掉青少年的叛逆性与表现欲，形势很快逼迫我学会"天下没有白吃的午餐"，自己把时间、精力都管理起来有效利用，不睡午觉就是了。

早期台湾这样公平的考试制度，加上一体服兵役的锻炼，真正造就了一个有知识、有纪律的群体竞争力，才可能经得起近二十年那样的挥霍。

所以，上学、考试，确实烦人，不过，得当它是种强迫储蓄，趁年轻、学习得起来的时光，尽可能早点发现自己真正的所长，赚足下半生过日子所需的技能、知识和处事的习性。

我的中学生活很一般，唯一可庆的是初中、高中都在一批顽皮聪明的孩子中度过。初中，因为打架，不打不相识，倒交了像席慕强那样的蒙古族好友。上大学那年的暑期军训，与他约好在山下大佛像前见面，我临时给忘了，他硬是从早上就等在那儿，直到我记起来赶下山去，依然得以会面、尽欢而散，勉强拾回军训期间那个宝贵的假日。席慕强在 18 岁就教会我，朋友要怎么交!

高中的那一班是个异数，班上的小太保不少，全班 50 人到毕业共记足 50 多个大过，皮透了。嘉义乡下来的、老实的吴坤光，被皮孩子们选为风纪股长，他执法认真，反被暴力欺负，这人只退缩了一下，最终长大成为台湾医师公会的理事长，那帮皮孩子们倒连高中都毕不了业，一路上被学校开除了四五个，真正应了"善有善报，恶有恶报"那句话。

此外，还有一件可说的事：高中就有"女友"，很知道青少年的初恋，什么 puppy love、first love（初恋）是咋回事，不然哪能轻轻松松地看女儿在中学就"谈恋爱"？人的一生，哪有几件事是不学就会的呢？绝大多数，不经一事，不长一智。别存心害人，也不用太怕摔跤；当然，同样的跤别摔两三次，摔两三次以上就不只是面子问题，是脑子问题啦。对伤筋动骨的事得上点心，稍微小心点、用点逻辑、保护点自己就行了。

大概在高中毕业前后，老妈趁台湾"经济开放"的势头跑起单帮生意来，家里先是配备彩电、洗衣机、冰箱、空调，然后电话、机车……那时候，台湾几乎一夕沸腾，到处都在盖房子，台北东区、松山机场附近原本相当偏远，竟然 10 年大变样，水田都不见，完全成为崭新的住宅区，办公楼林立，人多势众也就跟着商机鼎盛。到了上世纪 80 年代，台湾已经成为亚洲四小龙之一，工贸日益正规化，老妈的单帮生意经自然就不灵了，那是我放洋留学多年后的事。

1981 年，我到大陆逛逛，以后几乎每年都去，就眼看整个社会的配备过程，竟然也和我家的历程几乎一样。真是"人同此心、心同此理"，人们对"好日子"的追求，挡也挡不住，难怪邓小平名声直追老毛，发展的确是"硬"道理。不过，两岸社会发展的问题倒真也一模一样：现代化、跟国际接轨的结果，两岸都成为国际加工厂、代工厂，赚取微薄的利润，而市场经济嘛，首先是成为"权力经济"，"近水楼台先得月"，贫农直接变亿万富翁的何止阿扁"总统"而已……

千金难买早知道

这句话，正好应了大部分人们常叹息的：

"我早知道这样，就如何、如何……"

中国文字"知道"，有"知"那个动作，又有"道"那个东西，实在好玩，而常常"知道"都是事后才有"先见之明"的。要少后悔，甚至不后悔，就一定现在就得认识到，世人主要的分别，便是"知道的人"和"不知道的人"两类而已。人成长的功力，所练的功夫，不就是图个"明白"吗？

所有的人，都是用同样的材质制作的，不就是那么些水分、盐分、蛋白质、脂肪、DNA 什么的吗？前人、今人、别人、自己，大家都一样，无非是被父母、父母的父母、社会群体教成那个样的。塑造我们的模具，尽管可以有时代和区域的不同，无非表显于古罗马、古埃及、汉人、唐人……或信奉伊斯兰教、耶稣教、佛教……或美式、中式、日式等等口味和形式上的差异，基本规格都差不多，本质毕竟是"人"。别说生理和心理都是完全可以互通的，甚至从古至今、从非洲到美洲，所教的道理，一律都是诚信、仁义、勤劳、博爱、自律、致知……没有例外；能感动人的东西，实在也差不太多。

世人的不同主要在于：知道的方法和表达方式不同，典型的"条条大路通罗马（或长安）"。但为了少摔跟头、少走弯路、省点自己摸索的力气，我们还是得放开心胸，多听听、多学学别人的经验。

1964 年，台北建中高二的那一届，来了位先生，赵毅。他很令人难忘，在传统中国教育的框架下，他给我们那些小毛头上的第一堂课，很有启发性：

"把你们眼睛闭上，回想你们从今早起床开始所起的一切念头……"

"人的思绪是不断涌现的，一个念头接一个念头，几乎完全不连续：要赶上公车啦，天天几乎会看到的那个女生会不会出现啦，路边那个豆浆摊的油条真香啦……一路到学校，已经千百个思绪飘将过去……"

"所以，一般人不知不觉地不断思想。能让自己的所思所想稍微有点连续、集中、坚持的人，哪怕只占每天众多念头中的 5%，甚至 1%，都是可能有所作为、有所贡献的人……"
"人脑思绪对你的影响，就这么大！"

回想赵老师的话，至今仍然振聋发聩！虽然那时候，我们那些小毛头还不大理会得清楚什么"知"、"觉"、"思"的，反正，年轻时的我们，自以为挺有"思想"的，更何况还被赵老师教过！于是那时候的建中便又多了些从小立志做大事、"志虑纯正"的人，至于将来要作为些什么，倒还真是屡发奇想。其实当时，我们连自己究竟知道些什么，都还模模糊糊的，无非是一股劲，想学点真功夫罢了。

到了 1967 年，大陆的年轻人在经历"文化大革命"，怀疑一切，打倒一切。美国的年轻人在反越战，嬉皮士与摇滚乐大行其道。台湾则在"改革开放"，大搞加工出口区，与全球经济接轨。人类才刚登上月球不久，当然没有找到月兔与嫦娥。全世界似乎都是一片混乱，但很浪漫，到处充满着年轻人理想和激情的印记。

台中东海大学的山丘上，来了一批批避战、反战（越战）的美国青年，年纪比当时的我们大不了几岁。他们来逛世界，学中文，也教点英语或其他基础课程。那时候上大学的我们，就这样迷迷糊糊地与国际接轨了：不但被教会 Joan Baez（琼·贝兹）的许多反战歌谣，很快也将歌咏古巴共产革命家 Che Guevara（切·格瓦拉）的南美洲版 Guantalamela 琅琅上口（据说是"革命歌曲"，不确定，权当是吧，留个革命的尾巴），当时并没想那么多"政治异端"的事，只觉得这些音乐蛮好听的罢了。

记得是电磁学，也是第一堂课，来自 MIT（美国麻省理工学院）的美国青年的第一句授课词是：

"吾人知道，在核子的周遭，有颗电子围绕着运转……"
"We know that there is an electron circulating around the nuclei..."

他接着马上自己更正，他说："不对，No…"
"吾人认为吾人知道，在核子周遭，有颗电子围绕着运转……"
"We think we know that there is an electron circulating..."

多年来，对他当时的开场白的好奇心，早已磨灭，不复记忆。

但对这样的表达方式所起的冲击，相对于东方中国的传统与思维，就一直历历在目了：难道连百试不爽的、物理的、科学的"电子"、"核子"都不过是我们脑海里的概念而已？

竟然我们"知道"的东西，是我们自己"认为"的！

这又算是怎么回事呢？

我们得好好想一下子了！

似乎全世界的人都知道印度那个有名的"瞎子摸象"的故事，无非是形容，对于事物真相，一开始的每个人就如同瞎子们，各说各话，摸到象腿的说它像只粗壮的树干、摸到象鼻的说它像只软长的树枝、摸到象腰的说它像一堵结实的墙……就算瞎子们可以开个讨论会，把各自的叙述全部加起来，也未必能造就成一个真正的形象。

幸好绝大多数事物的真相，经过无数的前人、今人的摸索，有那么多人做过功课，又有那么多人正做着各种功课，我们倒可以省点力气，从前人和别人的功课中，整理出近乎全貌、值得领会的东西。

对于当今信息时代的人们，"知道"已经不是件太难的事。

难的是，你得想要去知道、懂得发挥你的好奇心。

就从我们自己身上，便可以有一大堆的奥秘，等着去挖掘呢。电子、核子、什么子，看不见、摸不着的，就暂且不说它。比如，我们想知道"心脏"是咋回事？每个人身上都配备了个心脏，自己都可以感觉到、量测到心跳，而我们都知道，心不跳动，人就完蛋了。

可不可以再多好奇一点，把它当个题目去稍微追踪、深入一下？

只要翻开书本或上网半个钟头，知识或常识便流进脑海里："心脏"，是动物血液循环系统中的主要部件，就是个泵嘛！人的心脏经常以大约相当于 140 公分水深的压力，每分钟把 5 公升血液输送到全身。如果人平均活 70 岁，那我们的这个天生的泵，是以每天输送6000 公升血液的效率，打从我们出生立即开始工作（我们在娘胎里的时间就不算它了吧！），直到它停止工作，一生中要对人体输送大约18 万公吨的血液。这泵有个叫做"心脏瓣膜"的附件，是只单向阀门，让血液只朝一个方向流动，平均每分钟开关 70 次，一生大约工作 25 亿次，绝大多数人的这个阀门，至死都不会磨损，而且几乎不消耗能量。

这些实实在在的数据，不说不知道，一说吓一跳，天底下还真能有这等好事！

这样一个耐久、好使（例如，你跑步，它自动加速），而又不用维修的泵，日夜不歇息，运转的压力和流量也相当稳定。稍微失误，可就是得往心脏科大夫那里挂号的大事，任何样的修理，几乎都攸关生死，很难、很难做到。它从设计，到制造，到安装，到运转，到维控，都是从我们娘胎里的一只胚胎里的 DNA 分裂开始，这 DNA 的硬、软件功力，还真不可小觑。很多人都禁不住想钻研下去，把它弄个水落石出。许多人钻研到相关题目上，心肌啦、心脏流体力学啦，等等。总成绩单便是现代人类得以享用心肺机、心脏移植等医疗服务，甚至从祛除 DNA 里的缺陷着手。心脏这个例子，不过是说明：众多瞎子摸象的过程，其实就是针对一个题目寻找答案，积累数据与知识的过程啊！

常常自己起问，而又懂得想办法去找解答的人，便是"聪明"

的开端。现代的人所好奇的大多数问题，多半已有些答案，因为，几乎世世代代都问着类似疑难的问题，全世界各地的前人、今人，一直继续着解答的努力。不管答案完不完整，都是时间与空间上的众多人脑不断的积分知识的成绩单。

人类社会不断地进步，一切领域，一切知识，如今人们知道的真相不少呢，难得的依然是愿意找个不那么休闲的题目，又能坚持一路问到底去找解答的人。

没有人天生就知道

所有的年轻人，应付课业、游玩、交朋友之余，都不免喜欢胡思乱想。其实，"思"、"想"这件事，与年龄无关，年纪大，照样胡思乱想，题目不一样就是了。

我们就暂且把前面提到的赵老师说的"专注"，用在检查自己的"知道"是怎么回事吧。也许你立马会直觉地反应：那么天经地义的事，用得着问吗？

"我们本能就知道嘛！"
好，那么，又是什么"本能"呢？
本能到人脑的结构吗？那么多活生生的脑细胞，每一个都单独按照 DNA 指定给它的生理化学来反应，最终怎么造成你知道你"知道"这回事的？
哲学家肯定说不清楚了，好像得找个脑神经学家才说得清楚，又好像得找个心理学家，似乎又都不是！那么自然的，时时刻刻发生的事都不太容易明白，那我们对所有事情的真相、感觉、理解还能确定些什么呢？

好了，这题目是个老题目，无数前人、今人自问过、讨论过，我们绝对不是第一个、也不会是最后一个谈论它的人。这是个发现"自我"，找寻"自我"的过程，估计人的一生，总会或模糊或清晰地碰到过这题目一次以上。

类似的题目很不少，比如，"感觉"、"存在"、"意义"、"公平"、"正义"，等等。我们一定有很多其他的疑问，自问一次、多问几次，自己感觉回答得满意些，就代表更知道些。

每个人，都只能说出"我"自己的理解，那是每个人他自己的理解。

"知道"，对我而言，是这样的：

第一，一块石头永远没有"知不知道"的问题，任何非生物，哪怕大得像太阳或星系，就仅仅是个"存在"而已，挂在这宇宙的时空里罢了。

但是，这地球上的生物就不同了，生物的存在是有"目的"的。要生存，要复制自己、延续下去，它就必须要"知道"所处的环境，它"不知道"的时候就是死亡、变回非生物的时候。哪怕简单到是个单细胞的生物，也会有天生的某种感应器官，只要环境条件合适，即使它在环境不利的时候已经长期"装死",变成个某种生化物质的结晶,也能迅速活回来、繁殖下去。显然,它很"知道"它需要什么。

实际上,生物演化从单细胞,而多细胞,而植物、动物、人类……对环境的感应越来越敏感,所需知道、要知道的数据越来越多。

比如,种子,它必得测知环境的湿度、温度和土壤的化学性能,都合适了,它才会让自己发芽。种子的"知道"也许很简单,它DNA链上肯定具备生化性质的、分子级的温湿度计、酸碱计等等,不停地检查周遭环境的信号。所需的信号,可以只是简单的几个分子,数据全对上号了之后,它的DNA链就自动打开一些分子开关、启动某些化学作用,促使种子吸收身边的水分、转化囤积的营养、让DNA分裂、迅速把小芽茎撑出地面、长出两片小绿叶……经营整个从感知到反应的程序就只用上为数寥寥不多的几个分子!植物,其实是相当了解它所处的环境,至少,它知道哪些是重要参数,并据之作出反应。

动物,那就更不消说了,开宗明义,"动"物嘛,机动的生物也。因为靠机动来谋生,活动范围比较大,必须时时刻刻觉察身边其他动植物的数据,判断、决定它自己的下一步行动。**知道**或**不知道**,就是动物存活(或成为别人的食物)的首要条件,这是多么关键的差别!

第二,动物的感官,演化出眼、耳、鼻、舌、肤,五官俱全,够复杂的了。这些特化的生物细胞,连同神经末梢一起,分别去接收光子、声波、化学分子、电能或动能的信号,送进大脑去处理,形成视、听、嗅、味、触五觉（识）。知觉，早已自然演化成一套了不得的系统工程。眼、耳、鼻、舌、肤五种感应器官里的物理、化学运作，够灵敏、够细致的，绝大多数的仪器都比不上。脑处理器更是天造地设，无论哪个再大的电脑系统都难以仿冒出一个动物的脑功能。

就拿"看见了"这样一套天经地义的动作来说：首先得有"信号"，就是"光子"或"光波"，其次得有"接收器"，就是眼睛里的视神经，有光（信号），又有眼（接收器），信号又能到达接收器，灵敏度之内的"感"，就此完成。眼珠子里的无数个视神经感光之后，各自把捕捉到的光信号的强度和能量（颜色），按一套本能的、DNA已定好的程序（生化式的），不但把数据快速地传到脑处理器，而且用那里头的视觉软件包进行影像处理。

三十几亿年的生命演化使得这天生的视觉软件包和脑硬件处理器搭配得非常高效，让你几乎立马察觉影像。完成这整个"觉"的过程，又快、又很少失真，可以说，只要光子一到达眼里，你就"看见了"。关键是不能少了光子。

所以，晚上看得见星星，却看不见老虎，不是我们眼睛不好，是因为星星发光，老虎不发光，没光信号传给眼珠子，就没法有视感、视觉。照它一下，让光子从它身上反射，就看得见了。月亮不发光，它反射太阳的光，所以才成为月"亮"！

至于辨识之"知"，那是脑处理器里，软、硬件的综合作用了，动物的脑子里尽是天生基因传下来的硬、软件杰作；使你可以在"感""觉"之外"知道"那玩意是什么、跟其他东西有啥不同。

你不用"看"到100次老虎的形影才学会"知道"老虎是啥东东，那显然太危险，我们基因里便有老祖宗对老虎的痛苦记忆，也许几颗虎味的气体分子或虎啸之声便足以挑起那恐惧的"直感"或"直觉"了，何况我们的脑处理器还会综合地把所有影、音、味觉以及过去的直接、间接的经验记忆等等数据，加以整合、重组，整理出相关的"知"来。

总之，宇宙里能够发生从"感"到"知"这件事情，依赖一套套的硬、软件系统，以及一连串的物理、化学程序。显然，灵敏的硬件有利于"知道"的开发，难怪古人用"聪明"来形容任何一个"知道"的、有智慧的、smart 的东西：聪，是耳力特佳；明，是眼力特好。能比一般人听得、看得更清，更早察觉到危险或食物，当然存活率便更高。人类能发扬光大，证明人类很"聪明"，会制作器具来扩大自己的视觉、听觉，所以越来越聪明。

第三，这一套套"感觉"和"知道"的硬、软件系统，以及一连串的物理、化学程序，又怎么跳出来的？都是这宇宙里的东西嘛，就从材料入门看下去吧。

这宇宙里包罗万象，细细分解，却无非质量、能量、空间、时间四大件，千奇百怪的一切存在，都离不开它们。一切东东，不过是质、能、时、空在这宇宙的物理法则下的因缘际合，连我们自身也是一定的质与能的组合，占用一定的时与空而已。

所有的"天则"，数学的、物理的、化学的，全都是我们存在的不可逾越的制限，游戏规则。这有点像篮球赛，有一定的框框和规矩，大家都必须按那规则来玩球，不然就不成其为"篮球赛"了。即使像球赛那样简单的框框和规矩，玩起来的变化都挺大，球队一多，每场球赛可能的结果，输赢的几率，便也多到出人意表。

这宇宙的数量级远远大于球赛，质、能、时、空的量，都是多多多、大大大，无限、无极是人们常用的形容词，哪怕加个单纯的物理框框和游戏规则规矩，立即衍生出各种组合上的可能性。能存在的事物，必然是框架之内有可能发生的；星球、生物、演化、气候、物种、器官……就都是这样一场场的展示。

当然，可能性，几率本身也是多到无以复加的。球赛结果都难以预测呢，何况宇宙。大千世界也的确显得形形色色，莫测而无常。但是，框架之外的事物一定不会发生，这宇宙里的一切东东，一定是用这宇宙里存在的东西做成的。

比如，我们"知道"有"光"的存在与现象，因为我们能"感觉"光嘛；而且我们还知道，"光"信号和眼睛、神经、大脑等等，都是由这宇宙里的某些质与能构成的。我们是可以借助科学仪器来延伸感官的范围和灵敏度，但那套已经演化、安装完成的视觉、听觉等系统可没法轻易改装。所以，眼珠受击，人脑就感觉金星乱冒；耳朵被打，人脑就感觉五雷轰顶。这系统的设计与制造本来就为了听到、看见嘛，它只会把接收到的信号能量，诠释为视觉的景象或听觉的声音，使我们如见金星、如闻雷鸣！当然，我们在视觉、听觉之外，还有痛觉，大脑才可以马上判断出来：金星、雷鸣不是真相，真相是"挨揍了"。

"感觉"当然是实在的,只是偶尔会开个玩笑,扭曲、限制了我们对真相的理解。其实,受规矩制约,无疑是正常的。用质、能制作的仪器来感知其他的质、能,碰到极限,无法"知道",很平常。幸好,人脑不全只靠先天基因传下的软件来运作,它还装备了套善于推理、思维的软体,依靠后天的学习来积累经验和数据,并开发出各种后天培养的逻辑软件包来理解自己与外界,了悟自身所受的制限并超越它,到达"知"境。甚至连仪器都未能侦知的东西,人也能率先推测甚至理解它们的由来,没这武功,我们哪能发现"黑洞"的存在?

能看透老虎的伪装,知道老虎的存在、可怕,这没啥了不起,多数动物都做得到。能活捉老虎,检测、保护老虎存活的生态环境,那就不只"知道"了,那得要花点心思、有点"智慧"才行。除"人"之外,其他生物都不知道它们"知道"或"不知道",所以,善于思理的当今人类才很牛 B 地自封为"万物之灵"的"智人"。

现代人"需知"

回到我的故事吧:

我当然不是一生下来就是今天的这副德性,好的、坏的,都是被教出来的、学来的。也跟你们一样,小时候皮过、用功过、被罚过、被奖过,一路玩到大,长成这个样的。

这身皮囊之中,究竟有几分是"自我"的呢?据我所知,基因是从老爸、老妈传来的,他们又是从他们的老爸、老妈那儿传来的,一直可以往前上溯到三十多亿年前地球上的，第一批成功存活并繁殖下来的 RNA、DNA 微生物。

当然，地球环境不是封闭的，宇宙各种质、能充斥于地表，每一代基因都在这宇宙的物理法则下，与周遭环境里的质、能互动，从而或许产生些微变异。我的基因，我的存在，便印证了从古至今这些变异的集成，留传我身，成为"我"这个东西的物质基础。

此外所余，竟只剩下生出娘胎之后的所有经历了。

打出娘胎活着至今的所感、所觉、所知、所思、所理、所情在大脑里的总集成，自觉或不自觉，意识或下意识，赫然成为当下自己反应、行动的依据，这可以说得上是"我"的。虽然它是此身皮囊因应所恰巧碰过的所有人、事、物、环境下的独特结果，虽然一路受一切周遭环境影响，而且似乎大多由不得自己来挑，却至少是"我"这个微小存在的见证与印记。这便是每个人从小到大的"自我"的动态德性。

所有人的"自我"素材，基因"硬件"没得挑，身上刚好就是传了各个人的爸、妈的 1/2 的基因组合。自我的各项专用"软件"，比如感觉、思想、理路、情操，这些是活着的每个人，随缘不断地与家庭、朋友、同学、亲戚、社会、大自然互动，学习、发展成"自我"的结果。每个人所处的地域环境、周边人群社会的"教化"、文化基因，很大程度地决定各个人"自我"的细节。虽然如此，每个人都绝不会少掉自己的所感、所觉、所知、所思、所理、所情。"楼上的人"，那个老天爷，他唯一的公平，就是让每个人的"自我"都有同样的几率去超越自己的那些血缘和文化的"基因"。

人与人之间，可以迅速传递、沟通的，主要是各个人的感知。我经历过的，其实不就是一个叫做"李乃义"的东西的故事嘛。

他具备"人"的硬件基因，

在中国文化的境遇里成长，

不知不觉被教育成中国人，具备"中国式"软件基因，

然后又碰巧浸染在美国文化的氛围里，添加了"美国式"软件，

就这么个东西的"自我"的故事，不见得人人可以直接套用，但又人人可以类比。

我"知道"的、可以沟通清楚的，数据、知识、事理、感受，或其他什么的，只要表达出来，说不定对接收到的人会有点用处。因为，人的硬件基因平台都是一样的，而中国文化或美国文化那样的软件包基础平台，是无数前人与今人共同谱写的，我们是搭在前人和别人的软件包上，或修或改，才成为"自己"的。人人都经过这样的互通、互动、互相影响，人群的教化，才制作出每个人的自我软件包。

在这意义上，形成每个人的故事的程式，基本相似，只是符号不同而已。都是"人"嘛，人性是通的。

身为"现代人"的我们，所应知的、必备的软件包，"现代"的常识，"需知"，不外乎：

天与地：宇宙的故事

了解一下我们这宇宙的来龙去脉呗。

作为这宇宙里的一分子，我们总得稍微明白"宇宙"是咋回事吧。

生与灭：地球的传奇

了解一下地球上的生命是咋回事的呗。

我们肯定是个活在地球上的"生物"，总得稍稍知道"生命"是啥吧。

情与理："人"的现象

猴子演化成人类，那还了得？靠啥呀？

显然不能全靠"关系"，得靠情性和理性的开发，才有叫做"人"的我们。人们现在知道：全球所有现存的人都是"智人"的后裔，我们的共同祖先是从非洲扩散出来的，所有前人、别人，都是咱亲戚。

大历史：不必再走冤枉路了

历史，就是人们记述自己故事的文字，人写的、主观的、人性的记录。

不都是人嘛，看历史等于看前人和别人是怎么走过来的、人们是怎么想的。花点时间请教它，一定可以多点见识、少点摔跤，给自己长百年的功力；更可以多了解点别人与自己的"人性"，省20年的奋斗。

快乐就是文化

"知道"，是人类存活与存续的利器，我们业已不可能"不知道"，都知道自己"知道"，却不见得喜欢"知道"。我们更喜欢"快乐"、"自在"，都追求快乐、自在的境界。但是，每个人又不能单独存活，真要没了"别人"，自己还真快乐不起来。所以，社会人要活

21

得好，固然得有情、有义、有理、有利、有节，自然人要活得好，就少不了"欢喜心"、愉快、自在、自信的培养！

承担自己，学会做个有魄力的人，而不是个有"迫"力的人吧。

一 天与地：宇宙的故事

道家老子（中、古）与霍金教授（外、今）的完美结合

古人、老祖宗们，一定对夜里满天的繁星与月亮、还有白天炙热的太阳，又好奇、又敬畏：它们到底是什么？这个宇宙到底怎么来的？

他们要给自己摸索一个答案，向来都是个不太容易获得的答案。

所以，世界上的每个民族，或多或少，都各自开发出一套关于宇宙的解答，神叨叨的。中国版的神话，是个叫做"盘古"的东西，它开天辟地，搞出天地、宇宙。信教的人，不管什么教，就端出"神"来，无论叫做什么"神"或"上帝"，总之，就说是他给搞出来这个、我们存在于其中的"宇宙"。

中国人不大信教，我们口头常说的"老天爷"，同教徒们拜的神、上帝，不完全是一码事。但"老天爷"也是个信仰，所以，道家

才会认知"老天爷"、自然、"无极"、"太极"、"两仪"……这些东东。这个非常原始的、朴素的、混沌的宇宙观,居然暗合21世纪现代物理学对宇宙的叙述,大概"纯属巧合",因为,公元17世纪时科学源起于英国,那时欧洲的科学家当然也是耶稣教徒,都相信上帝造了宇宙,他们寻觅宇宙的规律,就等于找寻上帝的意旨与规矩。

其实,人就是人,大自然赋予的人性中,包括了好奇心。从古至今,普世的人们,都喜好质疑、喜好探讨;理性的发展,最终造就了人类的文明与科学。在答案不明朗的时候,各个民族的老祖宗们,都毫无例外地把神灵信仰当作对一切终极疑问(包括宇宙、生死……)的解,以摆脱那时候他们面对"不知道"的焦虑和无奈。事实上,宗教从来就是人们的心理寄托,舒缓人们在理性无法给出解答的时候所产生的内在压力。中国大地不过刚好生活着老子般睿智的前人,在同时代的绝大多数人们都去拜神的时候,坚持住朴素的理念。

活在现代的我们,不必附会说"无极"便是"宇宙黑洞",或"太极"便是"宇宙大爆炸"的原点("奇点")。两千多年前的老子,当年绝对不具备我们的现代天文知识,更不可能知道,20世纪的物理学家们表达了类似他对宇宙的基本说法。道家老子仅只是反映了那时候的另类信仰,不同于当时人类的宗教而已。

道家老子与霍金教授(患萎缩病的 Stephen Hawking 教授,当今全世界最耀眼的物理学家之一)各自阐述了相当类似的宇宙源起,这也许不仅仅是"巧合"或"异数"就可以解释得了的。

类似的对物质组成的疑问,最早的记载之一,是希腊哲学家德

24

谟克利特，他想象把物质分解到最后，会有个叫做"原子"的最小的单元存在。

当然，我们现在知道，原子还可以再分解下去，这不是顶重要的。重要的是，古今中外，人类一定对"最小""最小"这件事有同样的好奇，没被记载下来罢了。更重要的是，像我们小时候那帮土孩子们，好奇不了几年就忘掉继续追究下去，而当代西方的科学文明却把它当回事，直到发展出数、理、化！所以，"原子"的命名，也就这么跟着西方流传下来。

同样地，星星月亮，在乡下的夜晚，是格外分明，更容易引起孩子们的遐思。老师上课偶尔说，天地有多大，宇宙多浩瀚，小孩子就有无限的问题：这天外有天，到底有多大？"最大"是多大？

有时候，可以想象得头痛，居然连老师都招架不住，回答不了。印度古人形容多、形容大，说星辰跟恒河里的沙子一样多，无法数完。中国古人说是"无极"、"不可说"。几年过去，我"长大"了，不再穷追这个问题，于是宇宙便依然是回忆里的怪物，幸好现在有一帮物理学家来解，比起前人靠巫师、道士、和尚、教士的解说，要好多了。

所以，最大和最小，最始与最终；人们的想象，也许也包括大家遐想过的，恐怕差不多。大人们的执着与解答，不过是圆孩子们的好奇和梦想吧。

现代人的解，现代的知识，倒使过去的梦想成"真"了：

原子是有的，大小约略百万分之一纳米。

宇宙是有边的，几乎有 140 亿光年那么大。

而我们能侦测到的质量与能量，只占这宇宙的一小部分，既然不能完全侦测得到，除了想象，还得想象！虽然如此，更往下探索的物质粒子、准粒子，或更往上探索的宇宙黑物质、黑能量，却不失为个有点根据的臆测，至少不是个茫茫的神话。

爱因斯坦解开了宇宙最大的奥秘：
质量跟能量是互通的

都知道爱因斯坦的绝活叫做"相对论"，当然还有"原子弹"的联想。

凡事"相对"，有个可资参考的点，才有个可以沟通理解的相对描绘，这并不是什么新鲜事儿，几乎所有人类的文明，或多或少都留下类似的智慧给后人。

既然都是"相对的"，砸在牛顿头上的苹果，也可以说成是牛顿的头往苹果上碰过去！活该！于是，这也就是爱因斯坦懂得起问的地方：

时间、位置，连同速度等等，都是相对的，量测也是相对的，

可是像（力＝质量 × 加速度）等物理方程式却不是相对的，

随便从哪个坐标去做实验，方程式都正确。那么，这些数学式子的含义，涉及时、空、质、能等具体物理意义的时候，怎么去理解呢？

爱因斯坦就这么一问到底：

时、空是什么？怎么回事？有没有绝对的参考点存在呢？

我们存在着的这个宇宙，总不会是个任意变化的幻象吧？

用爱因斯坦的话说，这宇宙的物理既然是定律，就应该在随便哪个时空点来观察都是一致的、"对称的"。结果他发现了：

$E = MC^2$，能量 = 质量 ×（光速的平方），

而且光速在任何坐标去做实验都是个固定值，相当于在任何坐标都是每秒约走 30 万公里（尽管一个坐标里边的长度或时间，跟另一个坐标里边的长度或时间，量测起来会不一样）。

这个公式，一下子把时间、空间、质量、能量都捆绑在一起了。我们直觉认为是完全分别独立存在的时、空、质、能，其实是互通的，透过一个恒定的光速，衔接在一起。而宇宙，管它大大大也好，管它小小小也好，分析到最后，不也就这时、空、质、能四大件吗？

把能量与质量等同为一码事，相当违逆我们的感觉，需要习惯一下。另外，宇宙里还有两个极端，也需要我们习惯习惯：

一个是天体世界宏观的壮丽与久远：亘古以来，地球已经够大了，但海角之外，更有天边闪烁的星星、银河……看得见，摸不着，猜不透。

一个是基本物质微观的精致与迷幻：分子、原子、核子、质子、电子、光子、粒子、介子……看不见，想不到，理不完。

这两个极端的世界，竟然是天天在同一个宇宙里的东西，接受同一个物理学的描绘！又怎么把它们"统合"起来呢？

为了加深大家对宏观与微观两个世界的感觉，有请"数据"，也

就是宇宙自己，来表达一下：

　　* 1 公克物质，相当于 2.5×10^7 度电；

　　* 1 个典型的核电站，每小时可以输出 1.5×10^6 度电；

　　* 太阳每小时要辐射出相当于 3.8×10^{23} 度电的能量；

　　其中，约 1.7×10^{14} 度电的能量到达地球。

　　转换 1 公克物质的能量，可供 10 万个家庭的月耗电力。一个典型的核电站，每小时不过真正烧掉 0.06 公克质量（所以，核废料跟核燃料的重量几乎等同）。而如果哪天太阳变黑了，地球上的人类为了自力救济，至少得盖 1 亿座核电站，地球才有足够能量来维持它自己的体温，因为太阳能几乎是地球表面平均温度得以维持的唯一来源。没有太阳，地球立马变成一个冻球的环境。

　　如果永恒的太阳的光与热，是烧的石化能源，那还了得？比方说，燃烧 1 吨煤，可烧出 7500 度电的能量。换言之，1 公克的质能转换，相当于烧掉 3300 吨的煤。如果太阳得用这些能源来维持它的地位，那就得每小时在它的表面烧掉 5×10^{19} 吨煤，也就是，烧煤速度要求：每小时 5 千亿亿吨！整个地球也不过才重 60 万亿亿吨，如果整个地球变成个大煤球，也只够在太阳表面烧上 5 天。

　　所以，$E = MC^2$ 厉害吧。

　　太阳体重是万亿吨级的千万亿倍，它每年只转换万亿吨级的质量为能量（发光），按这速度烧下去，足可烧千万亿年，当然不愧是颗"恒"星！

　　让极小的核子质量，撑起极大的星星能量，这就是太阳发光、宇宙挂满星星的奥秘。

宇宙的内功："数量级"，以及"几率"

中国人习惯用"亿（10^8）"、"万（10^4）"来表达大的数目，而我们这个宇宙的宏观尺度与微观尺度的常见单位是：

1 光年的距离＝9 万亿公里（9×10^{15} 米，或约 1 亿亿米）

1 纳米＝10^{-9} 米（10 亿分之一米）

这样的对比，立刻能感觉到"数量级"的味道，在宏观的天体与微观的基本粒子之间，在大与小所用的单位尺度上，是 10^{24} 的倍差，亿亿亿倍的数量级差异！要知道，用电子显微镜来观察细菌，也不过能放大个 100 万倍（10^6），勉强看见一个 10 纳米（10^{-8} 米）左右的细菌。

瞧瞧，我们正在述说的这个宇宙故事，还没开始细嚼呢，就已经要为确定所"知道"的范围，先来检讨我们自身的制限了。因为，目前科学能让我们直接用仪器观测的东西，不过是放大个 100 万倍左右；间接能实验加推理的，也不过到百亿亿倍（10^{18}）左右。在 $10^{\pm 18}$ 米之外的东西，确实还只能说"我们相信"或"我们认为"这样、那样。

还是再让已经确定的数据，来自己说话：

	半径（米，m）	质量（公斤，kg）
地球	6.4×10^6	6×10^{24}
太阳	7×10^8	2×10^{30}
地与日的距离	1.5×10^{11}	—
银河	10^{21}（约 10 万光年）	（$> 10^{41}$）

	半径（米，m）	质量（公斤，kg）
光子	0	0
电子	$<10^{-15}$	9×10^{-31}
质子、中子	10^{-15}	1.67×10^{-27}
原子、分子	10^{-10}	（若干个 10^{-27}）

这些宏观及微观的东西，都是今天的常识，我们只是借此调整一下大脑里的数量级感觉，从大大大、小小小的震撼中，稍稍习惯。

一方面，也就此开始真正了解一下我们的宇宙。

所有的故事，不外乎解三件大事：

"是什么东西？" What?

"怎么变成这模样的？" How?

"为什么是这样？" Why?

我们谈"天"说"地"，也就从"到底是什么东西"说起吧。

今天我们知道，大部分我们比较熟悉的物质世界，是分子的世界。当科技还未能使人类去量测微小的事物之前，人们也只能从感官之所能及的范围来开始谈论"天地"。在很长的一段时间里，人类的"世界"，不外乎日常周遭的地理、社会、材料、生物、气象等等。所以，对天地万物的理解，比较系统的知识，总是从矿物、生物开始，分门别类，渐渐累积了化学的学问，知道了我们周遭的东西，绝大部分是分子、原子组成的。而光是化学这一门的进展和应用，就已经涵盖了人类科技应用的一大部分，可以说，人们日常所见、所闻、所触、所用，几乎全是化学品：用分子们组合成的。我们比较熟悉的物质世界，包括陆地、海洋、植物、动物、衣服、房子……都是某一种

"化学品"。

但是，分子又怎么来的？天地万物，又到底是什么物质做成的呢？

对这个功课，人类也已经做得够多了。因为我们的直觉经验，比较容易想象颗粒性质的东西，就设想真有那么一个物质的最小单元吧。为了寻找组成物质那个不可分割的最小砖块，基本粒子的实验在过去百年之内，将分子、原子、核子、质子、中子、电子，一路加速碰撞下去。那把解析刀（高能粒子加速器）的能量，今日技术之所及，足可把物质粉碎至百亿亿分之一米（10^{-18}）的大小。在这个大小基础之上的微观世界里，专家们从高能粒子碰撞后的碎片中寻找各种蛛丝马迹，终于令当代无论是理论或是实验物理学家们都一致实证，或"发现"了，物质世界是由下述的砖块——基本粒子和它们的反粒子组成的：

分子＝（原子）的集团
原子＝核子＋电子
核子＝质子＋中子
质子＝（上夸克 ×2）＋（下夸克 ×1）
中子＝（上夸克 ×1）＋（下夸克 ×2）
粒子＋反粒子＝光子（能量）

千万别被这些一大堆的"子"镇住了，其实不过是物质世界的基本建材罢了，这些"子"，不过类似各种标号的砖块。小小的粒子砖块们组成了小小的各种原子，原子们又再以各种数量组成了各种分子，分子们再以巨大的数量组成万物，如此而已，没啥子大不了的。

粒子与反粒子的概念稍微玄一点点，反粒子不妨想象成是镜子里看到的粒子的对面的东西，在这个现实世界里，哪怕粒子多么贴近镜子，这对宝贝都不会真正接触。但在某个能量、时空状态下，镜里对应的东西居然成为实存之物，粒子与反粒子的真正接触便双双湮灭成光（能量）。换句话说，有些能量，可以是两个东西（粒子＋反粒子）的总和。

实际上，电子、中微子及夸克是吾人现今能查测到的最小单元的物质砖块。它们有另两类同族的兄弟，姑且看成是不同标号的砖块，都比它们重。而除了质量，它们其他的物理特征全都一样。

基本粒子的"砖块标号"（以质子质量 1.673×10^{-27} 公斤为单位）

1 类		2 类		3 类		
粒子	质量	粒子	质量	粒子	质量	电荷
电子	0.00054	μ 子	0.11	τ 子	1.9	−1
中微子	$<10^{-8}$	μ 中微子	<0.0003	τ 中微子	<0.033	0
上夸克	0.0047	粲夸克	1.6	顶夸克	189	2/3
下夸克	0.0074	奇夸克	0.16	底夸克	5.2	−1/3

到目前为止，我们所遇到或知道的每一样东西，不论是自然出现的，还是人工将原子核粉碎后产生的，也不管它长命还是短命，总之，都由这三类标号的粒子以及它们的反粒子组成。这三类砖块也就是目前人们所能了解到的一切物质的基本砖块。

这些个什么"子"的玩意儿，不太明白没关系，我也不是弄得挺明白呢。但是，作为现代人，需要有这一丁点儿物质组成的常识。我们只要知道，我们自身也是这些个夸克、粒子、原子、分子构造成的就行了。

从基本粒子这些建筑砖块垒上去，宇宙是怎么用这些粒子和它们的反粒子，来构造质子、中子、核子、原子等等物质砖块的呢？显然，砖块之间还需要点水泥什么的，才能粘在一起成为房子。这"粘着"仿佛可以同"能力"类比，在基本粒子之间得有个什么着力的东西，有"力"才可使它们变成材料。

对这些构建物质所需的"力"，水泥（"介子"），人们在过去二百年内，也做了足够的功课，总结了宇宙里的 4 种自然力：

强力，把夸克砖块砌成质子、中子，

弱力，把质子、中子砌成核子，

电磁力，使同性电荷相斥、使异性电荷相吸，

万有引力，使所有具备质量的东西相吸。

自然力的"水泥标号"（质量以质子为单位，强度以引力为单位）

	介子	质量	强度
强力	胶子	0	10^{44}
电磁力	光子	0	10^{42}
弱力	弱子	86 或 97	10^{39}
引力	引力子	0	1

注：这些"力"的作用，施加于不同的对象，很难直接比较。但物质是有质量的，比如，电子或质子或地球，我们可以拿对其发的力所产生的力道来对比，便可以明白"大自然"数量级的玄妙！

引力、电磁力都是人们生活环境中最为熟悉的一部分了，它们

的介子分别是引力子及光子，而电磁力是引力的 10^{42} 倍大。这是个啥概念呢？用宇宙的大小做比方吧：宇宙约有 140 亿光年那么大，是 10^{26} 米，如果地球上的一个电子的电磁力不受约束地发功，那么，它的电磁力就得伸到宇宙边外，这才可以适当地形容电磁力的强度。如果宇宙的电性不是中和的，它要么早就吸挤成一小块，要么便魂飞魄散成不知什么模样。

幸好这个宇宙还蛮公平的，正负电荷好像总是成对出现，总是一起被锁在个像是原子或分子那样的小房间里，稍微一点距离就只看到电力中和、抵消掉了，以至于我们通常都感觉不到电磁力的伟大，而所有的天体才会一副只受引力作用的样子，也所以才是今天这个宇宙的模样。不然的话，人们一定会看到完全不同的世界。

人们比较陌生的是弱力与强力：弱力关系到基本粒子结合后的放射性衰变作用，比如铀会衰变成铅那样。弱力的大小，决定物质衰变的强度。弱力比电磁力小 1000 倍，它的介子（水泥标号）是弱子。强力则正是将夸克粘结在质子或中子里的作用力，这是最强的自然力，比电磁力强 100 倍，它的介子很形象，叫做胶子。弱力与强力，和电磁力相似，也有类似电荷单元的弱荷或强荷，也总是成对中和地出现，并且一起被锁在一个更小的质子、中子房间里，以至于一出了原子核的范围，人们就已经感觉不到它们力气的伟大。

很形象地说，基本粒子，加上引力子、光子、弱子、胶子，便构成了一切今日我们所能了解的基础物质。光子、弱子、胶子都已被实验证实其存在，然而因为万有引力是宇宙间作用最小的力，人们才刚刚找到引力子存在的证据（2016 年）。虽然小，但是因为引力永远相吸，没有抵消的办法，所以充斥整个宇宙的空间，变成天体间最明显的作用力，造就了天体的大大大。

关于宇宙物质的组成，就说到这里为止。

仍然要强调的是，这只是吾人现今所能理解的物质世界。也许随着科技的发展，人们得以观察到更微小的物质组成，从而认定我们这个宇宙的微观世界的更小组合。

微观世界里的基本粒子和强力、弱力等等，离我们现实生活还蛮远的（它们的数量级是我们的 -15 方以下），正像银河、星云也离我们很远那样（它们的数量级是我们的 $+20$ 方以上）。但这些基本粒子与力，比宏观世界的表现更重要，正是因为这几个简单的基本粒子和自然力，促成宇宙长得这个模样。

也许我们永远不会明白为什么微观世界的规律是这样表显的，毕竟"为什么引力永远相吸"，或"为什么时间永远向前"，或"为什么那些电荷、弱荷、强荷总是成对中和地出现"，这些疑问，恐怕人类永远回答不了。

不过，我们大概可以理解，宇宙这样子的物质组成，不会是因为我们而设立的。恰恰反过来，只不过是因为有着这样的物质基础，我们的宇宙和我们，才会长得今日这般德性。

"无中生有"的宇宙

另外，今天的我们还知道，宇宙很有些我们尚未找到、或发现的"黑物质"及"黑能量"存在。这回，真相却不是从微观世界里推演出来的，这些黑东西是从宏观世界里推论出来的：自从人造卫星上天的60年来，人们把仪器也送上太空，进行对天体的各种观测；其中，对宇宙背景辐射的更准确测量，使科学家们更敢拍胸脯向我们说：

宇宙也许就是始于140亿年前的那一次创生大爆炸；

之后的2亿年左右就已经产生了第一批星星，在天空中闪烁；

但是，我们这个宇宙只有约5%是由我们已知的物质组成；

尚有20＋%的"黑物质"和70＋%的"黑能量"，不为吾人所知。

由于发现这样一个事实：就是所有遥远的星系，都在以飞快的速度，远离我们所在的地球而去，而且，越是远的星系，飞离得越快。把星系的位置和它飞离我们的速度做个图表，就会在空间与时间的历史上，归纳出这样的结论：我们生活的这个宇宙，是从140亿年前的一个创生大爆炸中开始的！炸开以后的宇宙，像个膨胀的气球，如果把上下左右的三维空间暂且想象成气球面上的二维球面，那么，随着时间的推移，宇宙"球面"上的各个星系的距离，确实会相对地随着宇宙气球的膨胀而继续扩大。这也就是人们观测到的，所有星系都在互相飞离的景况。

于是人们推溯：宇宙创生于某个时空的"原点"，并且在大爆炸之后，时间与空间才推展开来，形成今天的"宇宙"。要叙述这个原点需要花点工夫，首先，这原点牵涉到"有""无"的问题：

这宇宙就这么全在一个原点上炸开来，无中生有？

其次，我们的这个宇宙，至少也有亿亿亿亿个星星在闪烁，这么大的质量（能量），打从"零"中展开，是怎么做到的？

如果我们早生个百把年以上，反正还不甚了了世上的物理，那倒乐得让脑筋偷懒一把：就一口咬定是"神"造宇宙便了。横竖都是些知识极限之外的事，既然无法想象或想象不了，归之于"上帝"或"老天爷"，便一了百了。但是，幸或不幸，我们活在当今科学昌明之世，只好随缘，不可强把已知（或，可知）装作不知，正如前人不能强以不知为知那样。前人把宇宙归之于一个超乎理性之外的"天"、"神"，无异于人类谦认自己的无知，为自己的无知找个无知的解，说起来，还算是朴实的原始理性呢。

我们相信物理学可以适用于这世上的一切，因为到现在为止，时、空、质、能的关系，都能被现代的广义相对论及量子物理学精确地描述。而且，前者更适用于宏观世界，后者则更适用于微观世界，已成不争的事实。例如，所有的基本粒子，都能被量子物理学推算出来。

在创生大爆炸之前的瞬间，宇宙原点可以是个时空上极其微观的"点"，比方像前边提到过的 10^{-35} 米的大小，或者更小许多，这"点"就似乎更合适于用量子物理学来描绘。

整个量子物理学说的中心思想，一方面是认识到时、空、质、能的组成，似乎有个最小的基本单元，"量子"颗粒（例如基本粒子或能阶），甚至包括时、空本身，都不能无限制地分割下去，只不过是因为这些基本单元太微小，以至于人们即使借助仪器，都还常感觉它们是连续的。

另一方面也可以把一切实存的东西看成是量子物质波中的一个"相"。曾经有位诺贝尔物理奖得主，他用量子物质波的方程式来这样形容宇宙事物，大意是：从数学上对这方程式的解来看，存在着的基本单元，固然是数字上的解，可以用实验加以验证，然而，一个东西的存在，其物质波在时空里的数学表现形式，其实是无所不在的，每个时空点都有这个东西存在的"几率"。换句话说，我们感觉到的东西，即使在这当下瞬间，它在任何地点或其他时间点（过去、未来），也都有存在的可能，哪怕几率非常非常微小。这甚至不是"分身"的概念：时、空、质、能，浑然一体，无所不在，它原本就是这样一个"本尊"！

这当然与我们习惯的对宏观世界的认知不同，不过，"感觉"不也就是一大堆数量的光粒子（能、质互通）与另一大堆数量的粒子（"人"正是许多粒子的集成体）之间的作用吗？"感觉"肯定是个数量级上的宏观现象（是人在感觉嘛）。如果把那么多质点的物质波方程式一起并列起来解，复杂是不用说了，复杂到不可能真的把这些方程式并列起来解，但是，这世界有个"解"，应该是理所当然的，不然的话，"感觉"也不会存在。所以，这个解里头，"几率"显现得最大的那个时空点，一定与大家的感觉完全一致。

　　例如：一只老虎躺在墙外那棵树下……十万分确切，大家一起都看到了，在这个宏观的时空质能点，当下，那东西就在那里、那棵树下！不然这物理学就糟了，理论和验证不一致，我们也就无从相信任何事物或科学了。

　　这个量子物理学说的中心思想，并不过是说：一样东西同时出现在墙外跟墙里的可能性，确实很小，但其几率不等于零。当东西微小到基本单元的数量级，例如基本粒子等微观现象的时候，这单一物质波的方程式的解，不仅确定，而且确实表显出波动的"几率"特征，比如，我们习惯于把原子看作是电子围绕着一颗核子旋转，像是地球绕着太阳转那样，而真相是，"电子"更像一团不均匀的云层笼罩着原子核，完全不像个颗粒。又比如，光的绕射等等的实验，完全证实量子物理的正确性，仿佛光子、电子、基本粒子真的会"分身"走在直线之外的其他途径似的。

　　在 20 世纪人类理解到量子物理之前的千万年中，我们的经验长期习惯于一是一、二是二的宏观的颗粒性描述，由此累积起来的表达和思维习惯，使现代化之后的我们，必须挣扎在"个别的粒子"与"连续的波动"两种矛盾的认识之中。也许人们真得开始练习去习惯于电影《黑客帝国》（Matrix）里边的种种景象，方能见怪不怪呢。

　　回到宇宙太初的瞬间，那"时候"，什么都不存在（至少是我们不能感觉或想象的"存在"），无所谓"时间"与"空间"，恐怕也无所谓"物理"，如果有另外一种物理或量子物理，我们也不会知道。但这个太初的"空"，其实也是蛮"实"的。第一，它本来就可以是这个时空的一切"几率"汇集于此的一个奇点。第二，它也可以是各种其他时空"几率"汇集的一个奇点。自然的机缘,"几率"或"量子跳跃"什么的,使得它从奇点展开,并演化成我们今天所处的宇宙。

我们无法想象,那个似"无"的"奇点",它如果跳到另一种方式展开,将会是个什么样的"宇宙",也许那会是个完全不同的物理规律的宇宙。我们只知道:从太初创生大爆炸的瞬间一开始,我们所熟悉的物理规律,就已经是这个宇宙的规律了,万有引力、电磁力、强力、弱力、核子、原子、分子,等等。这也不是奇点的选择,它只是具有炸开成这个宇宙的几率,也许还有其他的演化途径的几率,只不过我们无从知道罢了。"我们"是在它已经跳上这班列车上的、这个宇宙的产物。

我们在这个时空里演化生成,由这宇宙里的物质组成,从属于这宇宙里的物理规律,只能感知这个宇宙的事物。

140 亿年,委实太遥远了。即使算上有历史癖的中国人,人类能够比较翔实地记录周遭发生的事,也不过有那么个 2500 年连贯的相关中国的数据,是宇宙历史的 10^{-7}。地球上到处更多的是片断不全的、湮没了的"证物",而重复那个"太初"实验是人力所不能及的事。实事求是,我们只能用逻辑去拼凑出个合理、周全的解释,创生大爆炸便只好是个宇宙"模型",这是目前我们最了不起的、最好的一个模型。尽管无法做实验来确证,但它已经为我们所观测到的这个宇宙,提供了从微观到宏观世界的相当完整的、近似的"解"。

按照这个模型,科学家勉强可以想象宇宙太初的历程。

例如，宇宙从 0 伸展到 10^{-35} 米的大小，也许只经历了 10^{-43} 秒，也许这些就是基本时、空的量子飞跃，亦未可知。所有几类的基本粒子在那么小的时空里共存，这个宇宙胚胎一定很"热"。形容它应在 $10^{32}℃$ 之上，只有这么热，这几类的粒子与反粒子们才能共存。实际上，"温度"只是表示它们太有劲，太活跃，不停的碰撞、产生、湮灭，但产生得比湮灭还快。这么热的胚胎，其实也符合吾人迄今所了解的物理逻辑：夸克们的动能很大、很不安分，要把夸克们固锁到质子 10^{-15} 米的大小里，只有"强力"才做得到；然而在这热热的宇宙胚胎里，夸克们的能量过热，热到连强力也锁不住。只要宇宙太初是经历过从 0 开始的过程，在它远比质子、中子还更小的时候，它就非得如此炙热不可，这倒也正像个大爆炸中心的景象，只不过我们说不明白那是个什么样的混沌状态罢了。

宇宙胚胎继续成长，降温降得很快。在 10^{-10} 秒左右，它已经有一个毫米那么大，看得见了，只有"大约" $10^{15}℃$（核电站的中心温度也不过 $10^7℃$），但它已经有足够的空间让强力开始发挥作用，同族的夸克们开始形成质子、中子……到了宇宙生命的第 1 秒，科学家们认为它已经冷却到 $10^{10}℃$（这是氢弹爆炸的温度），质子与中子已经开始有机会束缚在一起形成氢、氦、锂、氘等较轻的原子核了。

这以后的 2 亿年间，宇宙越长越大，越来越凉，粒子及反粒子湮灭成光子之后，再碰撞其他粒子而生成反粒子的机会越来越少，所以，时至今日，地球上只能做高能物理的碰撞实验来观测反粒子。这期间，宇宙长到有个亿把光年那么大，乌漆嘛黑一片，电子们被原子核捕捉到，形成氢原子、分子……到处都是氢为主的气团，而宇宙温度也冷下来到了 3000℃ 左右。这时，宇宙开始有点太空的味道了，强力、弱力已经风光过，高能介子已经不是时空里的常客，引力、电磁力（光子、引力子）大行其道，简单的氢、氦等原子、分子以及光子（亦即各种各样的辐射），充斥宇宙的浩瀚时空，成为主流物质，它们继续演化，直至 140 亿年之后的今日。

宇宙整体在过去的 140 亿年间继续冷却，今天的太空，大致是相当均匀的 $-272℃$。从宇宙第 2 亿年以来，到处充斥着的背景辐射光子、中微子等等，因为它们速度太快，又小（碰撞的几率太低），又没有什么强大的力来锁住它们，这一群质、能就只好注定是宇宙的荒野大镖客，没日没夜地浪迹江湖。

光子们碰到大家伙（例如地球）或其他东西，要么被吸收了（所以，你在灯下，感觉发烫），要么被反射了（没有被吸收的，就反射出去，如果反射的光子被你的眼珠子捕获，你就"看见"这东西了）。

中微子们（含反中微子）可就无法无天了，它们从地球的一端进来，穿透地心，从另一端逃逸，如入无人之境，因为能跟它们起作用的，唯有直接与原子核碰撞。而即使是全铁心的地球，平均密度大致是每立方米重 5.5 吨（约含 10^{30} 个原子核），但这每立方米中所有原子核挨在一起的总体积，也不过 10^{-15} 立方米，所以中微子在穿透地球的过程中会撞到原子核的几率只有区区每立方米 10^{-15}！对中微子而言，小如原子，也很"太空"，十分透明。

其他的宇宙物质就不一样了：宇宙第 2 亿年的时候，太空里具备了大量的氢原子，它们受到彼此引力的影响，逐渐集中收缩成不同区域里的氢气团，成为膨胀中的"宇宙球面"上的斑块。其中的某些气团，收缩得很快，密度更大了，引力更强了，集中的速度更快了，很快变成一个高压、高温、高密度的大氢气球，质量大到继续不断吸引太空里的物质往里掉。

我们大可以想象，万亿亿亿个氢原子就像无数个小小钢球，它们互相牢牢吸引，又互相高速碰撞摩擦，结果在中心部位的氢的温度就只好不断升高，而外边的氢还不停地往里边挤！以太阳为例，当一个大约 10^{30} 公斤重的氢气团收缩到 10^9 米大小的时候，它的中心区被挤压到 10^7 度的高热，氢的热核反应被点燃了！氢原子们被挤压成氦原子（这就是核聚变，氢弹的原理），加上 $E = MC^2$，万亿亿亿个迷你核反应，都在氢气团中心区发生，这就是天上的第一颗星星，或大或小，第一颗、第二颗……星星就这么产生！

宇宙第 2 亿年的生日宴会一定很壮观：自从太初大爆炸以来，迅即漆黑寂静的太空，似乎沉睡了 2 亿年，突然，空中核聚变站引爆，挂上第一颗闪烁的星星，接着在今后的 138 亿年中，不断有星星产生，也不断有星星殒灭。每颗星星都有几百万、几亿、几十亿年的寿命（与人比，几似永恒，所以叫做"恒星"），以人类几十年的生命，仿佛只是看到太空繁星浩荡的瞬间。把宇宙的 140 亿年看作 100 岁的话，2 亿年只相当于 1 岁半，则人类的 400 万年演化史相当于两个半钟头前才发生，你我的出生以至去逝，只等于当下 0.23 秒之内一晃而过的事。有些恒星，譬如我们的太阳，已存活 50 亿年，是 36 岁半，估计尚可继续存在约 50 亿年，活到 73 岁。（这些当然都是大略的数值。）

人类的存在，对宇宙而言，是如此的短暂，哪怕一辈子专心观察天象，也就相当于宇宙"当下"眨一下眼睛的 0.1 秒微瞬之间。幸好，宇宙就是大大大，大到天上有数不清的恒星，让我们数一辈子还数不完。"当下"宇宙的恒星们，有刚诞生的新星，有年轻的，有夭折的，有壮年的，有老迈的，恰似同时存在的形形色色的人们一般，都不完全一样，但也都有点脉络可寻，至少都有生老病死。这里，数量级为我们提供了另类优势：事物在宇宙里的庞大数量，使瞬间的统计和分类，得以鉴别出老、中、壮、青、少、小、童、婴的大致类别，并进一步归纳出它活生生的演化史与规律性。

虽然这瞬间的观察，未可对星星的一生遽下定论，但综合对群星大量的观测资料，倒也不难对星星的一生历程，摸索出个大致的模型。在宇宙的大大大里，也同前边谈物质基本组成的小小小一样，我们再次见识到"数量级"的规模威力。单单我们太阳系所在的银河，估计就有万亿个"太阳系"，也就是说，银河里有万亿颗星星。而我们恐怕还不敢提出宇宙有多少个银河系似的星体、星系、星云的"估算"，无论说 10^{10} 个或 10^{20} 个，恐怕都是感性的数字。总之，大大大，大大大……

于是，我们一再认识到，对"规模"或"数量级"的认知与对比，已经是"现代化"的必要知识与感受了。不然的话，和宇宙比起来，人孑然一身，两米以内，头顶青天达 10^{26} 米开外，脚踏实地由（小于）10^{-15} 米的玩意儿组成，大小两头都远远够不着，能硬攀得上什么"意义"感呢？更何况，前面谈过的"几率"，墙里墙外的，以中子为例，存在（发生某种变化）的几率，就算小小小吧，譬如 10^{-60} 是够小的了，但是，一个人身上可就有 10^{28} 个以上的中子，地

球更多达 10^{54} 个以上，太阳系则有 10^{60} 那么多，时间一长，10^{-60} 的几率在太阳系内，都几乎肯定会成个事儿。

对宇宙来说，数量是如此的大大大，事件的发生，即使是再小小小的几率，时间一长，也几乎一定发生。至于小之又小的"人"会不会恰好看到，能不能测到，这可不关它的事。

群星的规律

人们对天上众星的观测，得出大致这样一个结论：天上的"亮点"，比太阳暗的，它的质量就比太阳轻，例如：已观测到只有太阳十分之一质量的星星，它的亮度只有太阳的万分之一。反之，比太阳亮的，它的质量就比太阳重，例如有太阳 30 倍重的星星，它的亮度是太阳的一万倍。基本上，群星一诞生时所处的氢气团的质量，引力与热核反应两项物理作用，就决定了它们的大小与寿命！

当大氢气团因引力的相互作用而凝聚成个大氢气球的时候，那里的氢原子、分子们最终敌不过质量引力的吸引，纷纷往这大氢气球中心区坠落，使这球心区越来越致密、越来越热。终于热到在球心区点燃了氢变氦的热核反应（氢聚变），暴烈的热核反应，把不停地往里挤的氢气重新往外抛送，途中，它们不断跌跌撞撞地与那些往内掉下的氢气们擦挤，从而达到一个相对稳定的恒星半径和恒星表面温度。

球心区的景象勉强有点像个火炉，大氢气球的其他外层则像个在火炉上的锅子，锅子里的氢气则像被熬煮的水，锅底的水不断沸腾，无非这锅盖是个隐形的"引力"，水、汽很容易就扑掀出去，这也就是太阳每年以"太阳风"的形式将万亿吨物质（氢气、离子流、粒子流等）释放到太空的景象。地球上的人们于是才看得见日冕（在南北极地），不过，不用忧虑，从太阳扑出来的东西，只不过是今日太阳质量的 10^{-15} 而已（千万亿分之一），而自太阳成星以来，它已经扑了 50 亿年了。这些扑出来的物质，最终或许会被其他星团捕获，对太空里其他区域（包括地球等行星），还不无小补，反正我们这个太阳系也或多或少地，不断从宇宙众星取得这种物质交流呢。

这一来，我们就能明白，当炉火太猛，烧得太快的时候，这颗星就很短命，例如比太阳重 30 倍的星星，核火太旺，用比太阳亮一万倍的亮度去烧，数百万年左右就得寿终正寝了，反之，只有太阳十分之一重的星星，它只有太阳亮度的万分之一，是典型的温火在煨，是可以烧上 1000 亿年，更不愧"恒星"的称号。

无论诞生恒星的氢气团有多大，天下没有白吃的午餐，氢聚变终有核火烧完的一天，把氢燃料，渐渐烧成个氦球了，这核火一断，无所不届的万有引力不就会把它给彻底收拾了吗？哎，这也就是显得仿佛星星也有生存的本能的地方，眼看球心区渐变成氦球了，氢弹的火力敌不过引力了，这球心区颤颤巍巍地缩得更小、更热，结果呢？把氦变碳的热核反应（氦聚变）点着了！这是更高温、更猛烈的核火炉，烧得更快，勉强烧上个 10 万年吧，球心区烧成碳球了，只好更缩、更小、更热，用碳聚变、硅聚变、铝聚变来顶……一路烧到铁聚变为止，越烧越快。到金属的铝聚变时，也许只能烧上几天，甚至几个小时。

恒星点燃的核聚变，从氢开始，燃料元素越烧越重，烧到铁聚变，恒星的时辰到了，因为铁元素又重又稳定，铁聚变不但不给你供能源，它还反过来要吸收能量才得聚变，这就把恒星的看家本领给破功了。恒星球心区原本指望靠一路下去的核聚变加温来对抗引力，但是铁聚变却反过来要靠引力吸进东西的动能来给它加温才得聚变！所以，再大的恒星也没用，即使能让它一路烧下去，核火也注定非断不可，烧到铁聚变，引力一定使恒星瞬间崩塌，遽然终结。

既然星星靠愈演愈烈的核聚变为生，星星的终结常常就是炸翻了的整锅炉子，将一炉子的重元素与物质洒向宇宙四面八方，成为其他星体的组成部分，有点像星星临终也来个"回光返照"，也很像地球上生命物质的自然循环回收。无论星星在哪一种核聚变过程终结，炸开的时候，就好像天上原来挂着的一个亮灯笼，突然变成一个绚丽的烟花，然后归于寂静，这就是 950 多年前，宋朝的中国人观测到的亮丽的"超新星"现象。那个超新星炸开后遗下一团蟹状星云，是它原来的外部大气层物质炸开四散的痕迹，至今仍以高速向外扩散。它原来的球心区断了核火，引力肆虐，使它往内崩塌，变成了一只密度高达每立方米 10^{15} 吨重的"中子星"，在 30 公里的直径之内（太阳大小的 10^{-14}，百万亿分之一），集中了约略与我们的太阳相当的质量，全由中子组成，成为一个中子的硕大的晶体！因为在这么小的空间里，电子都被挤进质子，成了相对稳定的中子，元素表里的原子特质丧失殆尽，在中子星里，只有物理特性，没有化学特性。

蟹状星云的质量比太阳重得多，这条演化途径应该是重量级星星的宿命。而约略与太阳质量相当的星星，即使点燃起了氢核火之后，亦未必炸成烟花，不过，更旺的核火炉会把锅盖扑得更远，使它球心之外的外层乍看起来像是往外膨胀成"红巨星"。它的球心区则最终演化（收缩崩塌）成一颗较小的，密度是每立方米 10^7 吨重的"白矮星"，这是个质子们的硕大的晶体，电子们还没被挤进质子里去，它会比中子星大一点，最终也会甩掉巨无霸的外层。这是我们亲爱的太阳 50 亿年后的结局。

所以，行星地球上的我们大约还有 30 亿年的时间去准备星际移民！这是因为当太阳变成红巨星的时候，比氢弹还剧烈的氦聚变的高温，会使地球直接笼罩在它的灼热的红外层气罩之中了，想想太阳外壳膨胀到地球的景况，海洋蒸干，万物枯竭，除了走出太阳系去星际移民，人们还有什么办法？何况，明知太阳垂暮，那时即使勉强在地球苟活，等到太阳咽气，成了白矮星的太阳可没法再给我们继续供应免费能源。

无论中子星或白矮星，都已经是可以探测到的天体，虽然在那么大的密度下，物质是以怎样的现象存在，仍在推算之中，但都是热核力不敌引力的铁证，其实不过都是宇宙宏观的数量级效应。星尘团或星团或星云或大星星，原本就具备更巨大的质量，引力肆虐的结果，它们不可避免地会继续吸引星际物质往它们那里聚积，最终难免重力崩塌成为"黑洞"，那是几乎把整个太阳挤成一个高尔夫球大小的景象（而且可以仔细计算出来）！在黑洞里，连轻眺如光子都逃不出它的引力魔掌，一旦被它吸住，万般皆休，简直就是个与太初相仿的一个"奇点"。

至此，星星们的生老病死的生态已经大致可以理解了，但整个宇宙仍然就像我们看整个地球的生物世界一样，琳琅满目。膨胀中的宇宙气球上的斑块，也就是星团或星云，实际上有点像每种生物的群落地盘，星星们在这些地盘上聚居。群落有长得像一团球的，或像旋臂或旋涡的，也有像个铁饼。众星在地盘内围绕着共同的重心，缓慢地旋转运动，我们这个银河系的自转周期，就大约是 1 亿年的数量级。星团们也围绕着它们共同的重心互相旋转，并且，未必不交叉。银河系就正与一个带旋臂的星系，在缓慢地交叉碰撞的过程中，大约 40 亿年之后，这两个星系将被揉成一个。看来，人类的星际移民，恐怕必须得走到远远远远的他乡！

银河系的直径有 10 万光年，像个飞碟似的铁饼，中心隆起的银核部分有 1.5 万光年那么厚，聚居着 10^{10} 以上颗星星，我们太阳系则处在离银核 3.3 万光年的边缘位置上，算是个离群索居的星系了。这也许是太阳系的运气，得以相对独立、稳定地演化出我们人类，因为离我们最近的下一个恒星，也在 4.5 光年的远处，即使在以太阳为中心的 30 光年半径内，也不过二十来颗恒星。试想，如果把太阳系搁在星星聚居的附近，地球上的人们将看到何等壮观的天空，随时一开门就见到无数个"太阳"！不过，那样的地球就未必演化得出人类了，我们只需要一个亲爱的太阳，太多、太近、太远了，我们都肯定吃不消，一切还得看"数量级"呢。

星星为什么这么重要，值得费点工夫去了解呢？

其一，太初冷却初期，宇宙的大宗物质是氢，透过星星这样的核工厂作业，把简单的氢元素用一系列的核聚变融合成重元素，再经过核裂变（例如，铀分裂成铅等等，这是原子能的原理），才有今日我们熟悉的各种化学元素。重元素通过星星的生老病死，回收在宇宙里，始终只占星际物质中相当微不足道的一部分。重元素的量，可以视为宇宙演化、成长、变老的一个指标。虽然少，但是，整个生物世界的存在，绝少不了各种元素的化学特性，重元素是生命中必不可缺的微量元素。

没有动态演化的宇宙，没有星星，就不会有地球的演化以及人类的发生！

其二，行星地球上的我们，终于认识到，尽管银河系里可能有亿万个带着行星的恒星系，但是，其中一颗非常普通的、叫做"太阳"的恒星，却是我们存在的最大与唯一的依靠。

太阳刚好是颗相当稳定的、又相当长命（100亿年）的恒星，长期（已经50亿年啦）地24小时免费供应（辐射）地球近200万亿千瓦的能源，为地球提供一个稳定的大环境来演化出生命。

宇宙是唯一的"白吃的午餐"？

宇宙洪荒，天与地的故事，该总结一下了。

太初似乎是个混沌的奇点，在那极小的微观的点里，别无乾坤，更无所谓时空，但又好像存在着各种可能性。而一切似乎都从太初的一个大爆炸开始，混沌一开，宇宙的时、空、质、能就那么炸开来，不但可以辨识，而且井然有序，从此，用几条物理定律及力就能概括描述宇宙。

从时空中只占微瞬间的地球上的人类来看，宇宙的演化，似乎由简而繁。尽管太空依然绝大部分由氢、光子、中微子及空间组成，但是，时、空、质、能，确实演化出基本粒子，粒子组成质子、中子、电子，它们又组成原子（元素），之后，原子再组成分子，原子和分子也可以组成高分子。原子们和分子们或逐自物以类聚，凝成单一物质，或同性攀缘，形成万物。每个现象，都各自存在相应不同的数量、质、能等的表述，使它们成为泾渭分明的"东西"。

人类实在还不错，农耕文明以来，只用了1万年来演化，就能通悟科学理性，运用数学、化学、物理学等基础工具了。而且为了方便并使人们容易理解宇宙事物的真相，人们还能用"数量级""几率""粒子""波动"的概念来区分、形容、吃透宇宙的大大大与小小小。

这样，我们"知道"了物质的基本组成，时空中的基本力与能，最终，不无诧异地发现：宇宙最强的作用力（热核反应）与最弱的作用力（万有引力），居然就是将日月星辰相对稳定地挂在天上的一对家伙。而没有宇宙好几代大星星们的生生灭灭，还造就不出我们这个充满各种重元素的太阳系。如果单只靠太阳自身的质量与演化，太阳系里将至多只能存在极少量的锂、碳之类的轻元素，"生命"将成为不可能，人们喜欢的金、银就更不必提了。"我们"也是不折不扣、百分之百的这个宇宙浩瀚时空的产物。

当然，"黑洞"更是当代最震人心弦的发现之一。从物理角度来看宇宙，星起星灭，能变质，质变能，宏观里的东西，最终难逃引力使它聚集、崩塌成为一个具备宏观质量而又只占极小空间的这样一个

"黑洞"。它与太初奇点似乎相当雷同，除了有具体的极大质量与极小空间之外，剩下给我们的，就是神秘（因为我们简直不知道如何下手了解它），但是，是个存在的神秘。

"楼上的人"（如果有的话）真是很好玩，我们费了很大的劲，演化了500万年，才开发出理性来理解宇宙这么个东西。而这个宇宙自身也有个演化过程，我们不知道这宇宙会永远膨胀下去或是会最终收缩回来，由于人类生涯太有限了，我们大概永远不会找到宇宙结局的答案（除非人类可以做到星际移民，并与今后的宇宙同寿）。

但至少我们现在就"知道"：如果宇宙永远膨胀下去，整个宇宙会越来越冷，最终是个死寂的世界。而如果宇宙回头收缩，则整个宇宙又难逃回归一个大黑洞的宿命，虽然这过程似乎会让我们感觉更刺激一点。而无论如何，我们都不必杞人忧天，宇宙结局，至少是个百亿年以后的事，对仅只存在了几百万年的人类来说，"意义"的数量级仍然会停在不到十年、百年、千年的范畴之内，大量身边可及的事物，人类都还未能充分掌握呢。

宇宙天地已经存在140亿年，人类一找不着数据、二找不着理由，去相信它会有什么或该有什么出人意表的惊天动地的突变。宇宙天地对人而言，本来就不是同个数量级的东西。相对于基本粒子及日月星辰，我们本来就是它们之中的一个相当小不点的"现象"。小与大，变化都是必然的，这世界，相当动态呢，量子学里，连时空自身都不安分！只不过站在我们位置的相对"感觉上"，似乎越小越善变，越大越永恒，其实，大东西也得由小东西聚集而成，所有数量级全由自然物理规律贯穿。

大大大与小小小，大与小之间，也远远不是三言两语"量变引起质变"就说得清的。宇宙自有道理与规律，现象或"相"、物理本来面目，原本就不外乎是这些自然规律的表显罢了。唯有透过科学与理性，我们才能充分理解宇宙，也才能理解自身。

科学知识，本来就是人类理性在全球范围和历史长河里，不断积分在人脑的结果。这是人类已然或比较明白的部分，至少是比较没有争议的部分。但是，人类的存疑也大大超过已知，所以，无论我们怎样去理解宇宙，我们都还得记住几件事：

（一）虽然从最宏观的尺度衡量，宇宙大致是均匀的，但它显然有点局部的差异，才有机会在大爆炸之后的膨胀与冷却过程中，形成区域性的气团，并因此凝聚产生星云、星系，因之才有机会在140亿年后的今天，产生一个太阳系以及地球上的我们。至于为什么宇宙一开始就存在这些差异因素，以及这些差异因素的本质为何，吾人迄无所知，看来，这个宇宙是有随机性的地方。最近，霍金教授更指出：宇宙太初，可能真的没有"边际条件"……

（二）幸好有那么点差异，使宇宙演化出重元素，才得有今日吾人所知的生命形式的可能，并演化出我们"人"的现象。但即使演化出了能理解宇宙"数量级"上的大概的智慧，我们对宇宙大部分的细节，还是不确知的。所有的星星、星云、星系都距离我们如此的遥远与宏大，它们的过去和未来更非吾人寿命可望其项背，遑论去追究形成它们的确切原因和过程的细节了。但是，对一切神秘事物的"想要知道"，那种"追究"本身，不正是我们灵感、艺术、科技、知识、智慧的来源吗？

（三）太阳系里，什么重元素都有，因此可以肯定太阳系不是第一代的恒星系，一定是由前世某个更大的星星炸开来，又重新凝聚的结果。太阳系演化了 50 亿年，才演化出"人"，即使人类够争气，能够继续生存个三四十亿年，并能够延续知识和智慧的积累，那么我们的后代或许有机会，同其他老过 50 亿年的别的太阳系的"人"搭上交道。其他的星星们，比太阳大的，活不到 50 亿年，生命的智慧恐怕还没开始，而星星就死了。比太阳小的，是可以比太阳年纪还大些，但这星星火力不足，它的行星冷了点，生命的演化恐怕没有能量达到智慧的程度。

想找个外星人作伴，还得有那么个与我们类似的太阳系同时存在，既不能太远，也不能太年轻，更不能太老，得门当户对，不但演化出智慧的时间能够重叠，而且空间距离能让信息及时传到，难啊！在宇宙里的人类，其实是个蛮细微的、孤独的存在！

不过，我们当然也不能否认，存在着这样的几率，就是"生物"也者，可能是太阳系里单独演化的结果，也可能是远古以前，从别的炸开来的星系飘过来那么些个片断 DNA 分子的演化结果。一放到十亿、百亿年的时间数量级里，这样的几率，便成为我们可以发挥想象力的美妙之处了。

我们很糗，连黑洞都找得出来，可就是没办法确切回答：宇宙大爆炸的原点，到底是不是个超极大的"免费的午餐"？说不定是可以想象到的、唯一的，免费的午餐？

这个功课，道家老子没做（他只用了直觉），爱因斯坦做了一半、霍金没做完（他们很用功、也很有成就），我是没能力做，剩下的，就看各位的功夫了……

不过，有一点非常确定：有重元素，才有生物，而所有重元素，全是各种恒星崩灭后的遗迹。人类的前生，真正是古早古早的星星们。

我们，人类，绝对是星尘的一部分，是星星的传人。

二 生与灭：地球的传奇

水汪汪的行星上，土地公也疯狂

从不太远的太空上看到的地球，是颗蔚蓝色的行星，70% 以上的球面都是水。

大约 50 亿年前，大概是一团氢气星云（星尘）受到附近一个大星星崩塌（超新星）的扰动，氢气与碎屑们开始聚集，点燃成一颗星星——太阳。那时候，太阳系存在无数颗碎屑围着它转，它们在太阳系的演化早期，大数量地、磕磕撞撞地随着引力聚集，这些大大小小的碎屑互相吸引、撞击、结团或崩解，幸存下来的团块便成为"行星"，比如，地球。结团过程也是碰撞过程，带来极大的升温，早期的行星们无不经历过一段熔融的炼狱时期（看看月球表面的坑坑疤疤吧）。也许，地球所聚集的碎屑中有大量的冰尘，也许，刚好有一大团空气也被地球捕获，总之，地表的明显特征，就是水多。

地球平均半径约 6400 公里，自转而腰身略凸（赤道），显示它成形的时候，是个液态的球。地球的体重和平均密度，近于铁（或铁族元素），是典型的前世恒星铁聚变下的残遗物。太空很冷（−272℃），液球应该迅速凝固，但今天的地心温度依然高达6000℃，说明形成行星的碰撞过程一定相当激烈，事实上，太阳的行星们都有颗熔融的心。

45亿年后的今日，我们的地心依然炽热！

大地底下的熔融，先是厚约3000公里的石质岩浆地幔，大约1600℃，再往里边就是近3000公里半径的、高温高压的镍铁地核，大约4000℃—6000℃。地心在高压下，倒有着高密度的、近百公里厚的实心铁核。近来的研究，似乎显示地心还存在着近10公里半径的铀，它的天然核子裂变，提供了热源，对维持地壳下的黏稠稠的熔融状态，不无助益。这说法，或许接近真相，因为它还可以说明，为什么在地球的演化历程中，地磁曾经反转过不止一次，那需要将地核里流转的电流突然反向才可做到。相对集中的铀核裂变，似乎比分散在地下的铀，更有能力承担这个任务。

相对来说，我们熟悉与生活的地表，不过是层薄薄的地壳，平均也就十几公里厚。虽然是个很好的隔热岩层，但没有东西是绝对绝缘的，所以整个地幔像个高温的浓汤，从里到外慢慢变硬，有点像在冰冷的野外烧粥糊，表面那层结了层粥皮，下面的粥糊因为热对流的缘故，即使灭了火，你还可以看到粥皮在大锅里慢慢的浮动。把这个现象放大到地球这样大小的数量级便是"地块漂移"！

所以，从有地球以来，固然地磁的南北极反转过很多次，全球地块也不断移动，炽热的岩浆可以从小孔冒出来（火山爆发），也可以从整条裂缝冒出（海底洋脊火山带）。地球可是个活生生的球，45

亿年来，沧海桑田，变化不断。比起水星或月亮（它们的模样几亿年都不变），我们的地球可就是姑娘十八变，隔一阵子就认不出旧模样来了。

变化，能大变化，首先就是地球的最大特色。

地球为什么能这么千变万化呢？

第一，地球还蛮有点质量的，所以才能吸引其他星际尘埃及物质，成为一个地球。45 亿年前的地球，一度应该也聚集了不少氢气，以及其他的气体，成为地球的"大气层"。

今天，地球大气的大部分被吸附在地表上 15 公里以内的高度，气候——风、雨、雪、雷，不过就是大气的扰动罢了。大气的成分，如今不外乎就是：氮（近 80%）、氧（近 20%）、水汽、灰尘等等。就那么一层薄薄的大气，说起来，也是相当于 10 米深的水压，但是，气候扰动起来的风风雨雨，却不折不扣让地球随时披上不同的面纱。

第二，地球的化学组成相当丰富，地底下的熔融岩浆就是各种元素的氧化物。岩浆溢出地幔，凝结形成的地壳，没被水面淹没的就是陆地、"土地"！

因为"地"相对皮薄，所以熔岩会喷发、地块会漂移，虽然不定时或缓慢，但地球火力大，地貌只有跟着大变样。

第三，地球距离太阳的位置，"刚刚好"适中：全球地表的温度恰恰约在 ±40℃ 之间，使我们称之为"水"的东西，恰好可以用气

（汽）、液（水）、固（冰）三种状态（"相"）并存于地表。加上万有引力的作用，水就只能不断以白云、流水、霜、雪、冰、大海等各种姿态流淌在地表，成为最必不可少的生命源泉。

地球果然也就因此而演化出生命。

雨水、江河、湖泊、海洋、冰川，这些"水文"的变化，叠加在气候和地貌的变化上，并因此而有生命与生态的变化，让土地公也不得不疯狂！

中国人喜欢讲"地气""风水"，也喜欢用"风风火火"为形容词，还真击中了地球的特征。没有风、水，没有地、火，地球还真不成为我们能熟悉、知道的地球呢。

化学大舞台

地表不断地被相对大数量级的物理力作用，火、水、风、土，搬送、流动、搅混，但对整个地球的数量级而言，算是相对温和的。地表环境还算相对稳定，变化相对缓慢。地表上的东西，这才有了发挥分子力（化学作用）的余地，在相对平稳的环境里，才蕴藏着"生命演化"这么回事的可能与展现。

地表温度的变化范围正好涵盖水的"三相点"——0℃，地表上的水分子们，或者是液态的水，流动于溪河湖海中；或者是固体的冰雪，冻存在南北极以及高山的冰川里；当然大气中更没少气态的水蒸汽，所以，气象台会播报"湿度"。

"水"这个化学分子，是个不可多得的"溶剂"：什么东西都可以溶解在水里头，因为它是氧和氢这两种极其活跃的原子组成的。地表上到处都有水分子，就是到处都富含氢和氧两种化学元素，只要能量与环境条件合适，它们就能被分解、利用。例如光合作用，就是植物里的生命分子利用太阳能来拆散水分子里的氢和氧，以便利用氢来做养分。

氢氧之间的化学结合是那么强，甚至超过它们自己同类之间的分子力，所以水分子们平时是个快乐的集团。极纯的水不导电，但就因为几乎什么东西都会溶在水里，才使一般的水能够导电。天上的水汽，凝结成雨，下到地面之前，它就已经溶掉大气里的一些二氧化碳了，如果天上有什么含硅、磷等的氧化物，也照样溶进雨滴里，所以才有酸雨等环境污染的问题。雨下到地面，被地球引力牵着走，由高处流向低处，汇成溪流，流进江、湖、海里，一路上流经地面，便将大量的盐类氧化物溶掉带走，经年累月，海洋就成了咸咸的海水，咸水湖也就是那么来的。

单单"水"这么个东西，就已经呈现那么多面貌，怪不得中国人翻译 chemistry 为"化学"，"变化的学问"也。那么，化学又是怎么回事呢？

这又得回到数量级的概念了。

在天地宇宙的故事里，我们用"温度"来形容能量：当宇宙发生的时候，我们形容它的基本粒子们有 10^{32}℃ 那么大的能量，热到连粒子间的强力也锁不住，所以宇宙它暴涨了，大爆炸了。当它凉下来到

10^{10}℃的时候，粒子间的强力、弱力开始发挥作用，把大批基本粒子们捆锁成各种原子核，之后，它再凉下去到 10^3℃的时候，电磁力也开始发挥作用，带正电的原子核，把带负电的电子捕获，形成了电性中和的原子。

在原子核捕获电子（纳入轨道，使电子绕着核转）组成"原子"的同时，它不仅中和了电性，而且也造就了一个化学元素。然而，正、负电荷的电磁力毕竟强势，是引力的 10^{42} 倍大，即使不带电的原子，它们之间"亲密接触"的时候，比如微米（10^{-6}）以内，电磁力发功，把亲密接触的原子们的电子轨道，合并成了一个"分子"的崭新电子轨道。这样子的合并，"化合"，并不一定发生，要看各种原子的德性，这就是化学性能与化学力的本来面目：电磁力在微米数量级以内的作用。

原子的德性，化学性能，表显于原子核影响下的电子轨道上：电子们只能在每个原子的特有的轨道上运行，类似于每颗行星只能在特定轨道上绕太阳运行那样。原子们聚在一起产生化学反应的机制，是看它们的原子核们能否共同开发出一个新的多重电子轨道系统，来使它们的电子们继续运转。勉强形象化地形容吧：比方是两个恒星系近距离接触，它们的各种能量必须恰到好处，才有可能形成一个双星系统，使它们的众多行星运行在新的共同轨道上。这个适恰性，化学性能，就决定了这两颗原子的八字合不合，能不能合成个分子。

元素的化学性能，早已经被分类出来，就是那个化学周期表。

在我们这个宇宙的化学世界里，按照原子最外层的电子轨道的电子数目，从 1 到 8，所有的元素都依次被编成了八旗子弟。每个旗下的原子，都有着或多或少的族群共同性。

例如，外层电子少的，多半是金属，因为轨道空位多，欢迎别的电子串门，所以是电导体。金属原子也因此在化学反应中呈现吸引电子的倾向（正电性倾向）。

同样，外层电子多的，就多半是非金属，因为轨道空位少，不欢迎别的电子串门，所以是绝缘体。非金属原子也因此在化学反应中呈现排斥电子的倾向（负电性倾向）。

至于刚好在中间的碳、硅、锗、锡、铅，它们就很有古怪性格，比方说，硅、锗是半导体材料，高压下的碳结晶就是钻石，而锡则是熔点温度最低的常温下的固态金属。

中国人爱讲"八字"，奇怪的是，宇宙的化学世界竟也爱讲"8"字：元素化学力（键）的大小，元素之间化合的可能性，取决于电性的匹配，恰巧也就是它们所属的旗的数字加起来为"8"！

比如，水，H_2O，是两个第 1 旗下的氢（所以外层轨道有 2 电子），加一个第 6 旗下的氧（所以外层轨道有 2 空位），总旗数"8"。其他化学品的合成，可以按此类推，没有例外。而第 8 旗下的，全是些不跟别人、也不跟自己人厮混的"惰性"元素。这第 8 旗的子弟，孤僻，化学键力缺缺，谁都同它们化合不起来。

材料的混合、溶解、粘结，不外乎就是它们之间的化学键力的作用。

分子之间，由于个头已经很大（原子的个头是 10^{-10} 米，大的分子甚至可以是 10^{-6} 米），它们的外层电子轨道更为宽松，更加容易结团。生化分子的核酸 DNA/RNA，就是 G、C、A、T/U 这些大碱基分子与磷酸、脱氧核酸等分子的链团，所以，"有机"化学永远令人着迷，千变万化。

一部地球演化史，便是地表上的分子们的化合史，全看当时的环境条件——温度、压力、电位、机遇……等等。而搬运这些元素与分子，使它们得以接触、化合成各种物质的推手，除了前面提过的风沙、水流、地火这些地球原有的物理力之外，更少不了地球本身的土特产化学品"生物"所起的作用。

地表夹在高温熔岩和低温太空之间，地球又恰巧距离太阳"刚刚好"，使地表温度恰恰在适合化学作用的范围，加上，恰巧还有那么多物理推手在搅和、搭建场景，于是乎，地球便成为天生的、化学的大舞台！

演出主角：生物。
演出戏目：生命演化，连续剧。
演出时间：37 亿年前至今。
落幕时间：未定，也许 20 亿年后。

序幕场景

地球存在大概已有 45 亿年。
地面上，人们发现过的最老的岩石，近 40 亿年老，而最早的生物"细菌"，则足足有 37 亿年老。细菌存在的大环境，必须有水，所以，37 亿年前的地球，地表一定到处有水。

地面下呢?

被禁闭在地下的熔融物质,肯定不安稳,如此巨大的热能在地球里边对流、翻腾,时不时地重建它自己的宏观流向,使熔融物质的运动模式跟着改变,所产生的力,绝非那层薄薄的地壳禁闭得了的。相反地,地壳是浮在熔融的、稠稠的地幔上,被这对流的力推着、慢吞吞地漂动。慢,也是数量级的,因为宏观上的时间概念,"天上方一日,地上已千年",地块漂移,可以是用百万年为单位方才让人感觉得到的效应。重要的是,地球仍然在缓慢的冷却过程中,翻上来的岩浆依然不断地固化成石头,地壳会不断地变厚、变重。地底世界里的放射性元素会继续衰变,释出能量,加热地幔,直到衰变完毕。而地幔顶上越来越厚重的地壳会给地底世界增加压力,就别说顶着几座大山的压力了,最深的海里,光背着水深,可也足足是每平方米 1 万吨压力的数量级。这些加热和加压,会加强地幔的流动性,就好比用熨斗用力去烫一块塑料,塑料会变软而流动那样,45 亿年以来,从没停过。在更大的时间数量级之后,各种力与能都释放尽了,地球真的冷却了,才会止息。相对于我们习惯的天、年、时、秒数量级,大地几乎是永恒的,只有地震啊,火山爆发啊,我们才偶而感觉得到它变动的威力。

地底下的宏观热对流模式,是好几个扁扁的大环圈。2 亿多年之前,它们汇集向上之处,在海底造就了两条"洋脊",实际上,就是岩浆上涌的大裂缝。洋脊裂缝喷上来的岩浆,立马被冷冷的海水冷却、凝固,形成黑色的玄武岩的地壳,堆积在裂缝上。大西洋中脊下边的岩浆比较稠,流动性差些,容易堆高,大西洋中脊向两边的扩张也慢些,大约以每年 2 公分的速度张开;它的位置大致正好在大西洋的中间。太平洋洋脊下边的岩浆比较稀,流动性强些,容易平淌,太平洋脊向两边的扩张也就快些，大约以每年 10 公分的速度张开；太平洋中脊地势平坦，是个大大的海隆，它的位置在太平洋东边，几乎紧沿着北美洲大陆西岸，直到墨西哥才遥遥与南美洲大陆西岸平行地往南走。虽然在海洋深处，看不见，大洋中脊系统却成长为地表最大、最长的山脉，蜿蜒达 6 万公里。这些洋脊裂缝喷上来的岩浆所形成的新地壳（也是洋壳），从裂缝不停地往两边挤、铺，以至于地球上最老的洋壳也不过 2 亿年！好似海洋经常要铺换新地毯。洋壳这样子不断被挤、铺，原有的旧地毯到哪儿去了呢？

于是，对于大陆板块漂移的认识，便理所当然了。

当今世上主要大的陆地板块有：欧亚板块、北美板块、南美板块、非洲板块、印度板块、澳洲板块、南极洲板块，以及海里头的太平洋板块。20 亿年以来的地质与古生物数据显示，南美洲东岸与非洲西岸，澳洲南岸与南极洲北岸，以及欧洲、北美之间，欧洲、非洲之间，都有极为吻合的地方，即使从今天的地图上看，它们都几乎像是剪纸剪出来的结果。可以推论，它们原来是偎在一起的一大片陆地。那时候，非洲北端才刚刚近于赤道，南非甚至还与南极洲相连，地球迭次遭逢冰川时期，非洲也没少古冰川的遗迹。4 亿年前这好端端的一大片陆地（叫做"盘古大陆"），为啥在大约 2 亿年前开始破裂成几个大洲呢？

是地下熔融的材质、温度、热对流模式、流动性的综合效应：

陆地固然是把地下绝缘了，但是大面积的绝缘也容易使下面的热散不出来，能量堆积的结果不外乎温度与压力的上升，它们随机找弱点，捅穿陆地、冒个窟窿出来。所以，火山喷发是常事，无洲无之。不但海洋里有裂缝，大陆也有；东非大裂谷就是晚近的一千几百万年前开始形成的，跟洋壳扩张一样，地下的力已经把它推张到目前的几十公里宽，再过个千万年，总有一天，那里就是片新的汪洋大海。同样地，大西洋中脊裂缝的扩张，就是把南美洲东岸与非洲西岸撕开的直接原因，整个南北美洲大陆和欧非洲大陆只好不断分离。2亿年来，大西洋成长为上千公里宽的汪洋，同时，两旁的"洲"也各自从大陆破裂的源头开始，被整整齐齐地撕开、漂移了几百公里。

既然大陆板块会漂移，难免就会碰撞，碰撞的结果又怎么样呢？

2亿年前，印度与那时的南非和南极洲一起平躺在南极的上方；约略和大西洋中脊的裂缝开始扩张的同时，印度板块也开始向东北方漂移。6500万年前，地球被一颗大陨石撞击的时候，印度还孤零零地漂流在印度洋里；在4500万年前左右，印度板块和亚洲大陆亲密接触了。印度板块沉揳进中国地块的下面，挤撞的地方起皱，于是山脉、断层，就那么隆起来、震起来。还不止如此，喜玛拉雅山每年被挤高几公分！连带整个云贵高原也被缓缓抬高，中国就只好是西高东低的倾斜地势。印度板块向东北方漂移的力气，大到总有一天（1亿年后吧），会使上海跟日本直接接轨（那时，澳洲也会漂上来跟广东接轨）！

太平洋板块边缘的旧洋壳，也是因为与欧亚板块挤撞而揳入中国地块的下面，揳下很深，造就了许多中国地块边缘的深深海沟，这里就是旧洋壳地毯揳进地块，被迫往下沉入地底熔融之处，旧洋壳地毯又卷回地下去啦！冬天摩擦双手，还能取暖，我们大可想象，两片硬地壳板块摩擦起来，是何等火热的景况！这些能量，随时随地找地质弱处喷发释放，这就是为什么沿中国东岸有着从日本到菲律宾的火山弧系列的原因。太平洋板块与北美板块的挤撞，使美国西岸断层、火山林立，北美西岸离太平洋裂缝近，所起的皱，落基山脉，没有西藏那么高耸，不过美西照样逐年被抬高，虽不像云贵那样一片高原景色，但是，洛杉矶市终究会北移到与旧金山市会合，则是可以预言的事。

2 亿多年前曾经存在过的那一大片大陆地，破裂漂移成今天的模样，对生物是啥影响呢？

亿年前，有一种鸟的祖先就已经栖息在大地，冬天活在南极洲的北端（那时与非洲、南美洲的南端靠在一起），春天往北飞到北极附近的一个群岛栖住。经过演化，这鸟儿的先祖们开发出一套在当年是非常有效的导航与航标系统，储存在它们的基因里，于是后代鸟儿们每年就笔直地北飞，飞越几个标定好的地标，千万年就那么下来了。基因演化，是年的数量级，细胞生生灭灭，一年就能演化出个结果，即使复杂点的大型生物，万把年也能衍生出新品种。可是，大陆漂移太慢了，平均每年不过几公分，一整代的鸟儿们都感觉不出大地在动，何况这鸟还没演化出智慧，世世代代的它们都不知道脚下的世界与前代不同，它们的飞行地标的距离却一直在扩大。于是，年复一年，这鸟儿的先祖们从南极旧地出发，沿着亿年前就设定的航标，每一代都多飞个把米，到今日的鸟儿们，就得先飞过南美洲东部，折飞过非洲西部，又折回南美洲东北角，再折飞越非洲西北端，然后穿越北大西洋及北欧，才终于到达设定的北极栖息地。原先设定的最有效路线，变成后代们得在大西洋上来回多遍，硬是折腾数万里程的负担。大陆漂移对它们唯一的好处，就是演化显然会将体质不佳的基因淘汰掉。

这情况，似乎也发生在一些南美的龟类身上，原先离岸只不过百米之遥的栖息岛，亿年下来，竟须游上近千公里才能到达，长大以后，还得再游回原来出生的海滩下蛋！大陆漂移对这种海龟真是严峻的考验，刚孵出的小龟，壳都没长很硬，成群爬出沙坑，死命投奔大海，沙滩上早待着大批猎食者，过了这关，还有一关，海里游上千把公里得很花点时间，碰上猎食者的风险就更大了。大陆漂移对海龟来说，不但弱的基因被淘汰掉，运气不好的，一样过不了关！

这些全都因为，数量级，地球有的是时间来散热，地表有的是时间重整地壳来适应地球的散热，生物可只有百年以内的时间来适应环境的变迁，何况它并不知道"环境"正在缓缓变动中。

地下的火力概括了，地上也有挡不住的呢，主要就是风、水。

先拿人们经历过的说说吧：古老建筑依然屹立的，埃及金字塔可以算是翘楚了。塔石整整经历 4000 年以上的风吹、日晒、雨淋、热胀、冷缩，雄风还在，面目苍夷，许多雕像都丢了鼻子。我们不也常常纳闷：为什么考古都得往地下挖？无论是什么民族的遗迹、什么材质的堆积，记载上，多么雄伟的，经常就剩下个小土墩！到底怎么啦？

还真就是千年的风吹、日晒、雨淋、热胀、冷缩的温功给磨的。
晒太阳的时候，实际就是挨无数个光子的轰炸；
淋雨的时候，表面上的东西就各自不同程度地溶到雨水里去；
日夜冷暖的热胀冷缩，使不均匀的地方开始剥落；
风吹的时候，就被沙粒和气体分子撞击、氧化……

　　地表长期被这些风、水、阳光，化学的、物理的力研磨着、研磨着，人们用各样的词来形容这个过程，风化啦、冲刷啦等等。地表被研磨下来的碎屑便是大小石砾、沙泥、土壤、尘埃，继续被流动的水和风搬运着，堆积着，渐次形成今天我们所熟悉的冲积平原或三角洲或沙漠等地貌。而最壮观的地貌景色，恐怕就是千百万年来被大河或大冰川切成的大峡谷了。

　　我们必须知道，植物与动物所仰赖的那层土地，其实是土壤，即使连海底那层沉积也算上，它也不过平均个把米厚，但却是生命现象之所系。自然的风吹、日晒、雨淋、水流、热胀、冷缩的温功，穷数十亿年之力，慢条斯理，磨出一块土质的大地，在石头地壳之上平添了些植物养分的基础。在这样微薄的一层土地上，自然的风向、水向、日照的条件便决定了生物的荣枯。在下风或下水的所在，风、水能带来的沉积，也就是灰尘、沙泥，每年不过毫、厘米以内，但万年的风霜下来，照样让人不胜"沧海桑田"的感慨。

　　大气的力，气候，光300万年来沙尘暴的吹刮，就填出中原那个300米厚的黄土高坡，这才有夏、商、周、秦、汉的发迹之地。但从中原往西到敦煌，再沿古丝路出汉代的玉门关，途中百二十公里，入目尽戈壁景象，简直难以想象，2000年前汉武帝在敦煌置河西四郡的风光。汉代建的长城与烽燧，也毋须匈奴或突厥来拔损，自然的温功只用千把年便把它磨成了颓城断垣的"古迹"，更多的部分，连痕迹都没留得下来。而大气的力，表现在气候变迁上的，尤其叫人可畏：2000年前的敦煌，还算风调雨顺，是个种庄稼的好所在，中国人才得以在那里生息。唐代敦煌的灯节，号称天下有名，堪比首都长安，敦煌曾经有过的繁荣，可见一斑，这是1500年前才发生的事。

如今呢？敦煌年降雨量不过数十毫米左右，戈壁沙漠早就沿着古丝路穿越玉门关，东进何止百二十公里，几乎直达嘉峪关！地球上，类似的故事，几乎到处都在发生，不独中国为然，非洲、南北美洲、欧洲、澳洲、中亚……气候变迁所引致的人或生物的迁徙、灭绝，无疑是地球事件的常态。

把石头地壳磨出土壤的温功，同样也是毁坏长城的温功。

生物存在的条件的数量级，对地上与地下的力来说，当然是太细微、太纤弱。所以，"生命"从来就是对大环境的适应的现象，适应得了的，才能在那环境下生存。而事物都是相对的，尤其在数量级上相对悬殊的时候，根本无所谓"竞争"，只有以小事大，哪来以大事小。中国人用"事"这个字，非常含蓄，实际上，生命也是个自然现象，当生命与其他的自然力未能"和平共处"的时候，"事"不"事"已经无关紧要，事物终归按大数量级的规律办。没有你、我、他、她、它，地球照样转，太阳仍然东升，阳光与风雨依旧不停地研磨着地表，继续"滴水穿石"、"愚公移山"的动作！

"大自然"的氛围

在地球的数量级下，地火地热推动地壳变动、火山活动、造山运动……大陆会漂移，大海会分合，不可抵挡。在这个数量级，海洋的影响，大气的影响，撼动不了大地的移动。海洋与大气，只能刮刮地表。

对陆地和海洋的数量级来说，大气气候直接受它们的影响，反过来，气候又直接影响到地表的生物。气候围绕着大陆与海洋转，生物围绕着气候转。实际上，生物是围绕着温度的规律转：陆地上的生物，跟着季节走；海里的，跟着洋流走；本质上，是跟着温度和湿度走。

地上与地下，都因为热传导、因为温差，而有着物质的对流。地下熔融岩浆的对流造成大陆漂移及火山喷发，海水的对流则形成洋流中的暖流与冷流，地表、海表上空气的对流就造成了风。所有这些液体、气体的流动，风生浪起，都很自然。

在人类必须倚赖风向与洋流来航海的时代，北欧的维京人（今瑞典、挪威）1000 年之前就已经登陆加拿大的东北疆，中国的良渚人 3000 年之前就已移民日本的福冈，当然，600 年前的郑和、500 年前的哥伦布，他们的船队能够往来各大洲，全都拜季候风、信风之所赐！不到 200 年之前，当人们尚缺乏关于气象、气候、海洋等系统科学的知识的时候，面对多变的流体力学，复杂性变成了不可知性，因此，长程航海只能用勇气来克服无知，一切付诸"命运"。在这个意义上，哪有"人定胜天"这回事！不过是一些微数量级的人恰恰巧顺到了宏数量级的大势所趋，刚好更有能够完成任务的几率存罢了。然而，人类勇于冒险的天性也由此可见一斑。

地球上，固体"土地"盛载我们，把万物顶在地上；"风"和"水"两大流体浸润我们，把万物泡在空气与水的流体里。我们说了"风流"，其实"水流"也差不了太多。人们常常提到的是尼罗河系、恒河系、亚马孙河系、长江系、黄河系等的大搬运，这些河远在有人类之前就各自每年把数十亿吨计的泥沙从上游冲刷，搬填到下游的三角洲里。得利于类似的这些水流，才有闪米特人肥腴月湾文明的兴起，埃及人与印度人的农业文化，以及中国人江南鱼米之乡的富庶。

就这样，在地表薄薄一层土壤的环境中，造就了一个人们称作"大自然"的世界。风和日丽也罢，天崩地裂也罢，冰天雪地也罢，绿油油、海蓝蓝、滚滚黄沙也罢……总之，这就是生物世界的空间了。陆地上的山高、海洋中的沟深，都不过十公里以内；天上的风，也刮不过十几公里高空。超过这些范围之外的事件，大致都不是生物力所能及的了。

重大事件，比如：印度板块与亚洲板块揳合这件事，使地表多了几道皱褶，漂移的大陆板块活动，把青藏、云贵地区抬成了高原。地表上浅浅的那层风流被青藏高原挡了一下，印度洋里吹过来的潮湿的季风一到这里便得上升 1 万米才能越得过去吹往中国，结果呢，上升的气流意味着下降的雨水，因为高度大就是温度低，水汽只好凝结，于是就在青藏高原的东西两侧形成了地球上最大的江河系统：整个印度大陆与中国大陆的主要河系的水，都从青藏高原流下来。这是大自然的杰作。

人们会继续"发现"我们以前没能知道的事。例如，地表冰期似乎与太阳系环绕银河系中心运转的周期吻合。虽然人们尚不能完全肯定它们之间的关系，但是，银河系现象，对相对渺小的地球而言，无疑是件大事。冰期，也是大自然的杰作。没有上一次的数百万年冰期的试炼，人类还演化不出我们智人呢！

同样的，在地表气候系统的数量级里，也存在着某些规律性，以几十年或百年的频率发生着。比较鲜明的例子就是太平洋两岸气象的圣婴（凉夏暖冬）和反圣婴（超热夏、超冷冬）现象，连续以稍稍不规则的旱与涝，施加于亚洲及南美洲的土地。影响所及，甚至可以同中国、安第斯、玛雅等历史的改朝换代，明显印证，因为在那以农为本的年代，前人甚至今人对旱涝无能为力，看天吃饭而又对天无知的结果，就跟早期的航海差不了太多：付诸"命运"！诚然，也跟航海技术一样，人类的水利工程确实也大大改进了人类族群的存活率，但也就像敦煌那样，从古至今，整个人类不知有多少个敦煌完全消失在仅仅是"气候"数量级的变化里。这，还是大自然的杰作。

明白这些真相，我们当会更加珍惜我们的历史与环境、当下的生物与地球了吧。毕竟，谁又能左右大数量级的东西与事件呢，"大"自然嘛。

讲到这里，对我们昵称为"家"的这颗星球，"地球"屋子里的一些大的配置与摆设，"大自然"的德性与长相，我们应该会有点感觉了。

我们才刚刚开始学会认知："大自然"才是大家的"家"呢。

生命终于发生了

有人猜测 40 亿年前的大自然，像个热带沼泽，地上到处是浅浅的海水，也许还不太咸呢，闷湿的空气，天上则不时的雷雨。不知道经过多少次闪电，电花中偶然有将空中的水分子、氮分子、二氧化碳分子结合成氨基酸分子的电压、电能存在，使落在海里的东西，不止于雨水，还有氨基酸分子。大海里有大自然的各种分子、原子，各按物理、化学规律随机"化合"，长出各种有机分子。在几亿年，甚至十亿年的时间中，各种物质分子及氨基酸分子飘荡在大海里……火山及地壳裂缝也不时冒出含硫的、含矿物质的岩浆及气体，便给众多氨基酸分子提供了另类化合的环境：海底火山附近是暖暖的水（有"能"量），富含各种矿物质（有生命物质，硫、磷、铁什么的），在某个时机点，刚好有些氨基酸分子在那里跟一些同碱基分子结合，渐渐形成了可以复制自己的东东……"生命"就这样诞生了！

据估计，那大约是 37 亿年前的往事了。我们当然无法确知生命开始那刻的时、空、环境条件，但是，也许那时的地球，刚好具备足够的氨基酸和碱基分子的丰量，以及产生生命分子所必需的其他能量、质量条件，时间又为大自然提供了近乎无穷的机会丰量，总之，因缘际合，便发生、开始了人们所熟悉的"生命"这么回事。

生命形成一开始，长相很逊，也十分简单：就是个单细胞生物。

这细胞里的分子，无非就是能自己分裂，复制另一个自己罢了。一个生物分子要组合其他分子来复制另一个一模一样的自己，说起来简单，却是大自然独一无二的现象！

无机或有机的分子结晶，是把众多已经存在的同类分子聚结在一起，谈不上分裂或复制。只有大型的多分子化合物，结合众多类似的分子，比如上万个氨基酸分子，弄得像条扭成双螺旋状麻花糖似的长拉链那样，才能建成个经济实惠的能量体系与要求，结团在一起，并在不太高的能量需求下，打开拉链，捕捉其他氨基酸分子，完成复制成两条拉链团（它自己！）这样一件事。

　　而生命一开始，就很挑剔，因为它只能复制它自己，而且是精准复制，物质与形体上完全一样，不多不少，百分百拷贝版。所以，生命现象也就相对很脆弱，常常只能存在于特定的环境下，就是组成它自己体质的那样的环境：水是少不了的，碳、氮都是不可缺的，其他的矿物质，或是我们称之为"养分"的东西，虽然少，但绝不能没有。

　　说它"挑剔"是说得好听，说它"脆弱"是比较实在：生命是个束约条件很多的存在，氨基酸分子的组合限制便是生命可能的组合限制，而能破坏氨基酸分子的所有物理、化学的方式，便是能灭掉生命形式的方式。虽然如此，氨基酸及其衍生的各类蛋白质、酶等的高分子，倒是地表大自然环境中最可应用的、最大变化的、最多形式的有机分子。地球会演化出以氨基酸为载体的生命现象，似乎也不完全是那么偶然的，大自然很适合以它这种形式来演化！

　　当代的分子生物学已经积累了大量知识，相当程度地解了物质（化学）层面的生命现象是怎么运作的。微观上概略地说，"生命"的基础，便是如今已经家喻户晓的 DNA/RNA 核酸链——"基因"。从小单元的单细胞细菌，到大单元的、多细胞的哺乳类，所有生物体内能自行分裂繁殖的基因，全不外乎 G、C、A、T/U 这些信息碱基分子的排列组合，以及因为它们的序列所编制出来的蛋白质、酶、糖、脂肪。

　　打从第一个氨基酸分子的形成，到 G、C、A、T/U 的存在，之间不知经历多少亿年的时光。再到这些个分子形成第一个可以自行分裂、复制的 DNA/RNA 核酸链的基因，又不知过了多少亿年。大自然很有耐性地试炼出来，G、C、A、T/U 是制作 DNA/RNA 的绝妙配方呢，也许是地球上的唯一，说不定也是宇宙的唯一。

然后呢？三十几亿年来，这个基因不断地复制自己，复制出来的东西，依然是 G、C、A、T/U 和这样、那样的蛋白质、氨基酸！所以从生命最早的单细胞细菌，到小草、大树，到恐龙的 10^{11} 个细胞组合体，到现代人类的 10^9 个细胞组合体，构建生命的素材完全一样，每个生命体本身，无非是不同数量的 G、C、A、T/U、蛋白质、酶、糖、脂肪的集成，数量大了，复杂度变大了，但仍然是同材质、同性能的组合体，并且基因里的 G、C、A、T/U 在 DNA/RNA 里的排列方式，便决定了那个生物的特征。

用基因序列或蛋白质序列来做识别证明，可以说：绝对防伪。

DNA/RNA 链团可以或小或大，但还复制的都是一模一样排列的 G、C、A、T/U 分子团，只要流传得下来的，尽是复制的、一模一样的基因产品。

DNA/RNA 序列里的排列，其实是编制氨基酸分子的模板，模具一旦开发完毕，所组装制作出来的酶或蛋白质，就只能是丝毫不差的、同样的蛋白质系列产品。而酶或蛋白质的基材，使用的氨基酸，也就那么 20 种。

我们现在知道，水、酶 / 蛋白质类（20 种氨基酸的排列组合）、糖类、油脂类、盐类是生命所必需的分子材料（"养分"）。所有生命现象，所有生物的存活，都依赖类似的养分。细菌、藻类、植物的基因演化，开发了各种序列的模板，生产必需的酶，以便直接从大自然里摄取物质，制造成他们需要的养分，并储存在体内。动物的基因演化，则开发不同序列的模板，生产另类的酶，以便"消化"所缴获的其他动植物体，转化成自己需要的养分，也储存于体内，以备不时之需。

生物基本材料虽然"大同"，但组合上的"小异"，对各个生命体而言，可以是大补或大毒的差别，生与灭的界限，例如：吃进毒菇。毒菇与动物的基本素材，完全同质，只不过那些套模板生产出来的家伙，没法消化毒菇里独特排列组合的氨基酸罢了。从这个意义上讲，所有的生命现象，是同质的。

所有生物又都是同源的，全是那第一个 DNA/RNA 核酸链的后代，全是那 20 种氨基酸分子的制造机或重组机。搭造基因模板的基材，仅仅就是 G、C、A、T/U 五种分子。生命演化，不过是用不同的 G、C、A、T/U 的数量，施以不同的排列组合，产生不同的物种基因。如此而已。

我们与细菌、小草、小虫、大树、大鲸鱼是同个祖宗的后代呢！

演化史上发生过的海里的什么奇怪的虫、鱼，陆上的什么特异的龙、兽，以及曾经存在过的怪异植物，甚至科幻小说里的什么"异形"（如果曾经存在过的话），只要是用 G、C、A、T/U 来繁衍的，全是我们已灭绝了的叔公公们呢。

宿命的演化，演化的宿命

生命最微观的层次，如何生成 G、C、A、T/U 的组合，再扩大组合成 DNA 的双螺旋体，大概会是个永远的谜。这跟宇宙都从基本粒子开始垒成类似，基本粒子怎么来的，大概也会是个永远的谜。除掉这个确切起源的不明确之外，它们所垒起来的世界倒是非常清晰，从素材到过程都相当明白。

既然生命分子只是一味地复制自己，它又如何从单细胞而多细胞，从细菌而哺乳类，演化如此之大不相同呢?

当然是动态的大自然给逼出来的:

地貌、温度、湿度、水流、风流从未安定过，更不用说，资源虽然相对丰富，但肯定一直就是有限的。于是，打从有生命世界开始，生物就跟随着大自然的变化，不停地去适应、演化，因为环境变了。

演化的手段，只能与宇宙同调:数量和几率。

靠庞大的个体数量，实现变异几率（表现为基因的突变），并藉时间长河，让能够适应、存活的生命，再恢复种群的数量。不能存续的种群，也就是不能适应环境的物种，便消失、"灭绝"了。生物，就是这样的随着大自然的变动而演化，周而复始地重复、重复、再重复……

虽然生命现象不过是 G、C、A、T/U 的数量与排列组合，但排列组合本身就近乎无限多个可能性，所以，在任何大自然环境里，几乎都存在着延续各式各样生命的可能，都有生命发挥的余地。原先，单细胞生物们因着各自环境的不同，适应出不同的本事，它们偶然因为大自然的力（风流、水流等等）而碰在一起，那些紧靠在一起的单细胞们倒有机会在一个变动的环境里，一起存活，于是共生、融合成个"多细胞生物"了，从此形成了一个"有组织"的核酸、氨基酸结合体，那里头的单细胞们，各有所长，各司其职，一起贡献给一个共同的生命体，共存共亡。多细胞生物的发生，也许就是紧随单细胞发生后的 1 亿年左右的事。

多细胞生物一旦生成之后，基因个子可以越来越大，形式与形态也可以越变越复杂，可以适应的范围便越来越宽广。组织"简单"显然不是成功生存的唯一策略，组织"复杂"也可以做到成功生存，各有各的绝活罢了。而大自然本身便孕育着从简单到复杂都合适的大大小小的环境，所以也就平行产生了各种各样的生物。

生命世界的能量不大，不能改变其中元素（原子们）的性质与数量，生命物质的流转，通常不过是这群生物的氨基酸体被另一群生物的氨基酸体吃掉、消化掉、用掉了，以人们能感觉的直接语言来形容：

一部分被重组、转变成另类氨基酸，

一部分被打散成为烷气（屁，碳氢化物）与水（尿，氢氧化物），

更有一部分被原装遗弃（屎，氨基酸混合物）。

生命物质的利用率与转换率都不算太大，这也符合生命世界的低能量的特性。其实，所有氨基酸的最终归宿，都由一些细菌来处

置，这些细菌把屎也好，尸也好，统统加以充分利用，作为复制细菌自己的材料。

真相还真几近于"大鱼吃小鱼，小鱼吃虾米，虾米吃泥巴"呢，当然，这"泥巴"里得有不少"养分"。

太阳才不过50亿岁，地上生物倒有着37亿年的光辉历史，怎一个"巧"字了得。实际，它更可能注定要发生：物理、化学的条件便基本上注定了，生命会如此这般发生在类似地球这样的环境里。

在我们所熟悉的地球上的生化范畴，水、蛋白质（氨基酸）类、糖类、脂类、盐类是生命所必需的分子材料（"养分"），DNA/RNA是传递生命的遗传信息所必需的分子材料，这些生化分子们都由地球上丰量甚大的碳、氢、氧、氮等元素组成。但是，这宇宙里会不会存在有其他类型的"生物化学"呢？可不可能有不以碳、氢、氧、氮为主的其他"材料"与"信息"分子来构建的生命世界呢？

可能没有。或者即使有的话，它可能发生在一个我们难以想象的环境里。以当代人们对化学知识的掌握，目前尚不知道有异类生化的存在，也尚未知晓有它们存在的可能性。地球类型的生化，是宇宙自然演化的产物，自然赋予碳、氢、氧、氮、磷、硫等元素的化学性能，其中就孕育着生命存在的几率，事实上，这6个元素占掉任何生命体99%以上的净重！

尤其是碳原子，聚合物之多，形式之广，可以在纳米（10^{-9}米）的层次形成自动修复的牢固的薄膜（这个特性已经有那么一点"生"的味道了），又是塑料的主要元素，一部有机化学的应用，就全围着碳打转。连木炭与钻石的差别，都只不过是碳的异形物而已。是不是存在着某种环境，能让其他元素也展示出碳在地球环境下的那般"弹性"（flexibility）呢？我们不知道。从人类已经积累的物理、化学的知识来分析，应该没有。但是，我们知道，只要环境"合适"，哪里有碳、氢、氧、氮、磷、硫等，哪里就可能有生化与生物，以及演化。

生命大演义（上）：DNA 基本功

生物化学可以这样概括碳、氢、氧、氮、磷、硫的作用：

生命＝细胞（或细胞群落）；

细胞＝DNA/RNA（核酸）＋蛋白质（氨基酸）＋细胞膜（脂类为主）；

DNA＝［（G、C、A、T）序列＋糖＋磷酸基］×2（双链）；

RNA＝［（G、C、A、U）序列＋糖＋磷酸基］×1（单链）；

蛋白质＝［20 种基本氨基酸］的各种数目与序列的组合；

细胞膜＝脂类与糖、蛋白质的链条＋磷酸基；

G、C、A、T、U＝含氮的信息碱基；

例如，A＝（HCN）5，就是氰化氢（HCN）自己聚合 5 次的结果！有够吊诡：DNA/RNA 核酸的主要成分之一的 A，居然是最毒的氰化物，而能够消去毒性，全靠碳链喜欢缠聚的德性所赐。

平铺直叙到这等地步，我们也就明白为什么生命离不开碳、水（氢与氧）、氮、磷了。那细胞"膜"也够绝的，由于脂质链条的物理电性，它们遇水便包卷成内外两层（许多油脂滴在水面，会自动延展成薄膜），而且内、外层各有点性格（选择性），成为天然的渗透膜。

从此，对包在里边和外边的其他分子们来说，这膜变成了关卡，选择性通关造成的"内外有别"，使纯化学品也有了"我"与"非我"地盘的味道。远在生命发生之前，大自然便已经造就了这样独特的化学现象了。

不仅如此，一点原料加能源，天然氨基酸就此产生。糖分、油脂、蛋白质等的碳、氢、氧化物，莫不如此，连 HCN 也是个星际里常见的物质。我们这个宇宙的物理、化学规律，使生命所需的材质自然地发生，地球不过恰巧富含这些生化物质罢了。

一堆生化物质淌在水汪汪的地表上，风、水、雷、电搅和着它们，时间非常有耐心地做着实验，千万、亿年不当回事，直到有些简单的生化分子搅成了复杂的大生化分子，碱基掺和进去，脂膜包卷过来，散掉，重来。不同的碱基、脂膜，不同的氨基酸、蛋白质，组合了，再散掉，再重来，直到发生第一只不断复制它自己的细胞……也许是某一代恒星系演化的杰作，也许是好几代恒星系演化的结果，谁知道？

当代分子生物学家这样总结了细胞生命世界的几个规律：

（1）生物化学反应由特定的蛋白质（酶）催化。

细胞繁殖是需要质量与能量的，哪怕可资利用的物质（食物）就隔着一层细胞膜，拿进来，需要能量。分解、排列成细胞自己的样子，也需要能量。比如，能量可以从糖分里来，但是要完全将糖分消化成可资利用的能量，就得大约 20 种酶来做催化剂，以便按序完成分解糖分为 ATP 能量分子这么一个动作。细胞的生存与繁衍需要代谢，需要找正确的食物，需要正确地复制 DNA/RNA，而全套对环境（食物）的识别、协调内部的时序与动作，就只靠 DNA/RNA 上的信息碱基操控着细胞体内的蛋白质及糖分来完成。幸好，DNA/RNA 是部超级电脑，它上面的碱基序列，每三个就对应着生命蛋白质 20 种基本氨基酸中的一种，并且换个起算点就意味着它对应的氨基酸序列不一样了（因此，对应着不同的蛋白质），因此，信息碱基变成了塑造蛋白质群（酶）的模板，足以解决它自己生存的诸多需要。

一个由千把个信息碱基组成的小小简易 RNA 细胞（比如，病毒），它自身不过相当于 5 个蛋白质左右的氨基酸的数量，却可以转译、造出 10 个左右的蛋白质，许多病毒就这样子存活下来，因为当环境不适合的关头，它只要有个识别的酶来决定封闭自己、休眠起来，等待时机，这就够了。酶，其实就是生物化学反应的控制器与微程序模板。

（2）遗传信息碱基配对，A 对 T，G 对 C，组合成 DNA 双螺旋链。

这就是生命世界有名的 DNA 双螺旋链原则。

双链的 DNA 像一根拉链，如果有什么差错，一拉起来，不合之处较易辨识，因此也较易被修复（因为有破绽，拉不紧的拉链，都在演化的长河里被消灭了，只留下那些较不出错或较有办法修复的了）。单链的 RNA 则像半根拉链的情况，凹凸不平，吸引一大堆闲杂分子，当然容易出差错。

DNA 难得出错，复制的差错率（"突变率"）只有十亿分之一（10^{-9}）左右。相对来说，单链 RNA（DNA 对应的 U 取代 T）的化学性能单薄得多，复制的差错率高达千分之一。

但是，千疮百孔的各种 RNA 病毒，结构上简单、小，20 分钟便可以复制一代，几十亿年来照样存活。而正经八百的 DNA 细胞生命，结构上复杂、大，经常 20 个小时左右才复制一代，它们的群落则演化出细菌、真菌、植物、动物四大门界。

（3）信息传递是单方向的，核酸是制造蛋白质的模板，反过来不灵，蛋白质（酶）只能是制造核酸的材质或催化剂。

基本上，人们发现 DNA 与 RNA 之间，可以互相拷贝、复制，尽管涉及 RNA，便有出错、突变的几率。但是，DNA/RNA 作为塑造蛋白质的模板，不管 RNA 自身是否百分之百忠于原著，蛋白质都紧跟其后。蛋白质是被 DNA/RNA 的信息序列逐字逐句"翻译"出来的，RNA 出"错"（与原来的不一样），翻造出来的蛋白质也跟着错（与原细胞的蛋白质组成不一样）。反过来，却不是那回事：从蛋白质的氨基酸序列，人们无法录制出 RNA 或 DNA 来。

这是另一个生命现象的吊诡之处：大自然让生命世界利用了 DNA 高精度、高忠实度的复制，以及 RNA 高突变、高效率的"试制"。一方面，所有的核酸、蛋白质都是大同质的，一方面，它们又都是易于小异形的，这样子来演绎出千变万化的生命世界。

大自然"选择"了以氨基酸、信息碱基、糖、酶为硬、软件机制的，以 DNA/RNA 为拷贝机芯的生命现象。地球环境（"大自然"）三四十亿年来的历史所造就的"生命演化"的数量级现象，就是一部细胞生物化学的传奇，以及细胞集群体所表显出来的宏单元的生物学与古生物学传奇。

我们当然远远不是这方面的专家，也顶不住更细节的疑问，不过，到此为止，我们只需记住，"演化"可以看作是在地球的大自然条件下生命世界能够存在的"解"（也是动态的）。以这题目的复杂度来说，通常当然是有许多许多个可能的"解"，所以，从古至今，生命形式的千奇百怪也就不足为奇了。

归根结底，我们只能惊叹生命的美妙与无常：

（一）"命"到底是咋回事？

单细胞生物，一人吃饱，全家不饿，它的生灭、延续，干脆利落。多细胞生物，大到像"人"，每一条"命"身上有几十亿个"活"细胞，每个细胞都有它自己的"命"，集合起来，还有一条共命！细胞们互相之间的牵扯，千丝万缕，小"我"之外，更有大"我"，全靠同一组 DNA 程序来协调、运作，这生化的作用也真正大矣哉！

（二）演化，像是时间在质能空间留下来的烙印，DNA 就像是生命长河的全息（hologram）留影。

千万不要天真到以为老天爷真的就那么一下子蹦出个设计得完美无缺的单细胞，好让它在地球上演示一整套"进化"论。我们今天认识到的 RNA 病毒也好，千把个信息碱基的单细胞微生物也好，都是演化了几多亿年的"今天的"生物。宇宙"第一个"生命细胞，第一个能复制自己的 RNA 或其他玩意儿，到底碰到了什么环境，怎样存活、延续下来，还真只有天知道！可以断言，决不会是个独有的过程，而且多半不同于今天的生态环境。它们存活、延续的信息，全留在 DNA 的印记里。

跟最早的老祖宗一样，所有生物都离不开水，因为 DNA 是从老祖宗那里复制来的。为了水源，所有陆地生物都是用一层皮来包住一滩水的东西，而且绝对不耐久旱。连动物胚胎发育的过程都得小心翼翼地重复生物来自海洋的历史，在胚胎细胞成长的初始阶段，生命还非常脆弱，母体便让它淌漾在一泡羊水里。蛋类的结构何尝不是如此？陆生植物使用不同的策略，种子、孢子们都用层坚壳裹住那仅有的一点水分，让它的胚胎细胞安全地躺在那里，静待到充沛的雨水润湿了周遭的土壤，能够直接取水了，才来发芽。

时间与地球只给予生命小小变通的余地，形体改变了，碳、氢、氧、氮的生物分子的本质没变，存活（适应）的经验信息写在 DNA 码里，忠实地把周遭的养分转变为它的自身（所以，"活"了）。变通、累积与遗传的信息传递，也靠 DNA 一连串的化学作用，活不下来的自然也存不下来。这样的演化结果，便是大型生物里一串串长长的 DNA 码，记载着它这条"生命"过去的适应、它存活复制的规律以及它如何在时间长河里过渡至今。

我们只能猜测，海洋里第一个生命应该是非常简单的结构，也许几百个信息碱基的单链碰上恰巧合适的氨基酸、蛋白质环境，以及刚好能匹配的那张膜，便如此这般开张起组合"家家酒"了。存在中的生物和存在过的古生物，都是演化的试炼记录，DNA从不骗人。

从简单到复杂，从小个体到大群体，多细胞生物无不反映出个别细胞层面的取舍与微"我"们的共利所在，也都有宏"我"演化的轨迹及其可资存在的道理。整个"演化"戏的导演，依然是那个相对宏观的、动态的大自然。那么连贯的戏码，丝丝相扣，环环相生，只有一条特大纲领，让众生命演员随境随缘去发挥剧本，居然一演三十几亿年，贯穿其中的道理，不但一致，而且完全不穿帮，这DNA的功力也就可想而知了。

生命起于海洋，直到今日，70%以上的生物物种仍然生活在平均不过千米厚的海洋里，登陆，那只是4亿多年前才发生的事。可惜我们对海洋的了解远不如太空，近来每一次的深海探测都发现不可思议的生物与形态，比如，海底火山口附近、依靠地热与氢硫养分存活的管蝌，大量透明而发光的水母种类等等，一次就发现几百种深海生物。

凡此，大自然都不过是一再强调：命在水中。

因为结构简单，单细胞的RNA病毒类至今仍然很容易就演化出来，而且大自然每每会演化出非常毒的病毒，比如Ebola（埃博拉），以极快的速度在宿主身上的特定部位繁衍，宿主很快就被耗光、死亡，迅速到还来不及传染给下一个宿主，结果这病毒反而危害有限，传不广也传不久。在生命与环境之间，无所谓"好"、"坏"，什么都有机会试演，但是大自然天生有个微妙的平衡机制，只有那些相对能形成一个稳定的"生命圈"的物种们才有机会长长久久。这就是

"生态"。

完全依赖大自然来提供免费的碳氢化物养分，纯粹吃大锅饭，当然挺美的，不过，生存太没保障。早期的 RNA 细胞们，没有真正意义上的代谢作用，以大自然为宿主，每 10 分钟就复制一次的速度，生灭之间一定也很突兀，无论倚赖什么天然食物，食物链一耗断，几乎就是大灭绝的发生。幸好，RNA 的好处就是能变异，变来变去，试来试去，细胞们居然演化出几种取用不同能源与物质的比较直接、自足的方法：

（一）利用大把的二氧化碳、水（或硫化氢）、阳光来直接制作碳氢化物的养分，但排泄出氧气。

这就是有名的"光合作用"。

在早期充满氢气与硫化氢气的地球上，演化出能排硫的细菌，它们在脱硫过程中产生一种能携带电子与氧的分子，这分子也能产生 ATP 能量分子。由于海底火山口依然含不少硫化物，这些菌种也存活至今。当早期地球的氢气与硫化氢气耗罄之际，三十亿年前的各种绿藻菌最早利用这分子带电子的特长，发展出叶绿素体，直接把阳光、水与二氧化碳制作成碳氢作物（养分）。动物演化出来，则把排硫菌输氧的特长用到了血液循环系统。

叶绿素体的产生，成为地球演化史上最重要的事件。

因为阳光、水与二氧化碳实在太充沛，取之不尽用之不竭，含叶绿素体的各种菌太好过了，可以完全不依赖其他现成的有机化合物而存活。但是，光合作用会排释氧气，于是地球上的氧气含量直线上升，直到大气环境含氧 1/5。我们不确知这个时间表，但整个生命世界渐渐地自然演化成适存于氧气环境了。

（二）利用氧气把糖分分解，实际上，就是"燃烧"糖分，制造 ATP 能量分子，是发酵有效率的约 20 倍。但排泄出二氧化碳与水。

这就是人们以为理所当然的"呼吸"作用，相当于分子层次的内燃机，以各种酶去精密控制燃烧糖分的程序，就像汽车引擎必须精准地控制油料与点火，有秩序地燃烧油料，来获得你想的动力那样。

因为光合作用释出氧气作为排泄物，而氧元素本身太活跃，直接碰到氧气的 DNA/RNA，就要燃烧（氧化）起来。所以，发明光合作用的蓝绿藻菌只好在叶绿素体之外，再组装个呼吸作用的线粒体，以便用线粒体来利用氧气，燃烧糖分，取得能量，而不让氧气去燃烧了不该燃烧的部位。

线粒体的产生，便是生命世界演化出来的对含氧环境的解。演化出这个行呼吸作用的线粒体之后，几乎大多数生命细胞内都少不掉这个分子级内燃机，藉以保护细胞自身不受氧化之害。缺少这个机器的细胞，便成了"厌氧"族群，遇氧则亡，实际是"畏氧"族群。

（三）利用糖分发酵，分解出可资吸收、利用的 ATP 能量分子。

这就是各类酵母菌存活至今的由来，连人体的肌肉细胞都还保留了它的代谢方式，所以，人运动后肌肉会发酸，因为糖分被消耗成酸类、醇类了。(醇酒也是酵母菌的杰作。)

生物获取能量的化学机制叫做"代谢",都是为了 ATP 能量分子。代谢,不外乎:呼吸、发酵、光合、脱硫。用发酵来获取 ATP,效率算低的,但发酵不仅止于分解糖分,也可以分解氨基酸。大自然挺俭省的,许多小生态系统就建立在利用前道没榨干的发酵排泄物,将其中的剩余养分用不同的发酵作用分解,喂饱不同的生物,串起来,便成为一个相互作用的生态系统。动物的肠胃也是个迷你小生态,许多酵母菌共生在那里,它一面自己吃饱穿暖,一面帮助动物消化。

(四)把空气中的氮直接固定到酸基里来,就不用老盯着环境里的蛋白质了。

这就是所有固氮菌类、根瘤菌类的由来。幸亏有它们的存在,不断把氮气转化成植物蛋白质(比如豆类),不然,单靠地球随机自制氨基酸来养活全部动物,地球早就营养不良了。

微观上的生化革命,便是穷 20 亿年之功(估计的),在细胞内开发、配备了以上 4 种分子级的设备,使单细胞们得以比较自在地运用天然资源而存活、繁衍,真正地成为生命世界的基础建材砖块,并由此垒成多细胞系统的生物。细胞之于生命世界,还真类似于原子之于物质世界。尤其是,线粒体和叶绿素体这两部机具一起形成了物质的循环系统,生命世界从此可以自给自足:

二氧化碳、水、阳光+(叶绿素体)=养分+氧气,
养分+氧气+(线粒体)=水+二氧化碳+能量 ATP。

　　所有复杂的多细胞生物的细胞里都少不了线粒体，所有复杂的多细胞生物也都直接、间接地依赖叶绿素体来制造食物。所以，基本上，地球才演化出"动物吃植物，植物吃水土，细菌通吃"的生态现象，因为，生命并未在世上创造物质或能量，整个生命世界都不过是质、能以不同形式出现的流转站，当流转本身的循环能够达到平衡的时候，那样的生态便可历久弥新，持续很长一段时间了。

　　我们暂时不要拘泥于时序的数字表达方式，到底是 37 亿年到 25 亿年前的哪个时段发生的事，当然是无从确证的。总之，在那个数量级的时序里，首先发生了一个又一个的单细胞，从一个细胞膜包裹了一串 RNA 肇端，也许就只从成百个信息碱基开始，遗传基因攸关的 RNA/DNA 链就简单地与其他细胞体液蛋白质一起被拢在一个细胞膜内，组成一个叫做"原核单细胞"的"生物"，渐次演化成一个细胞膜包裹了几千个信息碱基的 DNA。

　　原核单细胞生物在随后 20 亿年左右的时间里，从一开始的一个 RNA 片段的偶然的复制出发，就地取材来翻制生化硬件拷贝，德性介于似生物、非生物之间；渐渐发展到，在一个单细胞内具备各样分子级的机具，并且用信息碱基作为软程序内存，来操控这些机具，以便更广泛地直接利用天然资源，翻制整个硬、软件拷贝。在这原核单细胞生物演化的 20 亿年中，细胞们的分子配备也演化出鞭毛或纤毛，这是最原始的轮子，有了这装备以后，它们才能自主地从这儿移动到那儿，得以趋吉避凶。这 20 亿年里，原核单细胞生物没闲着，时时操练分子级机具的演化，练就一身绝技：行光合作用的叶绿素体，行氧呼吸作用的线粒体，运动用的鞭毛，对滤光物质或色素的选择性吸收，对受损 DNA 的修补程序等等，全靠一套 DNA 软、硬件功夫来制作酶、蛋白质模板，再让酶、蛋白质们的分子性能去合成它所需的能量 ATP、淀粉、氨基酸，选择并吸收特殊的光色、晶盐材料，更用所有这些小小的资源来辨识与修补它可能的损伤。

这套 DNA 软、硬件功力，都是为了因应（对它而言）莫测的环境变化才慢慢试炼出来的，在物种存活的过程中，真不知阵亡多少细胞个体和物种，才有今人能认识到的原核单细胞的存在。每一个分子机具的开发，一定都有其必要性，都有非常优化的功能和程序，都是大自然在一段时间内用无数细胞试炼的结果。"试炼"其实是一个长期的微世界适应宏世界的历程，也许只有道家老子的话差堪形容："天地不仁，以万物为刍狗"。

天地实验室做出来的东西能有多巧？即使把当今世界的电脑全部联机作业，都未必能完全了解、仿制原核单细胞的这些生命程序和动作！多细胞以上，就更别提啦。原核单细胞，实际也就是病毒与细菌的世界，我们称之为"生命"的那个东西，一开始就在细菌与病毒之中演化出最主要的、赖以存活的基本功，这 20 亿年功夫可不是白费的，细菌与病毒也不全是"坏"东西！

距今大约 20 亿年前，长度日益增加的原核单细胞 DNA 链与它比较喜欢的蛋白质们，突然在细胞里搞起小王国来，它们紧紧地缠成一块叫做"染色体"的东西，并且又垒了道小围墙"细胞核膜"，从此也就有了个叫做"真核单细胞"的东西。真核者，真的有个细胞核之谓也。细胞核，也就是染色体（集中了专司遗传的基因物质 DNA），再加核膜而已。真核单细胞在此后 20 亿年中，演化出许多种类的真菌、原生生物（这些大多也是单细胞生物，用词是为了区别真核与原核的不同），再逐渐演化出复杂得多的多细胞植物、昆虫、动物，所有这些物种的细胞都具备"细胞核"这项共同的生命特征，可见"细胞核"这玩意儿一定还蛮管用的，不然干嘛全部的多细胞生物都少不了它？20亿年前，当海洋里布满数不清的真核单细胞群落的时候，它们的个子已经演化得可以大到100微米，是起码的藻类了，成为海相浮游生物大军之一，时至今日，浮游生物仍然是食物链的重要一环；长期以来它们厚膜的遗骸沉积在海底，形成一层碳酸质（石灰）或硅酸质的尘沙，甚至成为年代考古的依据。

生命大演义（中）：细胞核融合，DNA 大串联

染色体出现之后，生命演化变得更快速，也更多样性，染色体成为生命世界划时代的大事。我们不知道为什么DNA会同一大堆蛋白质缠结一起，并另裹在一层膜里来构建细胞核，但是，生命世界在随后的15亿年间便推广到几乎地表的每一个角落，藻、贝、鱼、虫、草、树、兽类，遍布全球海陆空间，它们体内的每个细胞全都带着染色体，染色体显然有着莫大的好处，能做到以前的原核细胞没做到的事。换言之，细胞核生物也是"天择"的结果。

当原核单细胞还处于初始阶段的时候，生命并不需要很多的记忆或控制，它们躺在一个相当有利的环境里，饭来张口，不需觅食，毋需移动，唯一显示生物特征的部分，不过是复制自己罢了。"复制"本身是需要一点程序的，那也就是比纯粹的物理、化学现象多了一点记忆、控制而已。那样的生命，真的需有那种"命"才活得下来。"命"不好、地盘不对的，跟环境养分不对口的，立马死翘翘。但是，

环境中的养分其实还蛮多样的，也蛮丰富的，DNA只要"学会"怎么利用自然资源便可以存续下去。大自然怎么"教育"DNA去享用各种养分资源呢？DNA又怎么改变着去适应环境呢？

我们这就触及生命的本质了。生命，"活生生"的含义，其实就是变，能变动，会变动。"觅"食，是跟着食物跑。繁衍、复制，是自身变易。所有的DNA/RNA分子机器，原本都是相当精准的拷贝机；一直忠实地拷贝，怎么还会从RNA组合成DNA，又从DNA组合成染色体，以至于万万千千的花、鸟、虫、鱼、兽、木、草呢？关键在于天然的DNA/RNA变异。

更何况，同质的G、C、A、T/U，一串几百个不嫌少，一串几十万个也不嫌多，它们很容易挂集在一起。原先的单链RNA，加上某种酶（蛋白质），变成双链DNA。双链DNA变长到一个程度，聚集上一些蛋白质，就盘卷起来，变成一团小小的染色体。以人类为例，拉直我们身上一个染色体内的DNA，足足长达近50米！如果不盘卷起来，这样大的分子记忆与控制"坚体"（软、硬整合体），如何能装进一个细胞里？又如何能在一个同质的细胞基础上，展现几十亿张全叫做"人类"的不同脸孔呢？

于是，打从37亿年前生命一开始，演化就是个DNA的串串游戏。

加长的G、C、A、T/U串串本身是一种变异，加长了的DNA的天然突变又是另一种变异，每一种变异都可能在当时的环境里找到一席存活之地，每一只能存活的个体都有一线希望去延续它的DNA，而真正能延续下去的DNA便有希望形成一个物种。于是，在时间长河中我们便看到，狗儿们有许多种狼、犬、狗，猫儿们也有许多种豹、狮、虎、猫，等等。每一个物种存在的时间与地域，都代表着那串 DNA 对它们所在的环境的成功适应。当它们灭绝的时候，也就是原来的环境不再的时候，环境变了，周遭养分的组成变了，能存续的DNA 也不一样了。在环境变动的时候，DNA 们便只能依赖它自身软件（记忆与控制）来跟着变动了。

DNA 串加长，一开始可能是一个单细胞藉天然的机缘把信息碱基串串造成的，那时的生命形式比较简单，DNA 链也不太长。到各种原核单细胞都存在的时候，有些细胞之间的互补关系十分明显，比如带叶绿素体的细胞与带线粒体的细胞，一个造氧，一个用氧，它们一定生活得很靠近，是个"共生"的伙伴，久而久之，两个不同的单细胞的 DNA 突破膜的障碍，聚合在一起，形成一个带 2 只分子机具的新型细胞，这是更为便捷的 DNA 变异之道：细胞核融合。

多细胞生物的由来，多半就是带着各式装备的不同种类的细胞们长期共生在一起之后才发生的，毕竟，要老天爷以"自然"为熔炉，全靠物理、化学的几率去让 DNA 瞎碰到在单一细胞内具备各式武功，未免几率太低了点。只有把"细胞"看成是生命的基本建材，细胞物种之间通过 DNA 融合，结合成具有综合性能的新物种，这样，才能解释 20 亿年以来多细胞生物大行其道的原因。更何况，能共生在一块去面对共同的生态环境的细胞们，它们显然在功能上必有相互为用之处，使它们一起能在那个环境里存活、延续。当它们互相依存到彼此不可或缺的时候，成天黏在一起，突破那层选择性的细胞膜而合并成单一细胞的几率不但相当大，而且，做一次两串 DNA 的整体黏合、重组来塑造一个同等基因信息量的新细胞的做法，还比其他方法更简单、可行。有了这样一个系统集成的细胞核融合法，多细胞大型生物的发生就是再自然不过的事了，生物演化的方式与速度便从此有了重大突破。

打开当代大型生物的染色体看，几十万个信息碱基的双链 DNA，真正活跃的 G、C、A、T/U 片段基因，常常不过几万个，其他的大多数都似乎只不过在那儿陪着复制自己而已，好像有用的功能的记忆与控制就全由那几万个活跃的片段包办了。大型生物细胞里的基因数量如此庞大，各种分子机具的功能如此复杂，小细胞在演化过程中不断聚合成长串串的单一集体细胞，DNA 融合了，但那些重复的、多余的 DNA 片段无以割舍，便堆积在 DNA 链里，而只突出、活跃了当初为了功能而融合的片段。那些"闲置"的基因也并非完全无用，因为数量多，至少天然突变的几率便使它们成为形形色色物种的最佳制造机，同时也使物种的适应弹性大大加强，因为每个存在的基因都是对某个环境的适存的记忆，记录了对"某个环境"下的物理、化学条件的觅取、辨识与反应。有时侯，闲置的某些基因不小心被"激活"了，生物体上便长出不该长的东西，例如，山东就发生过一位老人家，花甲之年后，头上长出角来，这是沉睡的基因被激活后的"返祖"现象。

就这样，所有生命细胞 DNA 的 G、C、A、T/U 同质性，使众多独个的"片面"记忆或"经验"得以通过 DNA 的加长而整合成复杂的系统，这个以生物化学为手段的记忆坚体，其有效程度远远超过现代以电子的 0 与 1 为手段的任何电脑与电脑集成，而且体积要小得多。不仅如此，也由于全部的遗传基因就只用 G、C、A、T/U 五种建材，所以，37 亿年来全然一贯，古今通用，仿佛所有生命就只是整个一条命：生命世界，生态！

在细菌、病毒的世界里，基因出点小状况，甚至还可以向邻居去"借用"一下，只要将片段的 DNA 复制一下便可以修补起来，所以，原核单细胞的繁衍、变异层出不穷，无穷无尽，几乎没有任何可以防患的余地。

在多细胞生物的较大型的世界里，DNA 的合纵连横造就"克隆"（clone）这个玩意儿，以及免疫等等这种分子生物学的功夫。全都因为，G、C、A、T/U 作为信息的坚体基材，完全不变，容易复制，而它们在数量及序列上的编排与组合，便足以使细胞群落更集群为一个大型生物。不但整个群落的细胞们都具有相同的 DNA，而且它们还可以根据 DNA 的编程来分化、特化成为这个大型生物里的各种器官，所以从小小的微生命世界（细菌、单细胞）到大大的宏生命世界（动、植物），也就一以贯之了。G、C、A、T/U 实际就是生命世界的基本粒子。

生命从简单的单链 RNA 开始，演化了二十多亿年之后，好不容易形成了双链的 DNA、集成了各种分子机具了，这时，生命开始有了染色体的形式。但是，染色体却主要以它的双链 DNA 分裂回到单链 DNA 的方式（亦即，"性"的方式）来延续后代。由于必须要 2 条同类的单链 DNA 的结合，才能形成胚胎细胞，意味着：大自然选择了以性别来强调基因混合！大自然让大型生物不喜欢单调的自我复制了！

为什么？是什么样的环境促使生命世界走向细胞群落的系统化

集成呢？而生命系统化成大型生物之后，为什么又选择了以"性"来助长基因的混合呢？又为什么在 20 亿年前发生呢？

早期的光合作用细菌不断排释氧气的结果，使海洋里一切能接触到氧的东西都氧化掉了，形成各色各样的铁、钙、碳酸等的沉积层，标志着那个远古充氧的年代过程，成为古地质断代的依据。很快，水里吸收不了那么多氧了，氧气便直接从水里溢到大气里，地表从原本缺氧的状态，逐渐变成氧气占 20%有多的大气环境！这样的充满氧的环境，促使能利用氧气的生物发展出来，于是有了含线粒体的细菌，它们显然是含叶绿素体的细菌的最佳邻居，绿营生产于己有害的氧，粒营将之呼吸掉，排出于己有害的二氧化碳，复为绿营所用，皆大欢喜。线粒体分子内燃机发生的年代，尚未确证出来，大约是 30 亿年前的事。

带有线粒体的细胞们，一定是当时全球最受欢迎的生物，因为它们可以使它们附近的生物免于氧化荼毒。制造线粒体的 DNA 们一定是当时最想被获取、被拷贝的科技坚体，只要体内 DNA 串上了这个 Know-how 的片段 DNA，透过 DNA 的复制，那样改良过的生物，子子孙孙，不但不受氧化之苦，甚至还可以用呼吸作用来获得更大的能量，使运动变得更不费劲！

线粒体的有氧呼吸作用的普及，平衡了地表氧气在 20%左右的水平，历经 20 亿年不变。"光合"与"呼吸"这配对的生化之解，不只让微量级的生命世界影响到宏量级的地球环境，而且还巧妙地让含氧量长期稳定平衡，成为地表上最不可思议的生态事件。含这两种分子机具的细胞，变成生命世界的大热门商品，加上 DNA 本来就容易串串，于是，多细胞动物的染色体上都串有线粒体，而原生生物及植物类则多半串有叶绿素体。细胞利用日光与水，自制养分，使生命不虞资源匮乏，为此，世界付出富氧的代价；又为了应付氧化与利用氧气，促成细胞合并、系统化，因为只有合并带有线粒体的细胞，合成的物种方才有存续的机会。

合并一旦开始，生命世界尝到了系统集成的甜头，就越并越大了，系统越来越复杂，染色体内 DNA 含的基因信息数量也越来越多。这时候，另一个问题来了：染色体的细胞群落代表着体积较大、生命周期较长的宏生命体系，相对而言，细菌与病毒便是同质的 DNA 的微生命体系，这些微生命每十几分钟便可以完成一个世代的繁衍，它们个子虽小，但数量庞大，如果微生命的简单 DNA 侵入宏生命的长长 DNA，以微生命的变异速度及数量，总有完全控制、役使宏生命的 DNA 的时候，加上，地球大环境也在变变变，宏生命的染色体要发生什么样的改变、演化才能保障自身的适应与延续呢？

答案居然是"性"，是的，就是 SEX！
染色体把双链 DNA 拉开，通过两性结合，只准两性各出一链 DNA，再合拢成胚胎，胚胎成长，使下一代的双链基因不跟上一代完全一样，使下一代的身体造就一个稍微不同的生化"大"环境，从而不让寄宿在上一代体内的微生物们那么容易地继续宿在下一代体内。我们这些复杂得多细胞生物，其实是以"性"来对微生物们进行生存竞争的。在植物的花朵里，雌（花蕊）与雄（花粉）就挤在一朵花的空间，但是，植物却有各种机制不让自花受精发生，甚至，动物的非近亲繁殖，植物的雌雄异株传粉等等，都是同一道理下的大自然的选择。"性"，其实就是宏生命的基因搅拌、改变、革新机制，以造就宏生命的多样性，来尽可能适应小至生物的竞争、大至地表的变化。

大自然的选择并非一开头就设计好了的，地球自己都不能控制它球面上的环境呢，地球得跟着太阳走，太阳得跟着银河走呢。地表的"大自然"，也被宇宙的宏事件拽着走，被星尘、陨石等冲撞，被其他超新星等的能量照射。演化，更像大自然环境拽着生命世界走，跟不上的"自然淘汰"，跟得上的"适者生存"，连"性"也是试炼之后流传下来的方法呢。那也就是其中之一的方法而已，占生命世界中个体数量最大的各类微生物，不也依然沿用着无性繁殖的老办法吗?

总之，细胞同源、同质的特性，加上基因信息碱基大分子团本来就易变的化学德性，使细胞的变异、融合成为家常便饭，造就生命世界的多样性。20亿年来的"大自然"，地表环境，是必须列入生命世界的影响力了，"充氧"就是个例子。生命与大自然是互动、互相影响的生态环境!

从地球化学成分的宏世界来看待生命现象，碳、氢、氧、氮等元素，只不过是在生命与非生命两种境界中流转，当它们被生命世界利用在细胞内的时候，这些元素暂时被固定了，如果被固定或被排放的速率失去平衡，这物质"循环"长期朝一边倾斜了，连宏观上的地球化学成分也可能有所变化，被生命影响的环境就反过头来促使生命改变、适应。氧气，是地球演化史上的显例了，其他的，氢没有循环，所以地表不再有自由氢存在，生命便只好往水里找氢；碳循环，是现代人们的头痛，因为18世纪以来，大气的二氧化碳含量不断增高，使得地表暖化；氮循环，基因信息碱基含氮，所以生命得有方法获取占大气80%的氮，但似乎只有固氮细菌一族能够转化空气里的氮，氮用量不算大，没有循环问题。另外，水，也循环；地表不缺海水，但缺淡水。

生命大演义（下）：生态共同体

生物从小菌、小藻变成海草，从小鞭毛菌变成各种海虫。

带叶绿素体的不用动便能自制养料，它们演化成植物，彼此竞争日光与水的地域就行了。海草最终登陆，演化出带茎干的树木。

能运动的、带线粒体的便占别的生物的便宜，它们演化成动物，靠吃植物和其他动物为生，彼此竞争食物充沛的地域，力气与速度演化成动物的谋生工具。海虫变成带骨头的鱼，鱼登陆，演化出长了脚的动物。动物一路从爬虫、恐龙、哺乳类到演化出人类。

染色体形成之后的生物，选择性表现得比单细胞生物鲜明得多，觅食、避免被食、延续健康的后代，自然而然，功力与逻辑全部记录在历代细胞融合成的 DNA 链里，形成鲜明的本性、本能，就是孔夫子说的"食、色，性也"。由于 DNA 本身就是生存经验的大杂烩、大集成，可以说每个生物都有个原始的"自我"，对食物、生态、环境都有个挑剔的倾向性，所以，我们"感觉"演化似乎有个本能的方向。

多细胞生物开始滋生后，在同一个生物体内的细胞们有了一样的 DNA 链，有了一个共同的"大我"，生存，变成超越单一细胞的共同大业。但是，对每个细胞而言，依然有那个"我"（生）与"非我"（灭）界线的残余。以人体的 30 亿个细胞公民为例，经常会闹

"人民内部矛盾",所以才有免疫、癌、瘤等微妙的医学、生理学上的运作与问题。当然,它们作为另有一个大我社会的"生命"的成员之一,分工、合作、组织、沟通、协调更是常态,在这个"大我"生物体内的识别、认同的条件,其实便是那串大家都一样的 DNA 链。

要知道,系统细胞集成的那个生命体的"大我"的意识,可不是件简单的事:哪怕同卵双胞胎的个别细胞或器官可以随意互换,意味着相同的 DNA 链以及细胞层面的相同的"我",但那个集成体的生物体,依然是两个不同的个体、不同的大"我",各自依着本能去觅食、交配。如果用玄学的字眼来描述,从胚胎发生伊始,哪怕是同卵的一分为二,它们就是两条"命"了,所有生存竞争的、天演的、自然的规律,全都会在这两条生命上表显无遗。他们的基因组成可以完全一样,仍然各有着生存竞争的本性,"命"是"我"的,基因的本能是要"我"去延续那个"命",毕竟那层包裹基因的膜是有选择性的,排斥"非我"的。

菌、藻、虫在十几亿年前的海洋里,各显神通。掠食者发展出攻击性的生化(毒性)或物理(力气)的武器,被掠食者则发展各式生化或物理的防卫机制,蔚为大观。两边的个子都越长越大,两边也大量发展硬壳。当然,还有"性",大量物种采用性为繁殖后代的手段。足足有好几亿年之久,海中充斥着各样的植物、动物,老天爷一定让"细胞集成"这道工序尽情地在大海里试炼、发挥个够。

用不着细数生物演化的辉煌历史,生命在地表几乎已经无所不在,海、陆、空里都有生命存在,尽管它的物理威力还比不上地球的风、水、火、土,它的化学功夫倒可以媲美大气而占一席之地了。今天，生命世界在竞争、适应、演化上的表现，是生命世界内的个体与个体之间、个体与群体之间、群体与群体之间，以及生命体与环境之间的错综复杂的关系下的结果。细胞、生物、化学、物理、复杂度与变异度、系统性与数量级，全都直接在生命里动态地纠缠，微生物的细胞固然是地表时、空里"演""化"出来的，大型的多细胞生物也照样是地表时、空里"演""化"出来的！宿命之外，更有机缘呢。毕竟，热闹的化石记录已经是大家的常识了，而能留下化石的，大量也就是生命世界最近的5、6亿年罢了。5.5亿年之前的生物缺乏可资石化的材质与环境，加上连海底也是毯子般在海洋板块和地下岩浆间循环，留下的证据就少之又少。幸好许多古海底地板块抬升成陆地之后，没再回到海底或地下岩浆层里，它们带着厚厚的生物与非生物的沉积，躺在陆地上，人们才有机会见识到2亿年之前的各项生物证据。

当多细胞聚合成另一个"大我"的生命系统的时候，这些细胞们本来就走上"共同演化"的路了，然而，所有的生物从来就没有单独存在的案例，复制、繁衍本身就是个营造群落的动作，细胞如此，宏生物更加如此。动物最终是依赖以植物为食物的食物链，植物可以比较独立，但也依赖许多细菌来帮助它汲水、固氮、防酸等等。生命存在的任何一个形式，都是成群结队的，动物离不开植物和其他动物，植物离不开细菌，细菌更离不开它自己迅速衍生出来的群落。"共同演化"注定是生命现象的特征：细胞个体演化不够，还要集体一起来演化；生物一个物种演化不够，还要与旁的物种一起来共同演化。

共同演化什么呀？

生物之间的关系，纯粹只图利一方的，比如牛羊吃草，猴鸟吃果，鹰蛇吃鼠兔，大鱼吃小鱼，固然不在少数；而彼此互利的，比如花蜜之于蜂蝶，酵母菌之于动物的肠胃，更比比皆是；但这些都还仅只是从两个物种的角度来说的。

上升到更大的生态系统的数量级上，甚至掠食与被掠食的平衡，都自有其理，比如100万亩的草原，能供养多少草食性动物，大自然本来就有个承载的规律：草叶本身养分不算高，也不易消化，好处是植物不会动，等着你来采食，草食性动物因此不需要开发、具备高能耗的生理机制来吃草。这些动物吃草之后，肠胃只能吸收一部分养分，大部分被当作粪便排出来，不少昆虫就靠此为生，剩下的最终回归大地，仍然是草原的肥料，植被吸收再利用。这样的自然循环的速率，被数量级更大的气候、水土规律左右，就决定了草原植物和动物的生长与形态。

植被依赖动物的行动来帮它扩散生存空间。如果草原没有食草动物，植被的种子全靠风力、水力传播，草原的扩张便受局限。如果草原没有掠食动物去吃那些食草的动物，草原植被消耗得太过、太快，便无法以它们的茎根去保持水土，结果草原荒漠化，植被退缩，反而使草食性动物也难以维生。但草原作为低效蛋白质转换机，得花很多时间生长很多吨的草料才能转出1吨肉来，这也就规范了这草原所能供养的掠食动物的数量与习性。所以，诸如狮虎豹之类的大型掠食猛兽，它们"本能"产生孤独僻性与地盘意识，避免同类相争并确保有限的食物资源，又在草原生机盎然的季节繁衍，以便掠食足够的肉来育后。这些"本能"原本就是对环境适应而发展出来的结果。

草原生态，其中的植被、食草动物、掠食动物之间的制衡，是如此这般微妙而自然的发生，"演化"在这个意义上，其实也就是生物带着它微单元的全部活力与方式（全部可能的变化），在宏观大环境的诸多动态中，去拼凑出所有可能一起连续存活的适应环境的生态解。重大宇宙、天体、地质事件发生时，既存的生物世界的环境骤然变化，造成许多物种大灭绝，但幸存的生命喘口气，以不同的方式继续演化，又欣欣向荣。生命的存续与演化的精义，说穿了，无非仍是小数量级的事物对大数量级事物的适应罢了。至于物种间的"竞争"或"合作"现象，那其实是在一个时间点上的整体生命世界内的相互循环和依存的生态表象，不是用简单的对立或冲突概念可以解释得了的。

生命细胞的同质、同源性，注定了生命整体是你中有我，我中有你，到底谁在吃谁、谁在为谁、谁在用谁，真还说不清。光两性之间的事，从 DNA 差那么一对，当然可以视为两种不同的生物，生存竞争是必然的；可是，必须合作才得繁衍出共同的后代，独孤如虎豹，至少每年的发情交配时期，就自然互相腻在一起生活，亲密合作得不得了。显然，存续的法则，又远大于"竞争"或"合作"的法则，其中又有竞争又有合作，而且也不单是简单的存续法则，还自然地让存续优化（最能利用那个环境的生物，自然会脱颖而出，子孙发达），并多样化（随着大环境的变迁，例如森林随纬度和气候的分布，分化出适存的种群）。

整套生命科学，就妙在都是"后来有先见之明"的。解释已成的案例容易，预测未来的发生困难，分析细胞容易，合成生命则难之又难，尚未之见。即使人类社会已经聪明到可以用基因工程来加速或

生命演化示意表

年代	地表环境	生物代表	事件	证据
45亿年前	地上炽热，空中充满CO_2与水汽	不存在	猜测的：月球从地球里给撞出去了	月球岩石分析略都年轻于45亿年
44亿年前—38亿年前	地表冷却，大雨冲刷，汇集成海	不存在	小行星撞击减少了，但火山活跃	1971年发现最古老的加拿大格陵兰沉积岩有37亿年老
37亿年前—20亿年前	天空明净起来，CO_2更少，氧气更多，气温降下来了	排硫菌族，蓝绿菌族	1) 排硫菌生命肇始于海底火山口 2) 约34亿年前，蓝绿菌开始光合作用 3) 氧气开始累积并持续增加 4) 地块漂移，漂向赤道	1) 1977年，地质学家在美国西北岸外约3000米深的洋脊裂缝附近发现靠火山热液及排硫菌为生的巨蚌、管蠕，证明生命不是非阳光不可 2) 在南非发现约34亿年前的沉积岩与澳洲约30亿年前的迭层石，其碳同位素比例接近行光合作用的生物 3) 全球23亿—37亿年前的含铁沉积岩都是黑色富铁层与浅色贫铁层相间，呈现当时海洋生物的生长（释氧）季节性

年代	地表环境	生物代表	事件	证据
20亿年前—10亿年前	阳光可以照射到地表，会利用太阳能的生物可以在海表居住了	海藻族、海洋细菌族	1）大气层富氧达21%，此后大致不变 2）足够的氧形成臭氧层，保护地表免于紫外线之害 3）演化出有氧呼吸作用与细胞核	1）20亿年前起，被大量氧化的红土地、岩层形成，条纹铁矿消失不再 2）15亿年前左右的海相浮游生物化石，原球体，是一种带线粒体的真核细胞
10亿年前—6亿年前	气温、海温凉下来、浅海大陆架适合生物栖息	7亿年前出现海洋软体动物（顾虫、水母、海参等）和甲壳动物	1）第一个（？）大陆板块在赤道形成 2）地球经历一个超冷、超长的冰期，到约6亿年前，气候又变暖了	1）赤道也有近10亿年前冰川的遗迹 2）1964年，地质学家在澳洲发现7亿年前的艾迪卡拉软体动物群化石痕迹。它们大多都不像现代的海洋软体动物，大多已灭绝
6亿年前—4亿年前	海温30℃左右，陆块漂移，造成大面积浅海、海洋的化学成分、含盐量已经同现代相似	6亿年前的贝壳类、珊瑚类 5亿年前的节肢动物、三叶虫 4.5亿年前的脊椎动物的鱼类、无脊椎的鸟族、登陆上岸的植物（苔藓、蕨）	1）沿赤道东西走向的超级大陆被撕裂，漂向两极，2亿年后形成从北极到南极的联合古大陆 2）5.5亿年前的2000万年内，"寒武纪生物大爆炸"，许多物种一直延续成现代海洋生物 3）5亿年前，来了一个冰期，过后的1.5亿年，气候回暖，暖过现在	1）浮游生物遗骸，钙壳有孔虫与硅壳放射虫的海底沉积层，是生物利用海洋化学元素来造壳的直接证据，也是地质测年的重要指标 2）1909年，在加拿大落基山脉发现伯吉斯页岩，含大量千奇百怪的寒武纪生物化石

年代	地表环境	生物代表	事件	证据
4亿年前—2.5亿年前	地球比今天还暖，海、陆的植物都盛极一时，冰期与冰川运动只改变了生态系统的局部	4亿年前，昆虫、森林，两栖动物兴起 3亿年前，出现真正陆生爬行动物	1) 2.9亿年前后，又来了一个冰期，此后一直暖到2千万年前 2) 2.5亿年前的50万年内，发生一次高达90%的物种大灭绝，P-Tr事件。1980年以来的证据显示，是一颗大陨星撞击了地球	1) 2.5亿年前的大灭绝使三叶虫、有孔虫以及某些甲壳类，珊瑚类消失殆尽 2) 英国、中国和全球各地的泥炭层里2.5亿年以前的蕨化石，羊齿类甚至苔藓植物的碳化石、管茎、叶子、孢子、花粉都历历在目
2.5亿年前—6500万年前	这是多细胞生物发生以来，地球最温暖的时期，大约在1亿年前达到高峰。海洋的化学成分、盐量与现代一致	恐龙，恐龙！ 2.5亿年前裸子植物的松、柏、银杏、苏铁 1亿年前被子、显花的草本灌木、桦、胡桃、杨柳等豆	1) 南北走向的泛古大陆于2亿年前开始分裂，并向今天的位置漂移。气候温热，南北极没有广阔冰川、冰盖，海平面上升，形成大面积浅海 2) "侏罗纪"恐龙称霸全球，前后达1亿年以上	1) 2.5亿年前大灭绝后的5000万年，陆生植被大大衰退，世界各地几乎没留下这时期的煤层 2) 2亿年以内的煤层遍全球，反应出当时气候温暖，植被繁荣的景象 3) 同种的恐龙、植被化石几乎遍布全球，印证当时恐龙、植被的繁盛，也印证了陆块漂移

年代	地表环境	生物代表	事件	证据
6500万年前—现在	地表持续暖和到3400万年前，随后降温，1500万年前南极已形成厚冰层，300万年前北半球开始冰河作用，1.5万年前进入暖化间冰期	恐龙灭绝 哺乳动物兴起 万花齐放，被子植物繁盛	1) 1亿年来，地球降温，种子成为渡过难关、再择时发芽、成长的好工具，被子、显花的植物遂成当代宠儿，造就多姿多彩的世界 2) 6500万年前发生K-T大灭绝事件，一颗10公里大的陨石撞上地球，在墨西哥尤卡坦附近砸出200公里的坑，造成大量物种灭绝	1) 全球各地都有K-T界面的铱薄层，陨坑有撞击下的熔石英球。由于对K-T陨石撞击的求证，同样方法也证实了P-Tr陨石撞击的铱异常和熔石英球 2) 海相浮游生物及大型爬虫类当其冲，有孔虫、颗石藻（它的壳堆积成白垩层）、菊石（鹦鹉螺的先祖）灭绝 3) 近代的千万年，冰川活跃，而且相当频繁，几遍全球

改变一些物种的演化，这些人造"新"种倒未必经得起自然竞争的考验，人们甚至不能确定生物史上是否出现过与"新"种 DNA 一样的东西，由于适应失败，所以才没能成功演化为当代品种。人们已经不止一次信心满满地自以为"人定胜天"了，比如抗生素与 DDT 的发明和使用，到头来却叫人发现，病菌和昆虫们用自然赋予它们的基因工程能力，一文不费，10 年、20 年内就让人类明白，征服它们，并非易事！人类想帮自己的基因早点消灭"敌军"，结果，病菌和昆虫们越历练越厉害，它们以十几分钟到几十天一代的速与量来衍发出能适应的变种，抗药性越来越强，强到令当代医生们束手无策，似乎还得回头用自然办法锻炼各自的身体和基因。把演化时钟加快，未必对人类有益呢，毕竟人类这个物种的演化，只能是整个生态演化的一部分。

灭而不绝的生命

地球和生命，生与灭的传奇，到该总结的时候了。

宇宙碰巧在银河边演化出一个太阳系，里头有颗叫做"地球"的行星，充满碳、氢、氧、氮等活跃的化学分子，并且又恰恰处在适合生化能阶的太阳能范围内。于是地球上的生化分子们随缘组成了可以复制自己的基因细胞（DNA/RNA），开始了"生命"的演化事件。

基因以 G、C、A、T/U 五种碱基分子来传递遗传信息，实际是以它们为模板来塑造各类显示生物特质的蛋白质和酶。G、C、A、T/U 的排列与数目决定了构成生物蛋白质的 20 种氨基酸的排列组合序列，各类蛋白质也就决定了各种生物的特性。基因的复制，相当准确，虽然并非绝无失误。而"演化"的游戏规则实际只有一条：复制自己，但只许用基因来改变、记载、积累、复制、传递生存的经验。所以，生命物种就只能在 DNA 串串的数量和排列组合上做文章。然而，无论自然环境怎么样，不能适存的，不论原因如何，就是被自然淘汰了。能够适存的，持续繁衍，也不论原因如何，就是被自然选择了。

因为环境在变，每个环境在时空里的存在，都可以说是独特的。去适应环境而演化出来的物种们，其独特就更没啥奇怪的了。所有生命的生存竞争都紧紧围绕两件大事：食（养分、生存）与色（繁殖、后代）。为了养分，植物去竞争阳光，动物去竞争食物，各自用尽无数手段。雨林的树冠可以高达百米，海岩旁的海藻叶也可以长达百米，都是为了把它们的叶绿体送到能够获取阳光之处。在多水而养分缺缺的岩原或雨林里，就长出以昆虫为食物的囊叶类杀手植物。为了水，沙漠里的仙人掌干脆叶子成针、茎杆成桶，把叶绿素铺在茎桶上。为了授粉，开花要么鲜艳夺目、要么香气袭人，以吸引有色觉或嗅觉的昆虫们前来服务，等等。植物尚且如此，动物的多样性就更不遑多让。大自然里本来就有宏观的小差异环境，例如海洋、陆地、沙漠、沼泽、高原、雨林、极地、温带、热带、寒带……每个环境都可能会有适应它的植物们形成，并因了这些植物而有相应的动物们存活，共同演化，互相依存，一起对一个相对来说常态的、有序的环境适应，构成林林总总的小生态、大生态。

当然，地球大环境也不是一成不变的，地磁反转过许多次，地绕日的轨道也有那么些周折。太阳系还得在更大的数量级尺度上，绕银河重心旋转，连带整个太阳系不时进出银河系的一些星尘区。诸如此类的宏观运动，对地球气候那样相对的小现象，都会有不可小估的影响。何况，地表的陆块会漂移，地下的熔岩会喷发，大气会刮风下雨，也会飞沙走石，更能激扬波涛，水流会冲刷大地，连看似安静的大海下面，缓缓漫游的洋流，都不是阻挡得住的"大自然"。牵动到依附其中的、相对小数量级的生命现象，自然不在话下。

人类能认知到的，最戏剧性的，立马彰显的剧烈变化，非陨星撞击莫属。当代能辨识到的生命史上的物种大灭绝，有 6500 万年前的 K–T 事件（恐龙灭绝），是大陨星撞击地球造成的，而 2.5 亿年前的 P–Tr 事件（当时灭绝约 75% 物种）也可能跟陨星撞击相关。撞击力道等于瞬间引爆万颗原子弹，尘埃覆盖大部分天空，随后相当一段时间内，原来已适存的生物必须面对混乱的地表物理、化学状态。地表回复稳定的秩序需要时间，或者由于食物链断裂，或者由于无法适应气候的失序，许多当时正在主导地表的显性物种熬不过去，成为星际撞击事件的直接受害者。但是，那些或刚好远离撞击现场，或由于竞争劣势而平时就躲藏着的隐性物种，受害程度较低，正好继承了灾劫之后近乎没有竞争天敌、没有掠食者的广大天地，得以发展成为下一个显性物种。

剧变之后，地球呈现物种大爆发、处处繁荣昌盛的景象，这说明生态本身也有回复的能力。灾劫使众多物种消失，地表资源被那些能承受严酷环境变化的物种充分享用，子孙与宗族都兴旺发达。如果没有 P–Tr 事件，卵生的爬虫类的恐龙也未必能主宰陆地 2 亿年。而如果没有上一次的 K–T 事件令恐龙灭绝，胎生的哺乳动物的演化将是完全不同的轨迹，甚至无法想象人类能够在晚近 10 万年之内成为全球霸主。

宏事物的渐变或突变固然考验着生命的存续，微事物一样也考验着生命的存续。比如，宏生物之于微生物，也有点类似地球之于物种。但是，肆虐于生物体内的病菌，是把生物体当作食物的，这回，宏生物所受的灾劫就不打大大大的星际飞来，而是从小小小的单细胞病菌或病毒而来。脆弱的个体会消亡；顶得住的个体会衍发出抗体基因，它的后代都会继承着打败这种细菌的标志和武功，不再受欺负。细菌们当然也不会乖乖就范，迅速变异可是细菌的看家本领，所以，代代宏生物的物种，便都被迫与更多代的细菌"交锋"或"共生"，不可能豁免，就像地球不可能不受陨星撞击那样。似乎，小小细菌，赫赫武功，世上宏生物来来去去，浮沉于生灭之间，难得亿年好风光，唯有细菌们悠然自得，延绵37亿年依然故我，陨星撞击也奈何它不得。

相对于每一种生命，在它之上和之下的宏观与微观环境都是动态的。对每个生命，大自然几乎充满一切变量与几率。生命自身也是个化学高手，变化，是它的家常便饭。平时的每次竞争，剧变来时的每次灾劫，存活得下来的基因，便是因应那个竞争、那个灾劫的生命存活的记录。在复杂的现代生物的基因里，储存着37亿年生命演化的记忆，DNA/RNA串得越来越长，到人类这种生物出现，适存性几乎发挥淋漓尽致。地表上，大概只有细菌与人可以通吃，无处不在。

宇宙里，时间不停地奔向未来，空间不停地扩张，事物动态地在展开，可以说，一切都是动态的，根本没有绝对静态的东西存在。所以，我们谈的、看的事物，都得有个"定义"，而且必得是动态观的。譬如，谈山高"海拔若干米"：海平面可从来就不是个"平面"，波浪起伏从未止息不说，气候暖了，冰溶增加，海面上升；冰期来临，气候冻了，两极冰川扩张，海面下降。如果真的只从海面来量测山高，那个量到的数值，一定在不停地波动。哪怕用 GPS 也不灵，GPS 也得找个相对不动的参考点，才能相对准确地报出个数字来。生命演化，面对那么多变量与动态，拿什么做参考点呢？它的参考点就是"适存"，复制自己；跟海平面一样，只有相对，没有绝对，可以谈数量上的平均值，而永远存在个体的差异，并且都只能是地球那时、那个环境条件下的产物。

　　大自然里，微观的、宏观的相互作用，生与灭的表相，在在促使生命与生态共同演化得更多姿多彩、更不可思议、更平衡，包括我们人类在内。生命现象，灭而不绝，DNA/RNA 的功用，大矣哉！因为，一切生命演化既同质、又同源，现代基因测序发现，人跟果蝇的相似度为 60%、跟老鼠为 80%、跟黑猩猩为 98.5%……

三 情与理："人"的现象

请问，"你"是"谁"呀？

什么事情，一说到自己，就要开始乱套了。这是"人之常情"嘛。

为什么？恐怕主要还是因为人对自己的了解，还相当陌生的缘故。

也难怪，连"人类"出现在地球上这件事，都算蛮新鲜的近事呢。

年代	姓氏	特征	亲戚
7.5 亿年前	动物（界）	能运动、迁徙。受精卵发育成胚囊，由此长成个体	毛癣虫、海绵（所有会动的生物）等远亲
5 亿年前	脊索动物（门）	具有脊椎、脑和鳃裂（因为那时全家族都住在海里）。	鱼类、爬虫类、两栖类、鸟类（所有的脊椎动物）
2 亿年前	哺乳动物（纲）	自己产奶喂养幼儿。	所有吃奶水长大的，猫、犬、牛、羊、鼠……

年代	姓氏	特征	亲戚
6000万年前—2000万年前	灵长（目）	住在树上，跳来跳去，所以大脑要比较灵活才能够不摔死。脑容量约100—400立方厘米，基本吃素，但也吃点荤来养脑。	狐猴、猴猿、猩猩
800万年前—400万年前	人（科）	两足行走，可以在树下生活。脑容量约500—600立方厘米，荤吃得多些，石头也丢得准些。	南猿、猿人及原人，均已灭绝
250万年前—50万年前	人（属）	直立行走，住在洞穴，会制作石器工具，并且大大开荤了。脑容量约1000立方厘米。	直立原人、巧人，均已灭绝
15万年前	智人（种）	一批会说话、计算、唱歌、绘画的家伙。脑容量约1350立方厘米，吃荤吃得厉害。	其他的"人"，如尼安德塔人，到3万多年前才灭绝

自从万把年前，老祖宗开了窍，懂得用字符来表达以来，所有能被人类看到、听到、嗅到、察觉到、思想到的事物，都被人们分门别类仔细地研究过。几乎每个东西的祖宗八代、来龙去脉，都被人们检视过、分析过。然而，人之所以为人，我们的了解就渐渐模糊了。不但"自知之明"很难，连自知为人也很难呢。所以，一开始要先摆张谱，摆人类的族谱，从化石证据来了解自家的身世。

当代的我们是人（科）、人（属）、人（种），最后一脉单传，存活至今。如今依然存活的人类近亲，是距今6000万年前至1000万年前就已经跟我们祖先分了家的马达加斯加狐猴类，以及后来的猴、猿、狒狒、猩猩等"科"、"属"。从大约500万年之前开始分支的南猿，历经各系人猿、巧人到原人（北京、爪哇等的直立原人），这些我们人类更直接的皇亲国戚，它们的宗族不幸都只存活了百万年的数量级，到了 30 万至 50 万年前，大都灭绝了。以至于论起血缘，最接近人类的种群，就是侏儒黑猩猩与黑猩猩了，它们的 DNA、生理、器官等，与人类达 98.5% 的相似度，其他 1.5% 不到的差异度，便是 500 万年来"人"系家族分支适应、演化的结果。我们同猿猴的差距，似乎比大猫科里的狮、虎、豹之间还远，或者比马与驴之间还大。

所有生物都其来有自，除了宇宙里第一个细胞，没有任何一个生物是石头里凭空蹦出来的孙悟空，全都是爹娘生的，我们的爹娘又分别是他们的爹娘生的，一路追溯上去，便是演化与分支的过程。观察兄弟姐妹之间的相似度，观察祖父与孙代的相似度，才会感觉到：基因与遗传是不会骗人的。所有的神话，为啥叫"神"话？是虚拟的嘛，没有父母（来源）的生物，本来就不可能，至少得有个起头的 DNA 链。

人类作为陆地上的一种动物，身上留存着所有其他陆生动物的共同印记，都没有忘记动物的共同祖先是从海里发生、然后才登陆的。人之初的胚胎也是泡在羊水里，我们的血液、汗水、泪水和尿液其实同咸咸的海水差不了太多，这是整个动物（界）的标志。当我们先祖之一（鱼呗）的 DNA 适应并用上海水里的盐分、钙、钠、钾等元素，来制作骨骼、脊椎与神经系统时，脊索动物（门）变得行动迅捷、反应灵敏，所以，这个门派的亲戚们，子孙至今依然非常兴旺，并且在 4 亿 2000 万年前靠着硬骨头的支撑而登上陆地讨生活，连超级火山大爆发（1.9 亿年前，90% 物种灭绝）与陨星撞击（6500 万年前，75% 物种灭绝）那么大的事件，都没使这个门派消失。实际上，地球引力还不小，徜徉在海水里的时候，水的浮力让海洋生物可以重大而灵活，一旦上岸，没有脊椎骨和骨架的支撑，肉身便瘫成一团，更别提怎样机动、灵活了。

陆地上的生化资源不如海洋丰富，登了陆的脊索动物（门）比在海里更需要行动、觅食，这门的各房动物花了2亿多年时间来演化神经系统，出现了更为灵敏的视觉、听觉、嗅觉，以及动作、平衡的控制软件。大、小脑透过神经系统的迅速通讯与网络体系，组织、控制、协调体内各个生理系统（比如，内分泌和肌肉等等）的能力，动物的存活率同这些硬软件一起迈进，简直开创了一个演化的系统工程，动物适应与演化的速度都加快了。

然而，2亿年前哺乳动物（纲）的发生，很可能不是个神勇的英雄故事。我们在脊索（门）的一支小个子的祖先，活在当时各种恐龙耀武扬威的阴影下，发展出自成一格的生存策略，依赖小心谨慎、活力与速度，在树枝和洞穴中逃来窜去，避免被掠食，并伺机找点吃的。每一个生物都天生是机会主义者，哺乳（纲）似乎更是如此：演化成温血动物，使生理引擎随时开着，以便一有机会就上。它们不必靠暖气候或晒太阳来启动、加速肉体动作，相对之下，冷血动物的蛇、鱼、虫、鳄之类，遇寒则僵，通常一大早是懒洋洋的，日上三竿，体温高一点了，才有足够能量活动。这种随时随地能够立即反应的温血身体，使哺乳（纲）一开始便有凉夜行动与敏捷的优势，就更不在乎个子小了。

靠山吃山，靠机灵就演化得更机灵，"用进废退"，因此神经也越来越细：两眼搁到脸的前面了，因为需要在三度空间里看准、估准距离与障碍，以避免跳跃中摔倒。光这一套视觉体系从"感"到"觉"到判断、平衡的机制，就已经是不得了的演化成绩，何况还有其他听觉、嗅觉的体系。掠食、避免被掠食、生存、繁衍，这样的一套生命机制，被非常精致地展示到哺乳动物身上。哺乳动物身上的细胞群是一群具有高度组织与纪律、微密控制与平衡、内部分工严谨、对外反应灵敏、行为复杂的一群生命细胞。

哺乳动物（纲）的智人（种）是生命演化到晚近 15 万年左右的事，如果"复杂度"代表演化上的"进步"，那么"人类"无论个体或群体所展现的复杂度，绝对天下第一，并且，绝对是最顶尖的掠食者。从 6000 万年前灵长（目）吃素的猿猴类开始，到吃蚜虫、毛虫的猴、猿（抓到毛毛虫虫，还懂得把它在树枝上揉擦去毛，免得扎舌头），到 800 万年前懂得猎杀猴子为食的猩猩，演化到 500 万年前左右开始的猿人或原人，到 200 万年前会制作石器工具并用火的原人们，人祖从人（科）人（属）动物，从吃嫩叶、吃坚果、吃虫虫一路演化到吃根茎、吃肉肉了。

50 万年前，"人"已经演化成为不得了的动物，连狮、虎、鹰、鳄这些大型掠食者，都可以成为"人"的猎物。这样的演化过程，就都从一个与卵生爬虫类不同的生存策略开端：把后代揣在怀里，用自身的奶水来哺育它们。结果呢？婴儿成长过程中，亲、子之间长期的亲密接触，使得"学习"变成可能而且必需。哺乳动物（纲）内的所有物种，这一大堆的远亲近属，长期与各大恐龙宗派共存，天生就是些胆小心细、神经过敏、生性多疑的家伙，的确，哺乳动物（纲）的共同先祖也确是个类似鼠辈、东藏西躲、神出鬼没的小东西。哺乳动物（纲）每一宗派内的生命，都有比其他动物更为紧密的亲、子关系，每一胎的数量少，亲代都几乎拼命去护持后代的成长，它们把手里有限的生命资源集中使用，小心呵护下，子代的存活率算是相当高的。

卵生动物相对比起来，较晚近的恐龙、爬虫类（3 亿年来），通常亲代要花点力气产蛋、孵蛋什么的，也保护产卵的地盘，但是，蛋一孵出来，子代便得独立谋生，所有的生存知识便只靠基因里传下来的那些分子数码、逻辑，以至于即使是暴龙、鳄鱼的后代，能长大、成熟到繁衍的，也不过寥寥少数而已。更古早的鱼类、两栖类（4 亿年来），如龟、蛙和所有鱼类，干脆采用"卵海战术"，一个母体甚至下到一千个蛋，并且一群母亲几乎在同一时间下蛋，下完蛋，掉头就走，孵蛋是老天爷（气候）的事。一批次孵出来成千上万个小东西，能幸运长成的不到 0.1%，绝大多数都成为掠食者的食物。唯一的例外是鸟类（2 亿年来），它们的生存策略几乎同哺乳类一样，体小、灵敏、少生、哺育，一窝通常不过二三只雏鸟，幼鸟没有生活能力，亲代不但花时间、精力去捕食来喂养后代，并且也会花点心思去"教"它们熟悉环境（比如，可以吃什么样的东西、怎么吃法。有些大鹰甚至抓只小猴子到窝里喂小鹰，以便小鹰知道：这林里的猴子也是可口的食物）。哺乳类和鸟类无助、无力、无知的婴儿期，小心、多疑、保险的天性，反倒使其在 6500 万年前的陨石撞击大浩劫之后存活下来，并各自演化出一片天地。

"质"与"量"是人类理性整出来的概念，我们很难说哪一种是大自然"比较喜欢"的生命策略。当代大约有两千多万个物种同时存在于地球上，以量少、生存程序复杂而存活的，也就是哺乳类、鸟类了，一共不过几万个"种"。而光讲一个爬虫类的"蛇"，全球就有2500种！全部动物的种、属不如植物种、属多，数量也不如植物多，而全部动、植物的种、属加起来也比不上微生物、细菌，数量更瞠乎其后。在地球过去37亿年的生命历史中，每每有"强势"物种出现，但因为"人"会思想，强势的"智慧"使我们飘飘然，比较喜欢去想象含有方向性的"进化"，我们当然宁愿相信自己是得天独厚或"神"的宠儿，所以自封为"万物之灵"。但是，我们的哺乳动物（纲）"鼠"祖先就传下了一大堆后代，地球上，哪儿都有这门鼠亲戚，光宗耀祖，地盘远比我们人类大得多。

占了大部分物种都没有硬壳、骨、茎，难以留下化石印记的便宜，人类蛮随意地发挥自我中心的想象力，常常不经意地把大自然的演化，形容成一个为人类而量身订做的什么"天"、"神"设计的伟大程式，实际上，"天"从来无心，"神"亦不过是前人对一切未知的或不可知的想象的解，甚至不排除是早期巫师、祭师们挟之以役使众人的小小秘密，因为这对这帮人养尊处优的生存方式大有帮助。

其实，复杂的生物倒不一定就是分布最广、存活最久、数量最大的生命，甚至，从分布地区、存活时间、族群数量来看，复杂的生物（包括哺乳类）未必是绝对优势的生命形式。我们，人，或许是生命演化走上增加"复杂度"的、最终从基因软件走出并扩大到外塑软件的一个极端特例。强势如顶尖掠食者，人类当然是当代成功的物种之一，但是，当代共存着千万个以上的生命物种，也都是成功适应的生物，方才有地球上的一席之地，各有春秋，甚至其中大不乏业已存在亿年以上的物种。

可惜不存在完整成套的化石证据，使人们必得在零星有限的骨茎化石、花粉、孢子里去推敲生命演化的确切过程。无非从骨、齿等的解剖比较入手，分析那个物种的身体结构、活动场所、生活环境，由此推想它可能的食物、行为、生存方式，以及解剖学上相似的、关联的前代、后代生物。演化到能在骨架里找出它们分家的异同性，已经是经历过相当年代了，而到底是什么样的一点一滴的变化，才能在那些时间里把它们分出家来，比如，狮、虎、豹、猫本是同根生，甚至鲸、象、猪同祖，全看你怎么去"慎终追远"了。追1亿年，还是3000万年，还是300万年？不管追多少年，之间的形态、生理转化的求证，这些"一以贯之"的理路、证据、论述，向来就是大哉问。生物化学的变幻性，使人难以复制哪怕仅仅一个细胞，遑论仔细找出2亿年来怎样从第一只哺乳动物演变成人模人样或者马模马样的线索，光体型大小的差异，便不易拼起个连贯图。虽然困难如此，当代学者们依然原原本本地把许多物种的（包括人）来路摸得相当明白，尽管仍有不少细目待解，但人们对自己的过去，从未这样清晰过。整个生物学、古生物学、分子生物学、人类学界，绝对是当今世界的英雄。

我们现在知道：譬如，马的祖先们，曾经历过4、3个蹄趾到现今1个蹄趾的演化程序，为时不下4000万年，从它们的化石可以排列出这个演化过程。当然，地球上没有久过万年以上的肉体证据，所以，马的演化，大半得靠推敲化石。然而，也许由于隔绝的缘故，蒙古草原有一种土产的野马，染色体居然比一般的阿拉伯马、中国马等，多出一对，这蒙古野马成为活脱脱一个传世的活化石。外星人（假设他存在）看人类从猿到人的演变，如果只看化石，他也很容易把猿与人看成同一个物种，并结论：猿可能只是不幸患了直不起腰的佝偻病、又大脑发育不良的一个"人"，无独有偶，猿的染色体数目也比人的多一点。

不可能复制的"人"

我们在物种里的近亲，侏儒黑猩猩的基因与人类有高达几乎 98.7% 的相似度，其他黑猩猩也高达 98.5%，这些亲戚们的某些个体和社会行为，当然也发生在人身上。是不是如果把猩猩的基因物质弄成跟人 100% 相同，猩猩就变成"人"了呢？把这情况更推得无以复加：把你的基因用现代科技去克隆一下，搞个精确的复制版胚胎，不单基因物质 100% 相同，连基因里 G、C、A、T/U 的排列都一样，再培养长大，这是不是就是另外一个"人"了呢？

好啦，这问题大了，现存的我们这些"人"，对克隆这码事，还没仔细想清楚"克隆人"算不算"人"哪。人要怎么定义自己、看待自己呢？

人当然跟别的生物不同，这又怎么样？事实上，所有的生命都不同，即使完全同姓氏到同（界）、同（门）、同（纲）、同（目）、同（科）、同（属）、同（种），甚至是同卵双胞胎，哪怕基因里 G、C、A、T/U 的排列一样，那也就是胚胎在时、空的起点完全等同而已。在细胞分裂、长大的过程中，哪怕是在同一个子宫里，各个胚胎所受的微环境都不大可能完全等同，所以，它们所发展出来的个体也不大可能完全等同，只要有一些微小差异，小痣啊、小花线条啊、胖一点啊或是其他脾气什么的，便足供辨识之需了。一个生命的存在与养成的过程本身，所受大、小环境的影响，无疑非常巨大，越复杂而又越敏感的人类更加如此。可以说，绝对不会有两个完全等同的生物体，所以演"化"才能不断地改变生物世界，尽管作为模版的基因是很难改的。

此外，人还具备一套可以在基因之外，另将生存软件灌进大脑的学习机制，它的全部程式主要就是应对环境的经验（包括人类自造的社会族群环境）。500 万年以来，培养与调教的成长过程便是"人"的重要程式，在基因物质基础之外，更为定义"人"的共性。500 万年来，人类基因硬件的演化显然不过 1 个百分点，后天灌进大脑的软件却多得多，多到人类可以发生心理层面的问题。

想想 500 万年前才开始直立用脚行走、用手捡石头砸东西、吃肉肉、掉毛毛的、开始有点像"人"的生物，到十几万年前还曾经一度濒临灭绝（推测），到如今的 75 亿出头、完全离不开机具、心智足可理解宇宙与生命并送人去太空漫步，这个爆发性成长的物种，几乎已扩张到地表每个角落，到处充满着基因 100% 相同的、正朝着各自的小环境适应的"人"。这些在过去 10 万年里，演化得外表形形色色、各式各样的人，他们之间的生物性质完全一样，互相通婚、繁衍后代，不在话下，当然也经常被同一种细菌侵扰。这些人之间唯一的差别便是外塑的软件不同和灌输的过程不同，换言之，是教化使这些同样的生物成为不同的文化基因的"人"，甚而彼此相杀、相爱，那样大的不同！

从生物学的角度，物种的形成有个重要原因，便是"地域区隔"。植物就不说了，动物的活动范围，很大程度上受限于它们基因里的软件程序，吃什么食物、睡什么地方等等，这些又都受限于活动地盘的气候、季节等等，一整套的生命对环境的"适应"，区隔久了，

"天择"后的软件写进基因里了，便分化出现不同的物种，反过来由基因去限制生物的地域性与通婚性。人，可以用基因软件之外的方式（脑）来增加适存的能耐，万物皆可为人所用。自己无毛，取动物皮毛为皮毛；自己无獠牙利爪，造刀、箭、枪、炮为獠牙利爪；自己无鳍翼，制车、马、船、飞机为乘具……结果呢，人好似可以不大利用基因硬件，人类之间的经验和知识传递更用不到基因。信息大量以语言或文字或符号来沟通，超越空间与世代，甚至有很多状况，连任何符号、声音都不需要，灵犀一点，心领神会，自己悟机。

人这种把生存软件搁在 DNA 编码之外的生命策略，需要开发许多复杂的内功和调控。这当然不是生命唯一的存在方式或选择，然而，"人"还真做到区域隔绝不了，真正"四海一家"亲。当今人类就那么个单一的生物人"种"。在现代英国人"发现"并殖民澳洲时，澳洲沙漠中的土著已经与世外隔绝了 5 万年，也许万年还不够长，不足以把这群人从我们其他人之中，分化为基因不同的"种"。而一旦接触，他们很快就"现代化"，其实，人类的点子交流与互相学习就是我们这个人"种"活力的来源，不但使文化的散播极其有效，而且也令人难以自闭、分化。人类能够存在并在十几万年内活动范围遍及天下，正好反证了：原先那一点形形色色的地域分化，已被后天的学习和推理能力大量淡化。"教化"所形成的"文化基因"，不单定义着人之所以为人，它也是人改造自己、超越地域区隔的关键。

当然，我们也可以说：人脑可以灌进后天的外塑软件，仍是因为基因里本来就蕴含着人类以推理为生存手段的缘故，仍然是生命演化的杰作。这样来形容吧：脊索动物（门）到了我们这个智人（种），从感官到脑，一整套神经和脑系统的演化，很像大自然拼出了一部超级电脑系统，这电脑的系统软件，它本身的运作、结构，信号怎么接收、传递，怎么记录、归档，怎么保存、删除，用什么生化方式给它提供能量来运作等等等等，这些当然都是从基因硬件来的。作为生物人，人的基因使我们每个人都装备了同样品牌、规格的电脑系统，当然，也带来一些演化来的基本软件，这些演化出来的天然设计，规范着我们作为一个生物人的动物特质，延续着古早以来的生命现象。但是，这部超级电脑是可以承载、发挥远远超过基本软件的应用的，人类心与脑的活动，情性、理性、科学、艺术等等，这些"人"的现象，很大一部分是人自己用这身基本功来创造发明的。现代任何电脑系统与网络，比起人脑，望尘莫及！

这也许就是生命"演化"的真谛：为了某种原因去设计的东西，没料到会在另一个情况下，大行其道。哺乳动物的生存方式发展于爬虫类的盛世，原是当时众生命可能与爬虫类并存的一个解。陨石大撞击的浩劫过后，这种生存方式得以延续并发扬，便是它勉可"适应"灾劫的铁证，而不必附会成说：原先便设计好去应付灾劫的，绝对不会有事先针对陨石大撞击灾劫的"适应"的设计。生命的数量级，是看不到、算不到几千万年一遇的陨石大撞击的。当初哺乳动物的谨慎、机灵是为了适应当道的大爬虫，那时，爬虫的本事就是"大"，一个比一个大，后来的世界换成哺乳动物当道了，大家都谨慎、机灵，就一个比一个精，竞争的结果，光谨慎、机灵不够，演化出超级人脑是理所当然的可能的生存方式之一。其他的解，譬如鸟类，它们的脑也够超级到还可捕食最谨慎、机灵的小哺乳动物。生命配备了超级人脑之后，衍生出会用脑开发软件的生物就是机缘的事了，"人"刚好就是这么般因缘际会，就着灵长（目）的猿猴祖先基因、习性和自己的脑袋瓜，开发出情性与理性软件，摸着冰河时期的石头、工具，一路存活走来成为"人"类的。

脑袋瓜里边的情性与理性，最具体地表现在复杂的集体"群性"上：哺乳动物是群居的动物，经常一股一股地聚居为群落，每股之间还各自发展些小规矩，各有点"文化"特征，我们习惯于观察到各个鼠群、狮群、象群、猴群等等的文化差异，并以之来定义、区分这些群体。许多动物都结群活动，但哺乳动物还不止活动在一起，也紧密生活在一起，群体里的哺乳动物还互相学习、影响，直到显现出一个群体的德性来。"群性"，是需要自行压抑许多个性、遵循许多规矩的，若对物种存续没有好处，是不会白白无端在动物基因里演化出这"群性"的，而哺乳动物能存在到今天，"群性"显然是它们的生存关键之一。

人类的亲戚，从 6000 万年之远的灵长（目）猴、猿，到 800 万年之远的人（科）猿人、原人，到 200 万年以内的人（属）直立原人、巧人，都天生是群居动物，基因里的"群性"，演化得越来越强。从猴、猿、原人、直立原人、巧人的十几、几十个个体的小群落、小社会，演化到如今包容几十万、几亿人的城市、社会、部落、国家。

群性强的生物、必须群居才能存活的生物，像蚁、蜂、猴或猿、人等等，也许也能在被喂养的情况下，离群养活单独一个个体，比如像似动物园的环境。但那种不自然的环境下的独猴或独猿，它们所展现的"猴"性、"猿"性到底并非真正的猴、猿本性。动物园里被圈养的动物，存活下来的，不过是那些能学会适应动物园环境的生物个体罢了，更多的是短命死亡的案例，而存活着的一代之内的适应是不能保证它那个物种的存续的。那个被人养大的天鹅孤雏的电影里，好心的小女孩还得费劲教那只天鹅飞上蓝天、回归鹅群。

具备群性基因的动物的本能，常常就是得向妈妈学习才会学得"本性"。所以，单独囚禁，剥夺一个人同别人相处、学习的机会，恐怕就是最不人道的惩罚吧。同样的，一个人把自己长期禁锢在一个封闭、狭隘的思想中，恐怕也是对自己最大的伤害吧。

人类的存在，既然完全离不开人群与文化，或者说，人群与文化的特点：情性和理性的开发、交流、传递，就是"人性"，也就八九不离十了。

人类在100%相同的基因基础上开发了大致雷同的情性和理性，使得全部人类在生存、演化的历程中都能相互真正沟通、领会、学习，分享彼此的情性和理性经验。我们常用不同的地域来形容自己、区别彼此，中国人啰、美国人啰、英国人啰、印度人啰等等，甚至老广啰、上海人啰、北京人啰等等，其实这些地域名称反映的是他们的"文化"或"文明"，不就是人类情性和理性的集体活动的主要结果或表显吗？

人 之 初

当哺乳动物的幼儿尚在童稚期时，"亲情"是显而易见的，它们的基因里早已谱就人们称为"亲情"的软件，以及为了确保实现"亲情"的一切硬件，诸如相关的内分泌、荷尔蒙等等化学品的生产、供应与过程控制。这也是哺乳动物生存之所必需，大自然不会凭白给你一个不必要的"童稚期"的，演化出"童稚期"和配套的"亲情"，就是为了传递生存经验（诸如食物或工具的辨识、制造方式）。人类同其他鸟类、哺乳类一样，亲代用不断重复的触觉、声音、视觉来训练子代，直到下一代自己"顿悟"并掌握门窍。谋生方式越复杂的生物，它们的童稚期就越长，因为要学的东西太多，演化的力量干脆从硬体上就不让它太早成熟，免得过早离巢，变成别人的猎物。哺乳动物从鼠、兔类，以至牛、羊、马、猪、犬，到熊、虎、狮、豹，它们的童稚期都在 1 年的数量级左右。灵长类演化出来后，从狐猴直到猩猩，既然是"灵"光的、用脑子的生物，童稚期就延伸到几年的数量级。灵长类演化出"人"，它的童稚期是生物中最长的，以现代标准看，目前足可说：平均超过 20 年！方可达到心智的成熟期，比肉体的性成熟期更花时间。

但是，大约 200 万年前的直立原人的一生，不过约三十来年寿命，演化到晚近 40 万年前的尼安德塔人，甚至直到 10 万年前我们"智人"的祖先，亦不过平均 40 年寿命，他们的童稚期显然也就是十来岁。更早的老祖宗，400 万年前乃至 800 万年前的南猿、猿人什么的，寿命更短，童稚期当然也不可能太长。"童稚期"也演化着哩，不是吗？那时"人"的科、属宗室所在地的环境，谋生必需的技巧与方式，所需的社群与沟通，还不需要更长的童稚期来学会。"人性"，复杂的情与理，显然也就是演化着来的呢，而且在 500 万年的演化中，先慢后快，在最后的十多万年里，明显加速成"人"。大自然怎么做到这一点？

按照当代考古和人类学者们已经挖掘出来的大量物证，人之初的演化，大致是这样一个故事：地块漂移与非洲大裂谷的张开，最终在千万年前改变了东部非洲的气候与地貌，原来延绵到红海、波斯湾、印度洋的森林变小了，森林边沿出现了草原，周期性的干旱更使沙漠穿插其中，气候与地貌的变迁迫使原来的森林生物必须跟着适应。在这大环境的缓慢变革过程中，原来的小数量级的众生物们便衍生出各个新的物种，慢慢形成今日东非大裂谷的稀树草原生态。我们人类的老祖宗们——猿猴，也在这个时间与空间中演化出更近的"原人"祖宗们来，适应、存续、分支（或灭绝），直到现今人类（智人）的出现。

从森林里的树木上讨生活，到直走在草原上过日子，真的是那么不得了的变化吗？我们就来想象一下"人之初"的过渡景象吧：

首先，猴子是吃素的，绝大部分的时间都在树上。小猴子一生下来就会用双手紧抓着母猴的毛或树枝，不然，抓不紧的就掉下树去摔死或变成别的动物的点心了。这个"抓紧"的本能是如此的强烈，以至于演化到了人类，我们的胎儿及婴儿依然会本能地将小手指卷起来握紧；甚至，心理学上，人类天生就有着坠落深渊的梦魇与害怕。当然，猴子们作为灵长目的先祖也不是白给的，它们早就已经会学着使用工具了，最有名的事例便是运用石块来击碎坚果壳。猴子拥有的脑袋瓜显然学得会去找个比较平坦的大石块，把坚果搁在上面，再找个搬得动的平石块去砸那颗坚果，并且还不会砸到自己的手！从嫩叶、花蜜到果实、果仁，猴子们也就满足了。只要森林够茂密，果实够多，灵长目的日子过得还不错哩。

到了狒狒、猩猩，实际上，已经是生活在森林与草原的边缘了。它们的胃口比猴子们杂多了，吃素已经不能完全满足它们的需求。它们的脑袋瓜比猴子更大也更灵光，最有名的事例是找条细树枝，刮光树叶并插进地下或烂树干的白蚁洞里，拖出一串蚜虫，吃个现成的虫肉串点心，补充一下蛋白质，以便维持和使用脑力！既然要吃荤，我们的这些猿类先祖们，也就具备了肉食动物的侵略性，这里有名的事例便是猩猩们会时不时地围猎猴子来吃。但是，荤、肉显然不如果、叶那么现成，草原上的资源显然也不如森林那么方便，所以到了"人"模"人"样时，也就会吃掠食动物吃剩的腐肉。发展到直立原人出现的时候，工具的使用便扩大到不仅敲开坚果，也敲开掠食动物吃剩的大骨头或脑袋瓜去"食髓知味"，甚至还设法围猎大型动物，成为自然界最顶尖的掠食者。

不过，猩猩基本上仍然是树栖动物，有些狒狒则露宿山头岩隙，到人（科）（属）以后就喜欢住山洞了。而所有的灵长目，猴、猿、人都一样，全是群居的社会动物，各自有一套社群规矩。灵长目的童稚期，主要就学习"沟通"、"规矩"与"知识"，因为它们的生存靠打群架、用工具。打群架要有效率，就得有组织和计划。用工具要有效率，就得有经验的传承。这些技能越来越复杂，就得靠越来越厉害的脑力和逻辑，以进行沟通、学习，难怪现代人的脑比猴脑大3倍。光是这些多出来的脑所需的材质，就得吃多少肉、蛋、奶才能顶得住。

没有生存的压力，猴子不用下到地面去冒险，猩猩也不用挺起腰杆走到草地另一端的林地。当自己所在的森林变小了，食物不够了，饥饿自然促使一些胆子大的猿类走过一片草莽地，寻找另一块食物充沛的森林。一开始，直立起来的动力，除了饥饿之外，还有另一个本能：害怕。直立可以看得更远：两只脚直立起来的，比四只脚趴在地上，更能及早警觉到虎、豹、狮、狼等的危险，更快走避。久而久之，直立一族便因存活而自成一系，两脚直立的猿遂发展成为人（属）（种）了。

　　跟直立这个动作一起演化的，当然不仅只有脊椎、腿骨的改变而已。两只脚的，不见得跑得比四只脚的快，当它在草地里发觉虎、狼存在的时候，第一个本能便是得下个决定：是跑回原来熟悉的树上呢？还是跑向另一边不熟悉的树林？还是拿起枝棍，为自己的生命准备搏斗？显然，许多演化就必须伴随着哪怕仅仅似乎是个简简单单的"直立"的动作。作决定是极大的赌注，不见得全靠直觉，直立起来的猿早已经有着对空间距离的直觉与判断，但它更有诸如好奇、学习等的本能。综合起来，它既然不用常常活在树上，四肢都紧握的能力变成多余，两只脚的功能固然可以完全演化用来支撑体重与跑动，两只手的功能就演化成不是去紧握树枝，而是去方便地握住工具了。所以尽管人、猿、猴一家亲，但它们的手指、脚趾可大大不同，因为用途改了。而对工具的认知与使用，又得靠大脑的演化成果，更不用说大脑对四肢的协调与控制功能的演化。

　　凡此，便又回到大环境对它的食谱的改变的影响：直立，是为了讨生活啊。或者说，直立起来的猿在变迁的大环境里比其他猿猴更能脱离原先驻扎的林子，觅食范围更大，更易存活下来。森林资源不够了，得在草原、荒漠里过活，荤素一起吃，反倒刺激了脑袋瓜子的发展、壮大，最终发展到完全脱离森林，不靠爪、牙，不靠力气、速度，靠脑力、工具为生存的终极手段。（即使到了现代，人类依然本能地留恋绿色丛林里的好日子。哪怕经历过住山洞的阶段，大多数今人依旧喜欢把家打扮得有花、有草、有树，绿意盎然。可见，"基因"

传承有多厉害！）

　　跟所有其他物种的演化一样，在动辄以百万年为单位的时间过程中，人类的演化当然也包含着太多不同数量级之间的偶然性、几率与运气，令我们无法、也无从拘泥于我们不确知的细节。如今我们只知道：灵长目留下众多后代，这些后代中，有幸一直生活在与祖先的生活环境类似的大环境里的，便停留于原先的模样（所以我们仍然有许多猴亲猿戚生活在今天的丛林里）。其中，尤其是那些生活在边缘地带的，不幸迭遭不同的环境变异，只好为生存而去适应、演化。直立原人出现后，他们的后代凭借着机智与机动，迅速从非洲发散到全球，在各地的小环境里繁衍，演化出许多族裔。大约两百多万年前，直立原人的族群就已经扩散出东南非洲，到东欧、东南亚、中国大陆等地方求生存，不幸，这些族裔们都未能延续至今。

　　而我们这支"智人"，大约 30 万年前从东非某一支直立原人演化出来，大约 7 万年前也扩散出非洲到世界各地谋生。智人最少的时候，也许总共不过 1000 至 1 万人左右，如今繁衍至 75 亿。演化之途，何其险幸！

"人"的演化

　　演化途上各种"过渡型"、"中间型"物种常常是适应各个环境的、同时存在的分支，当然，在地球物理、化学和时间长河的数量级威力下，演化的细节证据大量湮灭，确切的过程难以精准描绘，我们不可能重建猿人或直立原人所经历过的演化事件和过程。不过，基因天生的变异率倒是个现成的生物时钟：虽然一两代之内的基因复制几乎完全精准，只不过大约亿分之一数量级的变异几率，很难出错或检测，但一放到十万、百万年的时间数量级里，以生命细胞数目之大，生灭轮回次数之多，变异成为必然，因此所产生的差异度（当然，也就是相似度），不但是相关血缘物种的指标，当代分子生物学家也用它来估测物种分化的次序和时间。

例如，检测比较猿、猴、人血红蛋白素彼此间的差异，发现：黑猩猩、侏儒黑猩猩与人互相之间的差异度几乎为零，其他猿、猴与这三者间的差异度则又更大，于是将变异率的数值导入计算，据此推论：黑猩猩、侏儒黑猩猩同是人类500万年前的近亲，发生了某种演化事件，促使这三支亲族走上完全不同的演化途径，最终分化成为不能互婚的物种。

最近人们还知道了，通过对线粒体多态性的检测，当今智人居然是大约10万年前同一位东非母亲的后裔，所以，我们也就知道了，当今人类，一定是从东非某一支原人分化出来的结果，时间的数量级估计在15万年前左右。其他的拼图索骥，只好从旁证加以推理。

想象在猩猩、猴子共存的雨林中拍摄到这样一个场景：一小群猴子用树下一块天然小石台做底，把坚果放在上面，拿一块手能握住的小石块，砸开坚果，取出果仁来吃。一旁观察的小猴子们，试了几试，很快便学会这门手艺。这个看似最简单不过的工具利用，很可能便是整个心智演化史的开端了。即使原先不会打开果的猩猩，也能从观察猴亲戚的动作中学得这门手艺，它们还将之进一步改善为把坚果固定在任何其他够硬的"台"上，像杠杆般很省力地通过拍压树干的一端,打开坚果。至于用细枝来掏蚜虫肉串,以及用大叶树枝盖在头上当作雨伞,更不在话下。发明、学习、传承,本来就已经是猿猴的技能了,不然马戏团里为啥少不了它们呢?其他的动物哪能那么容易就学得会某些表演动作呢?

但是,更脍炙人口的场景,莫过于那张坐在遍地开花的草原里"悠然拈花"的黑猩猩图片了。它懒慵慵地坐在那儿,悠闲地就近摘下一朵花,轻轻地看着、嗅着,眼神既专注又温柔,不为吃花蜜,也不为什么。猩猩们不会"笑",它们没有"笑"、"哭"这种面部表情,但,那只猩猩的悠然如同人类似的,"采菊东篱下,悠然见南山"也不过如此,它简直就是"采花苍野间,悠然见天地"!如果心境共鸣真的可以如此这般,超乎物种,那么,其来有自的"自"又是什么呢?人们当然无法百分之百肯定猩猩看花的"境界"何在,纵然借重了言语和表情,人们彼此之间沟通的事物是否一致都还常常会错意、表错情呢,何况去猜想猩猩的心情!所以,猴子用工具,猩猩欣赏花朵,不过表明"灵长目"有着相似的硬体,因此才有着类似的软体表现。500万年来的分支、演化,其实就是人之所以为人,猿之所以为猿的道路历程。

硬体上,人与猿的共同点是比其他动物有更大、更复杂的脑,不同点是:

(1)我们直立行走,猿仍用四肢跑,而且仍然喜欢爬上树;

(2)我们喉咙的音域较广,最终得以发展出社群沟通所必需的语言。

软体上,黑猩猩就是具体而微的人,只不过,它们什么都比人"落后":

幼稚期较短（学习期较短，所以同龄小猩猩比孩童"聪明"），社会性较简单，逻辑与记忆力都较逊等等。尽管人类养养过能学会手语的猩猩，它也能表达一定的好恶选择，但也就是那么几件特例了。

大约350万年前，出现了脑较大的、直立行走的、大拇指较长的"原人"。人们这样解释那只出土的化石：

（1）站直了、看得更远，比成天躲在树上重要，显然，那时候，"直立"形成生存优势，于是脊柱便朝"直立行走"去演化；

（2）使用工具主要靠手，变大了的脑正可充分发展软体来应用工具，于是大拇指也演化得更长，更可以捏紧工具、利用工具；

（3）右手被迫发达了，于是左脑便相应发达，形成后来人类的逻辑区、言语区的脑部硬体基础；

（4）脑容量增大可不是个简单的趋势，婴儿头壳要变大，母亲的生产更痛苦，这些生理上的改变，必须有相应的硬、软体机制来解决。于是亲情更本能化、幼稚期更长，相应的化学程式就不得了：黄体素和其他激素的制造与分泌，婴儿与亲代的刺激与互动（不然，亲代为了自身的生存利益，早就弃养婴儿）……等等，等等。

到大约250万年前，直立原人出现时，已经集"人"的特征于一身，典型的脑大、直立、幼稚期长、具有社会性、会利用石器工具。500万年前在同黑猩猩、侏儒黑猩猩的分支点上，仍然还用四肢在地上跑、树上窜的"人猿"先祖，就"忽然"在250万年前变成"原人"了？当然不是，这可是两三百万年长时间的演化积累！

总之，"原人"就是人的原型，是"人猿"朝"人"的趋势，持续演化了两三百万年的结果，才在250万年前，从猿类（猩猩）分化出（原人）这个物种。

当然，脑大、直立、幼稚期、社会性等四大特征，已然是演化的结果。它们孰先孰后，谁导致谁的改变，鸡生蛋、蛋生鸡，恐怕不可能知道了。更大的可能是，它们就是一起演化的，或许，全是伙食改成吃荤的结果。吃荤，提供足够的营养来让脑变大，而为了吃肉，早期的人类需要变成掠食者去冒险猎食。但是，我们可以自问：灵长目动物除了发展脑力、直立、腾出手来用工具、更加大群性去集体狩猎之外，还能个别在天生的力气、速度上同其他掠食动物较量吗？答案是明显的。

这样的事实也说明：脑力发展同其他硬、软体发展，是互相影响、互相促进的。似乎大自然在人类的形成中，非常天然地找到一条正向回馈的演化途径，使脑、手、脚及相关的硬、软体共同快速演化，以至于在同猩猩分道扬镳的 500 万年内，不单只演化出"智人"，而且人们还上了太空及数码网络。就演化的时间数量级来说，人类先祖 500 万年内做到的，似乎相当不可思议。但仔细检查所有的生命现象，却也理所当然。实际上，大自然的正向回馈是常态。比如，非洲猎豹和它的主要猎物——羚羊，豹要吃羊，不然饿死，羊要避豹，不然被吃，它们主要的竞争是速度，两者就都演化出瘦长的体型，以及登峰造极的速度。那是演化集中在速度优势上的例子，几百万年下来，便是今日非洲所见的猎豹和羚羊。正向回馈到脑的演化例子，便是"人"了。

生物从水里的脊椎动物演化到哺乳类的脑，脑的出现早有亿万年的历史，并不是人或灵长目的专利。相反地，我们的脑中，那个紧接脊椎的部分——小脑，正与亿万年前的祖先一样，它只管制例如心跳、呼吸、四肢反射、运动等生存必需的、先天的基本软体。演化途中，鱼类、两栖类、爬虫类、鸟类，小脑越来越大。到哺乳类，小脑已变得相当发达，所有哺乳类婴儿在幼稚期里学到的动作，大都被小脑记下，小脑成为脊椎的延伸，控制并协调生物后天学会的习惯动作，例如走路时的平衡、用手抓东西的动作、骑自行车等等，使生物体在学会之后，几乎变成它一辈子的第二本能，不用思索便能"自然地"做出那些动作来，小脑便是许多小哺乳动物的"脑"。

而大多数我们称其复杂的软体机制，都是大脑以及记忆体的大脑皮质，在人脑上大行其道的结果。我们的脑容量，大量是增加在大脑及其皮质上的。当代的脑科学已积累足够的知识，来让人们了解到，我们称之为理性、情性的东西，这些软体大致是如何在脑硬体里运作的。例如喜、怒、哀、乐之情，声、色、形、语之觉，数、理之识，都能通过仪器来标示出处理这些程式的脑部区域（常常涵盖许多区域）。人们业已知道，我们几乎四分之三的脑力用于处理眼睛传来的光信号，形成"视觉"，这才眼见为实，"看见"了东西。脑，也是视觉器官呢，不单眼睛而已。同样，大量脑力也用于处理声音信号，脑，也是听觉器官，不单耳朵而已。脑，几乎也是人体任何一个功能的组成器官的部件，连人类的性行为都少不了它！全部生命世界，以脑作为性器官的一部分的，也就只有灵长类，尤其是人类了。

当代的脑神经科学，更有着突破性的进展，人们业已知道，在偌大一部人脑里，千、百亿个神经元，是用生化来传递信息的。我们的记忆、逻辑等等，不是用电信号或 0 与 1 来从事的。每个神经元本身就像树枝杈子，神经元之间各自在树杈子末端（约 20 个）隔着些微间隙，以激素、酶、荷尔蒙或某种化学分子为传递，刺激神经元的状态，把扰动迅速扩张到整个身体内的神经细胞，快速到每秒 100 米的数量级。情绪，在人脑里制造的化学成分，相当接近于烟、酒、毒品的成分，所以它们才会改变我们的知觉状态，"快乐药"等化学品才会令人欲死欲仙、上瘾、致命。

总之，我们是个大自然制作的化学品，运作模式也基本上是化学的。正因为是化学的，可能发生的途径远比 2 进位的 0 与 1 多多了。正是这样一部超级的化学神经元大联网，使人们充分认识到，现代电子网络的错综复杂度必定是知识的利器，因为我们人人自备的脑神经大联网还远远超过当今的全球所有电脑联机联网，以至于智慧由此产生。电子网络有点像 0 跟 1 编码的脑神经系统？我们对脑虽有一定的基本理解，甚至也已应用于对内分泌或行为等的医疗，但对它到底如何将各种数据与生化基础，组合成情性及理性的觉悟，则迄仍朦胧不解。

演化已把人脑变成许多功能的主要器官，虚拟化的可能性不在话下，当然不时便出现同当代电脑的虚拟软体差不多的效应。以"性"为例，本来生物的"性"单纯为了传宗接代，季节一到，内分泌及荷尔蒙便令动物压抑它猎食的本能，孤独如豹，也闻风率先寻侣、交配，时候一过，各自西东，甚至互相残杀。唯独灵长目里，大不乏以"性"用做社交工具的，交配变得没有季节性，从猴到猿，甚至有大搞同性恋的，无奇不有，只为了：社会性、群性，加强社群和谐、认同，做爱而不作战，皆大欢喜！这些因子，演化到人，"性"已经更加成为一种情境、一种欢愉。人几乎随时可以做爱，是不消说的了；但做爱之前的"情绪"培养，乃至自慰，凭大脑想象就可造成性冲动，把脑直接做成性器官，则只有"人"才有这般极致。我们把"脑"说透，是要让大家明白，从物质到"精神"，其实，界限不那么大。

大自然演化出如此精致的脑袋瓜，我们虽尚未能尽知其奥秘，但，情、理的表现则是演化的结果无疑。至少，我们会被猩猩看花感动呢。天地还是那个天地，花草、猩猩各自依然，此景此"情"，是典型的："不是风动，不是幡动，和尚心动"！是我们的情与理在作用，换言之，是我们的大脑机器在运作！情境，是可以用脑虚拟的；真相，是要用脑去理解的；而脑，则是可用化学物去扭曲它认知的过程的。尽管如此，宇宙里最能趋近真相的，仍然非这只有理、有情的人脑莫属！

人的扩散

一旦走上猿人、直立原人之路，演化速度真正惊世骇俗。

直立原人祖先们的骸骨虽然未必留得全或留得下来，但他们制作的石头工具倒是个现成的物证，石器工具便成为人类演化史上鲜明的标志。

整个"石器时代"，全球各地，至少涵盖 250 万年时光。其中有些器物之精巧，使人们认识到：我们在直立原人族谱里的亲贵中，颇不乏"智人"境界的旁支。最有名的案例便是：

（1）约 40 万年前一度遍布欧洲、中东的"尼安德塔人"，他们大约于 3 万年前灭绝；

（2）约 10 万年前在印尼的弗拉瑞斯岛生根的侏儒型的直立原人

"梁宝洞人"，他们直到大约 1.2 万年前方才灭绝。

几乎可以肯定：我们现代智人的祖先们一定同这些"人类"亲贵的生活区域交叉过，甚至见过。由于非洲之外发现的尼安德塔人和直立原人的最早年代，分别距今约 40 万年前和 180 万年前，而非洲最早的石器足可上溯至 250 万年之前（"奥都伟"技术），欧洲最古老的石器亦有 150 万年（在西班牙的西南地区发现），亚洲最古老的石器则有 170 万年之久，所以，直立、用工具之后的人类显然相当不安于室，他们至少三出非洲：

第一次，直立原人的移民浪潮大约发生于 200 万—250 万年前，在现今格鲁吉亚的达曼尼西地区、印尼的爪哇和云南元谋等地留下 180 万年之久的印记，其他百万年左右的印记，如"爪哇原人"、"北京原人"等，则比比皆是。直立原人大步从非洲踏出，足迹迅即遍布欧亚大陆，可惜，后代全都灰飞烟灭。倒是安居在印尼小岛上的侏儒型的"梁宝洞人"，是本来高大的直立原人长期适应小岛资源而侏儒化的袖珍后代，他们存续到 1.2 万年前方才灭绝，成为人类学上的异数。

第二次，尼安德塔人在大约五十多万年前出走，他们经过西亚、近东进入欧洲和亚洲，分布范围直达西班牙直布罗陀海峡边以至中亚乌兹别克。自从离开温暖的非洲原住地，他们的子孙后代在欧亚大陆度过了地球的冰期，整个族裔渐次适应了寒冷的气候以及在山洞里穴居。也许正因为冰期，尼安德塔人始终没能繁衍到达温暖的欧亚大陆南方，甚至也未能渡过窄窄的直布罗陀海峡而重返非洲，就在 3 万年前灭绝了。

第三次，我们的直系祖宗大约在 7 万年前开始出非洲，这次的装备比前人强，软、硬体都是以"智人"的姿态出现发散开的。

得益于现代的分子生物技术，通过抽样检验、统计分类现在各地人群的基因，智人的扩散路线可以说得比较明确。

他们先北上，走进阿拉伯半岛西南尖端沿海岸，5万多年前在那里分手：

（1）走陆路的，北上到达中东。一路上，有留下就地殖民繁衍的，有继续随机向四面八方开拓的。大约4万年前，往东到达欧亚大草原西部拾猎。那时候地球还在冰期中，草原上的日子并不好过，草原上的人只好就地分道扬镳：

• 往南走的，3.8万年前左右，曲折地入住到中亚、印度、泰北，然后进入越南北部湾，成为黄种人"百越"诸部先民。

• 往东走的，有留下散布成为满、蒙、韩、日部落先民的；有继续向东北行，于1.2万年前穿过白令陆桥（如今是海峡）进入北美洲的。进入北美的群落从大约十来人开始，万年内不但在美洲大地生息至人数千万计，而且几乎猎光所有美洲原住的猛兽。

• 往北走的，于3万年前西折，从东欧进入欧洲，那时欧洲还很冷，其中一部分又从欧洲返回欧亚草原故地。

（2）走海路的，往南沿着海岸，一路走向波斯、印度、东南亚、印尼，大约5万多年前就已到达澳洲。这一支的老祖宗们，显然学会了航海，从阿拉伯西南岸，以最简单的浮具（大概还不能称为"船"），将就着海岸线扩散。尽管冰期使海面下降、海峡变窄、礁岛更多，但这些古老的航海人仍然非常了不起，他们不但5万年前就繁衍到澳洲，并且4万年前就沿东亚和美洲的海岸线到达美洲太平洋沿海各地。（这不是后来航海到大洋洲各大岛的人，千年多前，只依赖星星导航、航行数千公里到达太平洋中部的夏威夷群岛的，是5000

年前东亚农耕前人分支的"南岛"族群。)

"智人"离开非洲的 6 万年内，便在真正意义上"遍天下"，成为适应全部地表水陆的物种，处处为家。海路扩散的人祖，其中一支，早于 3 万年之前便落户美洲洛杉矶。而陆路扩散的人祖到越南北部湾的"百越"，往北走进中国温带丛林大地，最终成为"中国人"的最大成分，他们的后代，在 1 万年前就驯化了稻谷（河姆渡文明），奠立东亚、东南亚的稻米文明。

3.5 万年前，先后进入欧洲的两支老祖宗们，同早已在欧洲繁衍生息的尼安德塔人竞争食物资源，万把年左右，便将这个也许是另一支智人的尼安德塔人完全淘汰出局了。尼人和我们之间的亲缘关系，仍在探讨之中，但 DNA 研究已确认现代人类基因成分有 1% 数量级的尼人血缘。

石器工具的发明、应用，4 万年前就开始精致化，石矛头后来发展成石镞，人祖思量的重点在于大量使用抛掷工具，大大降低了狩猎风险，不像尼人用手斧、棍棒，与猎物近身格斗，以至于伤亡累累，享年不高。人祖就凭这一点点优势，可能就足以淘汰尼人。我们走海路的人祖们，很早就领略到海边有大量蚌、虾、鱼，可供生存之资，如果尼人早点觉悟到浮海的机动性强过两条腿走路，或许人类演化和扩散的故事，也会很不一样。但是，演化跟人生一样，一次都无法重来。"人"类凭着本能，扩散出非洲，很"公平"，也很野性、很"自然"，大家都不知道的时候，生存靠命运，明天或下一个地方，反正都是个大大的未知数，大家都以存续为摸索的赌注，都不自知以生命为选择的代价。显然，机动性、社会性、选择性、机遇，都不能完全说明"人"的现象。到处适应的演化过程让人祖开了智慧之门，从此，知不知道，便左右了一切竞争优势。人生不也一样？学习与开窍，至关紧要。

梁宝洞人虽然是直立原人的孑遗，孤独地在弗拉瑞斯岛上求生，他们的石器工具可没停留在200万年前的水平。到底是活到1.2万年前的人，在梁宝洞人生活的洞穴挖掘出来的石器工具，手斧、切刮器、骨器，倒也绝不逊于我们列为"智人"的尼安德塔人。梁宝洞人是从自己智力的演化中创作、改良了这些工具呢？还是曾经与我们这支智人的一些先祖交叉而学到这些工艺？不管怎么来的，他们学得会、也学会了。

不仅如此，弗拉瑞斯岛还发现一具完整的牙齿掉光了的梁宝洞人的老人头骨。在人类演化途中，几乎有数百万年停留在采拾果、根、虫、腐肉为食的阶段，冒险狩猎去获取新鲜血肉，应该是从被饥饿驱使、偶而为之开始，技术慢慢纯熟，风险降低，才变成乐此不疲，以此为生。可是，拾、猎主要都是体力活，要老人何用？没有牙齿的老人还得要人照顾！这说明了梁宝洞人也已经高度社会化为能照顾老人的群落。能超越动物独占食物的本能来分享资源，所表现的情性、理性的复杂度，都可以是今日所谓的"人性"范畴之内的定义。至少，首先得有个同情的"心"和发挥同情心的机制；其次，老人的经验，必定对族群的存续有利，而照顾的过程也就是传承、教育的过程；所有人类社会，无不"敬老尊贤"。看来，数万年前的梁宝洞人也是不折不扣的"人"了，看来，直立原人单独往前走，也能发展到"人"的境界！

那么，"人"到底算哪门子事呢？

"人"这个东西……

我们是说不清楚情与理怎么从脑的硬、软体中产生出来，我们只知道，"人"是演化的众多可能途径中的一个解，而情与理的开发，则是"人"独特而专注的现象，大有助于"人"演化成"人"。至少，对情与理本身，我们不但能叙述，而且可以沟通、演绎，并大大应用。

在人类情性与理性发展的过程中，让我们这样来设想我们的"原人"老祖是怎么走过来的：

为简化起见，让我们想象在350万年前的东南非洲，有一群终于直立起来的人猿，他们已经很能使用工具，也很有一些制作工具的技能。过日子的方式早已从树上跳窜改为在地上游荡，用棍棒防身，猎点小动物或肥虫为食，甚至吃点掠食动物吃剩的腐肉，当然，少不了要挖点根茎补一下。在直立、用手拿工具与用脑智来求生存上，已有着良性循环，个体的手、脚、脑都越来越向"人"的模式发展……

在更早先的猿时代，一个黑猩猩的群落不过二十来只。其中会有个雄性的老大，它也是这群猩猩之中所有能生育的雌猩猩的配偶。其他为数不多的雄猩猩只能趁老大不注意的时候，迅速与任一母猩猩偷欢，是这批可怜的雄猩猩唯一散布基因的机会。"群落"在这个时代，意味着某位老大恣意散布其基因后代的地盘，直到它年老力衰了，被另一只公猩猩挑战、取代，整个群落便被胜利者一锅端去。前任老大留下的尚未长大的后代，常常就被胜利者咬死或赶出群落，因为胜利者本能地要迅速为它自己的基因散布后代。这样的本能，跟狮群并无二致。

但是，猩猩还可以活在森林边缘，生存压力还没那么大。原人群落则有可能跟大猫族、蹄足类等一起在草原上流浪、觅食。生存，使得每只原人都是群落的宝贝。对猿性遗传下来的本能，原人该怎么应付过去呢？显然，公猩猩独占群落的纯粹野力的本能需得被压抑，"领导"、"协调"能力需得被彰显。这在500万年前猩、人分支时，猩猩群落的首领便已经不完全依赖霸力了：猩猩的领导常常是那些也深谙为同伴梳理毛发之道的猩猩！原人头目则更进一步，"聪明"、"懂政治"尤胜霸力一筹。

在这里我们就看到脑力与群性互相激荡的味道了。原人群落里，每个成员都相当聪明，大家是要一起求生存，但生存本能是自私的，性欲本能又是独占的，而群性本能更是生存必需的，只好借助于越来越大的脑力，在基因软体之外，灌进后天学得的文化软体，来统合这些矛盾。演化对这道题的解，便是给原人发展出个大脑袋瓜，里面装着复杂的、可以"自由""创作"的软体，叫做"情"与"理"。

首先，原来在猿类时代便朦朦胧胧能具备的"意识"，到原人时代，已成自然而然的事。灵长目到猴、猿之后，对着镜子，能意识到那是"自我"的影像，猫、犬则只会对镜而吠，因为它们不知道那不过是自己的影子。原人的"意识"已经很强，群落里面各个分子都能分辨自己和别人的异同，每只大脑都会去揣测别人想什么、要什么，并决定自己要给什么、要什么。光这聚在一起成为群落、集体求生存的需要，对大脑的刺激就不得了，这世上还有什么难题比"人"心更复杂，比了解别人、了解自己，更复杂、更困难的？

工艺、技术可以不断进步，只要有人创作，之后，大家学习便是了。所以250万年前开始，石器工具突飞猛进，之后150万年前吧，精细石器便出现了。工具的改善，意味着生存更容易了，群落可以更繁荣了，部落更大、成员也更多了，人与人之间的交流就更多更杂，所有其中个体的自私与独占的本能的冲突更频繁，要解决这些问题，脑子也只好跟着演化，硬、软体一起跟着细密、复杂，情绪、表达、规矩，一起演化百万年，便到"原人"时代了。

200万年前直立原人的群落一定已经相当人性化：体毛已演变得几近裸体，必须借助于猎杀大型动物才能以它们的皮毛来保自己的暖，所以必有相应一套的工艺技术来猎食、割取皮毛、缝制衣物，这些工具、技巧上的开发又是脑力继续发展的明证。这时更重要的发明是"用火"，倒不仅只是"火"作为工具的技术开发上的意义。

"火"，是所有生物本能上惧怕的东西，原人要克服本能上的恐惧来学会控制火、应用火，这可是个划时代的量子飞跃！用火，这事件说明了，原人的脑在情性上的韧度与理性上的深度，已然达到足以克服本能上的障碍的程度。在某种意义上，用火，是"人"与我们猿祖的动物性彻底分家的标志点，不然，我们所有谈论过的直立、手、工具、群性等特性，或多或少地都存在于猿猴世界，但猿猴绝对克服不了对火的恐惧，猿猴也绝对不会用火。

人类用火之后，日子过得红火，石器加火加熟食，群族越来越兴旺，人际关系、群际关系，又竞争、又合作，全都得靠情、理软体来压抑本能，找出规矩，避免冲突。人的"文化"注定就是从脑力压抑本能开端，本能要你性冲动、怕火、怕死，情理却教你去节制"性"、控制火、不惧死甚至偶尔自我牺牲。用火之后，又演化了百把万年，人类才自觉为"人"。

智人的出现，最可能的量子飞跃是体认"生死关"。智人是唯一可以认知"死"这件事的生物，这应该是发生在 50 万年之前的事。

猩猩不能认知"死"，对同伴或童猩的死，活着的猩猩更多的是惘然不解，迷惑一阵子便放下了。其他哺乳类更不用说了，狮子咬死其他公狮留下的种，不过是本能地促使母狮发情，以便它交配而留传自己的基因后代。母狮对被咬死的小狮叫几下、舔几下，没反应，它的乳房膨胀到没有小狮子来吸时，自然停止造乳，基因里的本能就教它立马开始发情，接受杀婴的公狮为伴了。生、死，对自然界，不过是生命流转的过程罢了，没有任何生物、资源会被生命现象白白浪费掉。动物之"死"，认不认知无所谓，在基因里谱好本能的程序便足够了。

但，整个"人"的脑，就天生是为打破基因本能的制限而演化的，以便提供本能之外的、更多可能的解。演化到"智"人出现，人的意识便顿悟生、死，豁然分明，纵然绝大多数时候，人依然怕死，可是人完全明白"死亡"是个什么状态。并且，人会去纪念亡去的"故人"。在巴格达附近，曾经发现一处三十多万年前尼安德塔人的洞穴，其中埋葬过一个尼人，相对完整的尸骨，加上大量花粉！"人"

情味之足，无以言喻。懂得葬死念故，这是何等情境！能悟生死关的存在，这又是何等意识！

可以说，大致在过去百万年内，"人性"大大演化成形。在有限的考古证据中，用火至少有 180 万年历史，葬死至少有三十多万年历史。巴格达附近的尼人洞穴，以及印尼梁宝洞人的洞穴，都挖掘出更大的人情味的证据。有个尼人的腿骨，明显是受过重伤、愈合，必须旁人照料，才得以存活多年到死去。那个牙齿掉光了的梁宝洞老人头骨，更值得回味，照顾失去谋生能力的老人，非"情"莫办。这些情性的发挥，在在说明，大约 50 万年之内，人性已经达到今人的境界。

从"自我"的觉悟，到意识发扬到用火、知生死，到人情扩及扶伤、恤老，演化在人类社会只用了 500 万年左右时光。在这期间，与我们分支的猩猩的脑容量不过 500cc 以内，而第一批智人的脑已经增容到 1350cc！就人的个子而言，这脑与体的比例是够大的了。当代脑科学才起步不久，但人们已经知道，意识的形成，是整只大脑和它的皮质层一起运作的结果。最初，学习就是不断去练习掌握同一个动作，直到形成这个动作的神经路线被"记忆"在皮质层里（人脑记忆不是电脑记忆，无所谓存、取、删除，更像似刺激、通路共鸣），成为大脑可以迅即就近取用的一个软件包。从婴儿学会直立走路、两手捏握、哭笑传情、牙牙学语等等，各种小软件包不断积累在脑筋里，人这一辈子，就是不停地在大脑中谱写软体。

每个人的意识、认知（或偏见）、性格、情绪、逻辑这些软件包，反映着他过去的环境与遭遇的总和，父母或旁人的影响可以非常大，但并非绝对，大部分软件是自己"悟""觉"后写进大脑的版本。

一个相对稳定的家庭、社会，持续的亲情与熟悉的社会环境，帮助了每个人开发并填写平稳的软件包。混乱的境遇就导致怪异的人格，因为那填进去的软件包不幸只是那个人在混乱里求得生存的经验和记录，那颗人脑不过如实印记"不平稳"而已；要修改这个版本，就得先提供个和顺的境遇，那个人才有机会"悟""觉"什么是"安宁"。

人的特色，人性，每个人独特的情与理的味道，"精神"，是各个人和他所经历过的环境、交接过的其他人、随机碰过的事、物等等，共同造就的。小时候，家庭、父母、亲戚就是你的一切；长大上学，学校、老师、同学、朋友也成为你的天地；以后进入社会做事了，你的世界才扩大到城市、国家，甚至全球；每个人成长过程的点点滴滴都实实在在地塑造了"你"、"我"、"他"。

这是个可以自己塑造、学习、修养的联网软体，所谓"心"的东西，情乎，理乎，便是它的综合表显，是人类的独门武功，用它来改变本能、惯性，甚至命运。有名的案例，如印度的瑜伽，居然可以练到令自主神经（大脑部位）联网到不自主神经（小脑、脊椎顶部），有意识地控制一个人的呼吸与心跳进入乌龟般的冬眠状态。其他非常意志所表现的超乎寻常的劲力或耐力，更时有所闻，对各种宗教的徒众们来说，是家常便饭，将这种表现视为"神迹"。

大自然给我们那么一副脑袋瓜，让我们有个可以超脱祖宗传下来的基因的制限的可能性，不练练太可惜了，全看我们有没有那个智慧、那般意志、那种精神，以及相应的执行力：比如，活到老，学到老；比如，博爱同情，深思熟虑。其实，执行所需的勤快与坚持，无非就是利用人脑的秘诀，跟利用电脑一样，越用越熟练就越会用，形成新的习性，打破原有的惯性，如此而已。

这也深深符合生命演化的规律：越用越发达，越用脑越成"人"，越有智慧、意志和慈爱就越有"人性"，因为这就是人类与其他生命的分野！

再说几个例子吧：

（1）现代的电脑，当然还谈不上"感觉"，它只接受电信号，它的记忆单元只能在开与关之间（0 与 1），被电信号触动。

（2）当生命世界发展出动物和"性"的时候，大约有十几亿年历史吧，异性之间的发情，靠一种荷尔蒙的化学品（"费洛蒙"）触动。以三四亿年历史的昆虫为例，蛾，散发一种挥发性很强的费洛蒙，而只要有一个分子落进雄蛾头上的羽状触须里，雄蛾立马被驱动而朝雌蛾扑去，甚至一公里外都能精确地找到藏在屋内角落的雌蛾。昆虫谈不上什么"感觉"，昆虫的神经系统不过就是以特殊分子为开关，来启动它基因码里的"性"程式罢了。

（3）到了人类的"性"活动，文章就大了，就看梁山伯与祝英台、罗米欧与朱丽叶的故事吧，每个族群都有！每一代人都有！年轻人里比较普遍，年老人里也不少。明明费洛蒙也有作用的，在人类社会中，倒当它没这回事了，被彰显表达的几乎全写的是"情"、"爱"、"恋"……实际上，现代化妆品中就加有费洛蒙，因为，这是最天然的催情剂，比所有香水都厉害，不但女人化妆品要掺一点，连男人刮须水也掺和一下。

可是，人类常常得压抑本能、跳过本能，来换取基因码之外"自由创作"的空间。面对"性"，可以不完全受费洛蒙驱使；面对火，可以不完全受恐惧驱使；面对死，也可以不完全受生存本能驱使。这样子的选择，当然一定有演化上的好处，人脑才会开通这条路，演化出这种"精神高度"。启动"性"感觉的化学分子，我们是明白了，甚至性高潮感觉的化学分子，我们也找到了；可是，启动恐惧的化学分子，我们却还不明白，到底是有还是没有这样的化学分子呢？或者，像恐惧、安宁等的情感，用的是一般的酶，只不过还得加上某些大脑和皮质层部位的集体共鸣呢？我们不知道。

即使相当确定人类文化的建立与压抑本能有关，即使将人类文化的程度与情性、理性的深度画等号，它们的运作机制和细节流程依然处于"知其然，不知其所以然"的状态。但是，我们至少知道：虽然费洛蒙会让我们自然地对异性有兴趣，"情不自禁"是很恰当的形容，而我们不会随时公然扑上去就地野合，是因为我们的脑里也有着另一套软体，它不仅让我们"意识"到当时的环境，而且它也让我们"知道"做与不做的选择在哪里。这软体强加了一条禁忌给你：只准在房里或有隐私的地方做爱；这规矩打从何时何地来的已无关紧要，要紧的是，它促使你在接收到费洛蒙分子的时候，引起的不单是性欲，更多的是爱恋的感觉，满脑子想的是情爱的表达。我们祖先与猩猩分家，不过 500 万年历史，这也就是从有"意识"、有"知识"发展到有情、有理、有文化的历史。

我们无从判断原人时代是否已经有家庭的雏形存在，但光凭幼稚期增长，人类为了后代存续所必需做出的牺牲，不可能女性单方面承担，从怀孕到婴儿成长出巢，十几年哪，没有一个可靠的汉子赖一赖哪行？如果是猿猴，随时冲出个老大之外的莽汉，从背后抱住就搞一下，连谁都没闹清楚，就怀上野种，反正是老大的族群，都吃定老大罢了。所以，原人从肉体上、情感上都渐渐演化成面对面做爱了，男人想偷吃，难，女人要你对号入座，认得清清楚楚！是谁的种，得负责，得照应、维护本姑娘，得一起育后，小孩的基因你也有份！演化这样的生存方式，又要靠工具，又要靠社群，又要黏靠一两个人，甚至搞几个小圈圈，脑袋瓜里不开发出理性、情性，行吗？人类走上"家庭制度"这条路，也可以说是演化的必然结果吧。

　　自然演化而成的人脑运作方式，很难界定什么是"纯情"的，或"纯理"的。也许科学推理算是纯理的，但都难说。比如，婴儿吸奶，母体会因之产生快感，男人则对女人的乳房更有性感上的依恋；所有这些"心理"模式，无非在"情性"模式下，首先加强了母、子之间的互相依偎，而母亲对婴儿的依恋只会使婴儿的生存更有保障，母体 1/2 的基因也因之更能存续。另外，男女之间的情趣，也并非全然无辜：乳房之作为性感的象征之一，不能排除男性对散布他的基因的存活率的"自然选择"，显然，丰满的乳房对保障他 1/2 基因的后代的生存有利！"情"犹如此，"理"何以堪?！当代隆胸丰臀手术，以做假来满足生物本能的吸引，这和一些植物的花朵以色、香来诱惑蜂、蝶为之传粉，完全有异曲同工之妙，因为，那些用 DNA、氨基酸等生化材料写成的天然软体，不但材质近似，它的基本逻辑也是一样滴！不然，植物又怎么去色诱动物？这生命大千世界里真真假假的情与理，就愈加说不清了。

　　人类的生存方式——集群，使"人性"的定义必须从群性说起，也就是必须从群体所需的沟通说起。"人性"和"蚁性"的不同在于：蚁、蜂等群体，它们的"通"的格式早已在基因码内订完，它们别无选择。哺乳类的群体，面对基因码的程式，可以自我调控、选择的范围相当大。因为我们的群性、共通性，需要传达、接收彼此的善意，以提高"人"的认同及团队意识，这些情意的产生、维持和发散，从来就是"沟通"的根本问题，误会的时候常常也就是麻烦或族群破坏开始发生的时候。我们的脑袋瓜绝没少花时间、能量、心思在"沟通"上，我们天生便冀求与别人相"通"！大自然让人类走过灵长目千万年数量级的演化，才在这过程中武装好智人：不仅察觉自我，开启意识，善于表达，而且可以跨越世代地去累积知识与情感。集成在我们身上的功力，有硬体的：手能捏、眼能哭、嘴会笑、喉会说。脑中自成一套超级的生化式电脑网络，能思、善感、强记，装备许多软件包：技艺、语言、音乐、美术、数理、制度，等等。有感情、有理智，硬软功兼备，标志着人类业已成为另一个崭新的物种。

人脑变大的过程中，一定同时累积了不少的"悟"境。每一道基因本能被克服，每一个情意或智慧被沟通，每一个工具、技巧或表达被学会，都一定在个别的人脑里造成一波又一波的感悟与震撼，形成越来越细密、巧妙的情、理软体。每个感悟集成起来，各种情绪综合成自我的好恶，"人"的决定便有"选择"性了。情、理的复杂交织要靠许多对情境的记忆，类似"一遭被蛇咬，十年怕井绳"或"曾经沧海难为水，除却巫山不是云"的事，这是人脑日常演练的功课，一连串的化学和生理反应被深刻地录制在脑海里，使人们似乎身不由己随之喜怒哀乐，个性化的情性、理性便这样在每个人的生活中，越发成为"你自己"。

人祖一定没少遇到同群或别群的人被虎、豹、鹰、蛇等咬死、吃掉的事，碰到那种场面，害怕、肾上腺素分泌激增、心跳加速是本能的反应，各自落荒四散是自然的。什么时候开始，人祖才集体呼叫、丢石头去驱赶猛兽，拯救被袭击的同伴或同类呢？这可能是发生在人祖具备"我"识之前的事，无法论据。但人祖在恐惧中团结集体去拯救遇难的同伴或同类之外，何时开始有了怜悯心或同情心呢？我们当然也不知道。表达这种复杂的情所需的硬、软体，例如哭泣、皱眉头、眼神等等，断然不是人、猿分支时就存在的差别，甚至恐怕也不是分支之后100万年就可以造就的事。

　　人们必须怀着十分感激的心情来看待人祖在演化途中的每一个悟境的开门、每一个心情或智慧的开发，我们的大脑传承了千万年来情、理的集成，才演化出现在这些得以互相学习、感染氛围的人类。在第一具被猛兽咬死或老死或不幸意外摔死的人体被其他人埋葬之前，可能人祖便早已能从自身的经验去设想别人的处境了，比如，自己受伤疼痛过，看到、听到他人受伤，便立刻如同身受，"同其情"。葬死吊故，不管留下来的记录是50万年前或200万年前的，必定存在人祖对生死关的悟知。从逻辑来看，演化的规律使人祖朝向发展大脑与情、理的路，早期人祖对事物的认知和情绪，应该是一起悟知、一起驱动的。甚至，情性的开发在人类演化的前期还更重要、更接近生存本能，我们就是需要有那么多的感动、同情、冒险与好奇的冲动，而且表达给其他人、了解其他人，才能学会为"人"。推理能力作为积累生存知识的软体，从未间断过伴随着情性一起演练。

　　感情与理智"复杂"，是因为它们几乎有无限多个平衡状态，同时也有无限多个不平衡状态，不然，也就不会有"神经病"或精神科大夫的存在了，这是个典型的"动态"平衡的事例。人性的开发，是随着每个人所处的周遭环境与他自身的状态，在尝试与学习中找到一些约略的规律，才逐渐"定型"的。每个人的情性和理性，都免不了

155

代表他自己的经历和基因的特征；每个人都不一样，又那样的类似。所以说：情理的学习、挣扎与平衡决定你的思想，思想决定你的行为，行为造就你的性格，而性格就成为你的命运。因为，追溯根源，是你的思想和意志，这些情与理的作用，精神状态，使你在抉择的时候，作出面对、逃避、追逐、奋争等等的决定，并由此而成为今日你之所以为"你"。

玄吗？才不玄，当你不知道它怎么运作的时候，生命是场宿命，当你知道而激扬意志、尝试按自己的情境去与周遭人、事、物"通""达"的时候，生命多少像是场选择了。即使是人们最喜欢讴歌的爱情或事业，好比近代日本维新时期的歌谣这样唱道："爱你不爱你，多么的不同；要命不要命，那样的不同"，人心是可以那样地自我择定的！这当然是形容一个极致的状态，而每个人甚至社会集体的行为模式，竟然可以如斯驱动，绝对是"人"所才有的现象。

当代基因心理学家，用基因的"当量"（与自己基因相当的量）来形容自然演化的逻辑：亲代面对单一子代危急的时候，他的"爱"与"理"会面临煎熬，因为他若舍身救子，基因账不划算，损失 1 而争回 1/2；但若同时有 2 个子代危急，几乎大多数人都会奋不顾身赴死救子，因为损失 1 而争回等于 1 的自己的基因。同理类推，一个人与兄弟及堂、表兄弟或侄、甥辈一起去狩猎，当险境中的亲戚们的数量大到一个程度的时候，由于兄弟和子代的基因当量是相当的，都是 1/2，而堂、表兄弟则是 1/4 等等，只要基因账划算，很容易下意识地表现出舍己而救"大我"的爱。而男女之情，若主要在于共同育后的时候，维护子代基因账是通常的抉择；若不涉及子代，"大难来时各自飞"纯属人之常情，不然便是可歌可泣的爱情故事了。推广到一个部落、族群，团体内每个人之间都有 1/2 乃至百万分之一、千万分之一的基因关系，同胞爱在焉，所以家族、村落、部族、国家的械斗或战争，大不乏前仆后继的人在。这，也是"人性"的一部分。情爱，也有道"理"呢。

当然，人性也发展出奇特的、不那么要本能取舍、似乎无关乎直接的生存或延续的部分，姑且说是"纯粹"的情或理的追求，比如，艺术、文学、数理、科学等等。今日还能找得到的考古证物里，尼安德塔人在两三万年前便在欧洲大地留下不少震撼人心的小饰品和大岩壁画，无论自娱或娱人，这些巧思都是"人"智慧的表显，意义大了，岂止"美"术这件事而已。

万年以来，历代都有不少相当超越的人存在，音乐家、画家、文学家、科学家等等，把"美"与"理"落实成智人日常生活之不可或缺，他们的感与悟都是情理深入的极致，感动着、影响着全部人类。其中，一整代德裔音乐家的造诣，在交响乐、奏鸣曲方面确实做到前无古人、后无来者，使人类学家扪心自问：是不是他们代表着人脑的极限已然到达？今日社会奖励音乐家的程度（名与利）并不比当年逊色，但显然大规模乐章的创作似已无可能再超越贝多芬、莫扎特等大师，更多的是当代的流行小曲、歌星、明星了。人，作为生物，固然一定存在着极限，承载着硬体与软体之间的相互影响；然而，历代科学家们以纯"理"方物，不但证明"理"可以在人类中传承，还可以确切交流与积分，使我们在短短 5000 年内，就从农业社会发展成信息社会，并进入太空、深海，目前似乎还看不到这个可以在时间与空间上都集成、积分众人之智的超级软体的极限。

孙悟空戴上金箍咒才会人模人样

人的现象，该怎么总结呢？

"人"，肯定是因为他的大脑袋瓜，和他发明的工具，演化成材，变成最顶尖的掠食动物——"人"的。我们的脑袋瓜，CPU 的利用率，真的是主要用在工具的开发和使用吗？工具的开发和使用真的是那么难，需要用到我们整个大脑袋瓜吗？答案当然"不是"！真正令我们的脑袋瓜头疼的，更多的是来自我们的喜怒哀乐爱恨、思维推理、沟通表达。我们脑袋瓜 CPU 花在整理自己思绪、花在揣摸别人心思和吸引别人注意、花在表达自己、花在同他人的沟通，这些占用的时间和利用率，远远过于其他事物。我们的脑袋瓜，真的是颗很人性的脑袋瓜，它承载着人类演化出情与理的硬、软件总系统集成，它有很多配套装备：最早时是好使的拇指、能言善唱的喉咙，后来是哭笑自如的脸面、传情的眼睛。整个系统，更多地就是为了集合"人"众、与"人"共事。

因为，人、猿生存方式的主要分支，拾猎与采食，使"智人"先祖不仅依赖工具的制造，而且更依赖社群的组织，才得胆敢尾随掠食动物，先是分吃它们的残羹剩屑，后来甚至可以跟狼群一样，掠夺它们的猎获。人群的演化动力，便是比狼更有组织、更有计划、更能沟通、更能打有把握的仗，并且在没肉吃的时候，还照样可以挖根采果为生。以致终于发展成一个相当复杂的群体生活方式，用情感和理智来维系家庭、社会、组织，来传承学习、开发工具，一起围猎、网渔、用火、熟食、农耕、养生、送死。生活，生存，繁衍，都是一起做的。人类沟通、协调、计划的功力远远超越任何其他集群动物。演化这等功力的硬体，主要表现于脑袋瓜，而具体的软体表现，便是情性和理性。

可以说，自 500 万年人祖以来，情感与理智，我们无时无刻不使用它们，开发它们。我们的思绪、行为被它们影响，而我们又号称是它们的主人。健康的人的理性会犯错，情性更易钻牛角尖、犯精神病；大脑生病或生理失调的神经病人就更容易思想混乱、幻觉丛生。无论每个人怎么评"美""丑""善""恶"，我们还真依赖这身硬、软体，来凸显我们是怎样的"人"。

作为大自然演化的产物，生存的几率使最古早的单细胞演化出植物、动物，它们从海里登陆，草本的分支出乔木，动物分支出哺乳类，直到有灵长目和之后的猿、人分支，而这分支的具体证据是个装着脑袋的大头壳，当然，还有大拇指和直立的脊、脚骨架，更少不了语言、工具、图画、音乐、文字等等。肯定，大脑是人变成"人"的具体象征。人有大脑，又有情感和理智；"心智"与脑，分不开呢。自己的脑袋，只有自己知道、明白自己的感、思，独一无二。

在人的现象，人性的氛围中，一切感动与悟知都是自我的，所谓"人心隔肚皮"，别人实在不可能确切"知道"你的所感、所思、所知。感情如此，理智也如此。现代科学以数学和物理模型来沟通理性世界，人类这才有工具把知识建立在等同的、共同的、可以确切沟通的范畴内，初步实现知识领域的"大同"，至少在知识领域内，大家是可以精准地描绘与沟通各自的"知道"。

除此之外，在更基本的情性世界里，美感啦、爱恋啦，以及喜怒哀乐背后所代表的文化与习性，则有以全部人类共通而形成的大公约数的，也有以小群体国家或社会形成的小公约数的，更有每个人独特的、隐私的、不足为外人道的展现，常常连自己都莫名其妙、身不由己。小到两个人之间的感情，大到两个民族之间的亲和，沟通的鸿沟往往只能用"深渊"来形容。幸好，鸿沟永远是可以跨越的，原因也依然因为有个可以感动与悟知、被感动与被悟知的"我"。"我"可以明白，也可以糊涂，甚至还可以装糊涂，就看一大堆的"我"是在哪种境界。无怪乎最"人性"的美德是还原到从自我出发，推己及人，并首先从"己所不欲，勿施于人"想起、做起。

这样来理解人性、情与理，近乎"智慧"了。

人类从拾猎生存进入養养、耕种的文化生活以来，各部落、民族神话和历史里说的、写的关于激情、深情、发明、技术的故事多到不可胜数。在表达情与理上，"他山之石，可以攻玉"，看别人的故事，正好为自己的心找到一处桥梁来跨越那个"我"与"非我"的深渊。无论什么时候，每当你处人处事感到"与我心有戚戚焉"的时候，就是你最具备人性的时候；每当你格物致知感到"豁然贯通"的时候，就是你最具备人性的时候。人性，是拿来"通"的。

人类整个情性和理性的开发与演化，当然没有超出基因的功能范畴。和其他生物不同的是，"人"会作出反应的菜单里，绝不仅仅针对大自然"环境"的物理、化学信号而已。人群中的其他人，特别是日常接触的人们、近支血缘亲戚，也在人类基因本能要接收的信号之列。必须集体生活才能生存的人类，演化出沟通、学习所必需的情性与理性来"通"其他的"人"，所以，人的"自由度"，当然不是绝对的，是必须与他人"通"的。所有的"自由"都有代价，就是承担"责任"。人的价值观，从来就没有绝对的标准。"人性"既有强烈的群性，又有鲜明的个性，情与理便是拿来平衡、统合这些矛盾的。正因情、理无价且无常，尊重别人、谦和，便永远是美德（这样，信号接收面才广泛）；洞见、学习、自我改善，则永远是情与理最好的运用（这样，自己与别人便都一起存活了）。

　　人群是面镜子，只有它才能映射出"我"乃何"人"！

　　因为"我"是自己的脑袋瓜在比较众多的"你"与"他"之后，从那么多又同又不同的差别之中，才认知到的。今天的世界，信息时代了，通过人类自己的用心、用力，资讯已经方便到全球几乎等同一家，我们要打破的偏见、要学习或了解的人事物就更多了……

四 大历史：不必再走冤枉路了

　　我们人类，大约1万年之前开始了定居的耕种农业，大约5000年前开始了文字记录，渐次开发了更有组织的硬软件系统、科技文明与社会文化。而比较清楚、一贯的历史记录——"信史"，也就大约那么3000年。既然是人写的，当然是反映写的人想讲的、想让别人知道的事，跟现在世界各地的报刊编辑一样，各说各话，或宣扬或广告，各有侧重，非常人性化。不过，各地先民留下来的文史资料还不少，留下来的东西物证更多，从前的他们之间根本不可能"合谋串供"，全都拿来翻一翻、看一看，就足够让我们整理出大历史的真实轮廓了。

　　信史之前的记录，文字有限，主要看物证。
　　信史之后的记录，文字较多，物证之外，更要比较各地的记载。
　　这样，就相对可以更确切知道，我们到底是怎么个过程才走到今天……

温带人祖发明的定居农业

1 万年前的经济高科技

现在还能找得着的考古证据显示，1 万年之前，大致沿北纬 30 度线上下地带，得利于温带气候的季风和雨水，人类的农业文明已经散发在现今伊拉克的两河流域和中国的长江流域，其中最重要的技术便是驯化了草本植物的种子作为谷类粮食，种在河边，从此让当时的人进入吃米麦、烧陶器，并搭屋定居的农业时代。人们在两河流域发现碳化的麦种有 1 万年之久，在中国浙、赣地区也发现过 1 万年之久的碳化米粒，另外，7000 年之前的麦印或碳化米粒则在印度北部与中国河姆渡都出土过。所有这些碳化的谷种，都盛在当时人类制作的陶器里。人类先民开始用火、熟食之后，一定不约而同地发现，湿泥巴烧硬了便可以做成器皿来装东西，所以，陶器的发明一定不止万年之前。全球有 6000 年以上历史的 "精美" 陶器所在相当多，而谷粮是要有东西盛着煮来吃的。各地陶器的制作、工艺、形式，白陶、黑陶、彩陶，绳纹、刻纹什么的，也就成为各地区人类农业文明的重要佐证，而且花样也差不多，美感表达、装扮不一样而已。

从人性的角度来看，1 万年前大多数的人类群落仍处于住洞穴、采食果根与渔猎的阶段，农业的形成一定是当时的尖端科技。定居下来的人很快便学会了圈养驯化动物，牛、羊、猪、狗等等，因为人的本能需要补充荤类蛋白质。中国人的 "家" 字，便很形象地表明，定居的那个窝，就是搭个棚顶，下面也养了猪的地方！我们可以想象，当流浪的采食群落第一次看见其他人住的村落时的惊骇情景，那一定比刘姥姥进大观园还要兴奋，跟一辈子骑马的牛仔第一次看到火箭升空差不多吧？他一定不禁自问："原来还可以这样子过活？"

耕种与畜牧的农业作为先进的生产力，让人类固定生活在更小的活动范围内，并且又能养活更多的人口，一直风光到公元 18 世纪。但农业依赖水源、土壤和气候，同时也依赖人力。除了气候之外，水、土、人，都变成了农业群落之间所竞争的资源，更能占有这些资源的群落就变得愈加壮大。我们只要设想，用两只脚来走路、采拾狩猎的群落，十几、100 人不嫌少，但群落太大了就反而不利于生存，因为全靠自然资源来养家糊口就得不小的土地活动范围。后来，欧亚大草原上的部落演变成主要靠游牧自己蓄养的牲口过活了，集中上 1 万人的部落，摊开这些人口所需的草地面积比起养活同样人口的种地面积，仍然大得多。

也跟所有先进科技一样，生活型态改变成农业的影响，对人类本身的演化造成巨大冲击。1 万年之前的人类，每股群落的人口都大不到哪里去，每繁衍到一定程度，自然便得分支扩散出去，每股人群都得找个新的地盘去生息繁衍，这同其他掠食动物的本能差不太多。而采拾狩猎的谋生方式，对小群落的人祖来说，男性的天职是去渔猎，力气大的人得负责去找蛋白质食物回来；女性则要照顾儿童、老人，就在宿营的周遭采果实、挖根茎。不过，儿童的成长是粘妈妈的，小孩的文化，主要靠妈妈的启蒙和教育；感情上，人从小就依恋妈妈，妈妈的影响天生就大。虽然无法考据当年男女平等的情况，但从物种延续其基因的本能来看，这时期，女权甚至还高涨些。原始社会里的母系情结，在各地人类的早期神话故事里反映无余：如果仔细把人类所有神话都列成表，我们会发现，古早神话中的女神们，无论在数量和威力上都占优势。

一旦形成农业，生存的条件顿时改变。虽然仍是靠天吃饭，人脑的刺激却大大增加。拾猎时期，大脑用来记忆狩猎的地形、兽类的习性和自己的技巧，至于狩猎的战术、谋略，得靠经验老手或聪明一点的人来组织一下。农业定居时期，大脑使用的程度可像敞开了的窍门，首先对季节的掌握，就得总结许多经验数据，找出旱涝与气候变化、江湖水位等的关联，光为了记录与传承的需要，就得在语言之外逼出"文字"这套符号系统来。同时，最早真正意义上的分工也很快出现，驯化种子、家畜与配种本身，得有专人从事，以便掌握 know-how（幸好那时没有所谓的"专利"），为了季节时序的掌握，更得有专人观察天象、星宿，以定四时并与天象规律联结成历法，水力与地力就不用说了，还是得有专人去试验、归纳、设计并管理、实施。农业，促使人祖必须深度开发人脑的计算、丈量、规划、组织等能力，同时，更少不了"体制"与"管理"，因为事情做得好不好，全看人组织得好不好，而人群是一大堆个人、个性集合成的。管理，从此成为生存的关键。

这时，反正哺养儿女本来就占据了女性大部分的时间和力气，生育本身更天生用不着男性，男性又不用经常出去行险狩猎，于是，赋闲下来的男性正好发挥从猿变人所积累下来的肉食性侵略和组织本能，虽然也得贴上霸力转去干粗活，很快便夺了女权而形成男权为主的人类社会形态。所有这些事，当然不会在一夜之间发生，但人祖很快就有了一套套的文字、天文、历法、水利工程、家畜、家禽与谷类作物，以及部落、城市、国家的雏形。

1万年前那时，孤立在隔绝的美洲大陆的人必定已经向南繁衍到一个程度了，他们有许多群落在沿太平洋岸的河口处找到一条便捷的生存之道，在水边打鱼、吃蚌贝之类，当然也行猎，在大地上打猎是进入美洲之前就已熟悉了的谋生法门。在太平洋沿岸河口发现的遗迹都有大量贝壳，跟现在发现的非、亚、欧各地人类早期遗址都有许多贝冢一样，作为食物，这些都是人祖的蛋白质来源。在中国河姆渡、良渚、马家浜等地的遗迹，只要人祖住得靠近沼泽、海边，大量贝壳化石的遗迹就非常明显。人祖们的智力，一定非常接近，对生存的解决，方法也大同小异。北美洲对人祖而言，由于一离开太平洋沿岸便进入广大而稍干旱的平原，采拾渔猎在宽阔无人的空间里，资源丰富到不必改变人们的生活方式，所以，直到这批人祖扩散到中、南美洲，进入较湿润的林、沼地带了，水源与气候合适，这才自然地发展出农业来，比近东的两河流域或中国的长江流域大约晚5000年。美洲人祖种的是驯化了的玉蜀黍和马铃薯。比较近东、亚洲和美洲的农业启蒙，美洲的高地农业是特例，亚洲的中、印和近东都是在低湿地带开始了农业。共同点是，一旦发迹，农业作为尖端科技，很快便席卷当时所有可及的人类群落。

欧、亚的农业开端，虽然比美洲早许多年，但人类对空间的利用模式仍然是一样的。人祖们在把广大空地繁衍、占满之前，惯性（或惰性）仍然使他们尽可能以采拾渔猎维生，这件事告诉我们，生存竞争，才促使所有生物演变。基本上，人、猿分支之后的500万年，大自然（包括它的间冰期）做的事，便是让人祖们自由地在地表空间里扩散，那时期的竞争对象是大型野兽，人祖的利器是石头工具和大脑，直到人类群落满布大地到非为族群生存而互相竞争不可了，这时，人脑更派上用场了。显然，对采拾渔猎的最原始生存型态来说，下一个能找到的解就是农业。农业，基本上，也就是把根、果的采拾固定化在田园里，把渔猎固定在蓄养场或池塘里，人祖们对有限空间的利用，动的脑筋和点子，有志一同呢。而每个地区的农业，都伴随着文字、天文、历法、驯种等的技术大爆发，以及各式各样的部落、国家、男性宗法、祭师当道等的社会大变革。欧、亚、非与美洲之间，居然也如出一辙！几乎一刹那间（其实也就是 5000 年的时段内），人类连草原的游牧生活都是赶的自己驯养的家畜，不过是把渔猎固定在个放大的地盘里，不用自己去种草罢了。而全球农业社会的式微，则是同时被 18 世纪发端的另一个人类技术革命引发。

定居是有先决条件的：土地能种出收成，足以让群落温饱生存，但需要时间去经营，人类自然才会选择定居下来。一旦定居，意味着占有土地、房舍，收成也需要有明确的归属。此外，谁来养活专搞智力活动的那些天相师、水利师、组织管理者？同一条河流的水源和收成食物的分配等等，都成为人祖初期社会的新课题。从第一批野生稻、麦的谷粒被割下来煮熟充饥，到在河边有意识地种下种子、过一段时间去收成，一路积累经验传承下去，到真正意义的农业开端，当然是很长的一段时间。所有跟农业配套的那些驯种、犁头、历法、水利灌溉与社会所有制、群落管理和组织体制都是慢慢演化成形的。

这同 18 世纪之后所有的农业社会要转型为工商社会是类似的情况：使用尖端科技的产品很容易，要量产尖端科技产品则比较困难，因为 know-how 的背后得有个配套的基础。但，早期人类知识落后，生活简单，软体包袱少，各群落接受、学习作为新科技的农业，比较迅速。由于没有后来的人为的"专利"门槛，人祖们的农业技术传播得相当快。农业收成促进人类繁衍旺盛，群落人数大到成为部落，对保障农业这个技术所作的分工，对农业资源的获得与分配，促使那时期的人祖开发出农业 know-how 背后所需的配套软体：文明科技化、资源私有化、社会组织化，一个真正意义上的社会、国家就出现了，就此一路走到今天。

当时，生活安定引起人丁兴旺，聚居与婚嫁的需要促使血缘的标示成为必需，以避免近亲通婚，结果，女性由于必须花费大量精力、时间来保障后代的生育，大概没有经过什么激烈的抗争，便让男性占了便宜，同意以男人来标示血缘关系，也一路走到今天，使绝大部分人类都纳入男性的宗法体系。男性宗法制，或许也是暴力下定的型，那时出于管理与组织的需要，人性里头的贪婪、地盘与权势本能，一定被激发到极致，猿猴群落独一男主的更早的先祖记忆又被发挥出来，从此一个强霸男性为主的管理体系出现，部落、国家、社会都为此蒙上重重的阳刚色调，也一路至今。

概略地说，人祖的这些体制，应已成形达八九千年以上，在中国、近东各地的考古发现过那个时代的有组织的大型村落或城市遗址，没有人可以设想集中那么多人在一小块地区上生息而可以没有规矩、制度、管理的。"无政府"状态等同于"混乱"状态，危害更大，绝对是那时就流传下来的经验，人们才会对霸权政府产生隐忍姑息的态度。对于跟农业科技配套的社会演变，私有制、男权、国家（或部落）等等，大概很快就成形，不然也不会有八九千年的大型聚落遗址出土，到四五千年前，各地便出现国家与朝代了。

比较好玩的是，在农业高度精致化的地方，一小块地方就可以人口爆发，比如中、印。仅仅为了血缘标示，父母双边的亲戚都得详加命名，以理清甥舅、叔侄、堂表等血缘亲疏关系，维持若干等亲之内不得通婚混血的禁忌。这做法比早期的埃及彻底，早期埃及有不少法老统治者是同父异母的兄妹或姐弟通婚的，只为了维持血统"纯正"，4000 年之前要是有"媒体"的话，当时的埃及法老王朝一定可以经常成为亚洲当年最热门的八卦新闻。

自从埃及第一个王朝国家建立以来，5000 来年吧，人类治理农业国家的经验集中在几个方面。这里头欧、亚、非、美各洲的共同之处，可以说完全一样：历法、算数不用说了，星象的观测是为了定季节，以便统合天文现象和气象周期的关联性，来指导翻土、播种等农业程序，算数，尤其是几何的发明与运用，直接关系到土地丈量和水利工程，这些都是农业技术所必需的突破。无论是古早的埃及，还是三四千年前的中国、希腊，或两三千年前的美洲奥尔美克、玛雅、安第斯王朝，在这方面都各自有了不起的成就。其次，就是出现了城池、文字与符号。

人类演化的共同点，从国家、王朝的历史起点来看，一个是巫师（祭师）政治，一个是城池偏爱。

大拜拜里出"文化"

农业开端时，人类早已有过多少万年的母系群落，巫师、巫婆、原始宗教也早已存在，那是农业科技萌芽之时，人类的一点文化老本。男系夺权，当然也必须经过"宗教""鬼神"的合理化，长期教化人们，制度才能形成。人类社会早期的国家形成，几乎一定是个政教合一的怪胎，当然是有原因的：软体延续、文化传承。

原来的巫，宗教"专业人士"，观天象、量地理什么的，可以是真有点本事的人，也可以是尸位素餐的人，但是这些人有个绝活，便是有"文化"，因为文字多半就是他们造出来，以便记载并计算。就当时的社会情况而言，这些文字符号的意思，也就这批人能看得懂，所以，他们也就成为统治阶层的教师或成员。这招绝活只要教会自己的子弟昆仲，并且只传自己人，干劳力活的人就只好世世代代因为没文化而做被管理的人。当年这批专业分工的人士，不管真假，装神弄鬼一番也是必需的，以当时人类的知识，不搞鬼神崇拜，怎么去理解世上那么多的疑问呢？何况，炮制鬼神出来后，他们作为人与神界的唯一媒介，不用申请专利便可以坐收专利费，这活太好干了。人类心智与知识在这阶段，还未开发到今天的地步，这就注定，文明早期的埃及、波斯、希腊、罗马、印度、中国以及美洲的玛雅、安第斯，没有一个能跳出政教合一的治理模式，甚至晚近到几百年前的东南亚丛林、今日的亚马逊雨林深处也一样。跟地方、族群、时间完全无关，倒是跟人群的生计有关。

只要是有组织的文明，即使是游牧社会，文明早期一定"政教合一"。

早期的国家统治阶层，大概是最早意识到"文化"决定人类命运的人。最早的中国象形文字显示，"巫"与"史"在中国王朝里是同一类型的人，祭祀与记录历史，都是有文化人的工作。而把统治者神化，几乎是早期全人类的通性。古埃及法老王国从 5000 年前直到 2000 年前覆灭，法老都被当成神，早期法老与他的祭师们还不时改换一下主神的调调（这也许是法老王为限制祭师而假藉神权来谋取私利的权宜之计）。日本原始的政教合一、帝王神权化，则直到现在还勉强为之。另外，800 年前的柬埔寨王朝，一度使吴哥窟成为当年全球最大的城市之一，他们也奉行帝王为神的政教合一。中国则自从 4000 年前的夏、商王朝以来，人、鬼分治就已经慢慢形成政策了，从这个角度讲，中国倒算是思想挺先进的。中国的"史"在 3000 年前就已经演变为专司历史记录的史官，后来也演变出可以谏言的、司监察的御史。"巫"则事权缩小，聊备祭祀之职，很快就几乎消失在以人为本的中国政治舞台上。相比之下，早期的玛雅、安第斯文明的祭祀显得更血淋淋，国王或酋长扮演着介于神格化和主祭师之间的角色。

人类早期的"科学"活动、大型的"群众"运动，以及音乐、艺术等，鲜少不与祭祀相关的。当年各自隔绝的几个文明开端都一起衍生出大型宗教、鬼神、祖先崇拜、祭师等文化的现象，只能说明"人性相通"这个事实。实际上，"人"只是有机物质和情、理软体的结合体，食、色与好奇，皆人之本能，管理人群，必须也有一套软体机制，另于分配食、规范色之外，满足人群的情性与理性。从今天的知识面来看，当年人祖的知识还相当匮乏，能想到用"鬼神"来解一切不解之谜、用"命运"来搪塞一切自然几率的疑问，这可是非常了不起的智慧！何况当年的"巫"、"祭师"等等，他们也承担医、工、史、乐师之类的角色，非、欧、亚、美、澳的人祖们，全都一样，可以说，像是同一个炉子烧出来的味道。真是同质又同源的演化。

甚至，"来生"的观念，各地人祖们也一体奉行，管你埃及、中国、希腊、印度、罗马、玛雅、安第斯……都相对地厚葬统治阶层（三四千年之前，甚至包括以人殉葬），陪以"重器"（幸好有这好东西陪葬的"恶习"，今人至少可以从墓葬里窥视各地人祖们的生活与技术实况)。凡此种种类似，在邻近地区之间，或许是思想、技艺的传播效应，放大到美、澳洲一起来检视，就只能说"宗教"、"来生"等等，要么是 10 万年以来，古人祖早有此意想而分别传承下来的发酵，要么便是人类演化到农业技术时代的一个自然会发生的解。

当代英国大儒，历史学家汤恩比认为，"轮回"观念，也许是欧亚草原游牧民族的原始宗教观（萨满信仰），于 3000 年前左右经由草原部族的迁徙而传入近东、印度与中国的，因为就在那个时段，近东、印度、中国几乎都有"蛮族入侵"的记载。如果真的是那样，则欧亚大草原的人祖们的信仰倒值得玩味。血缘上，这批人祖至少是美洲人祖与欧洲、东亚人祖直接的祖亲，他们的信仰雏形有可能是人类三四万年前（或更早）便已经意想到的了。各地人祖宗教的雷同思路大概说明了，在区域隔绝发生之前，天堂、地狱、来生、轮回等意念便已经在更早的万年前先祖脑袋中了。另外，就宗教崇拜的对象而言，欧亚草原上的萨满教是个原始宗教，拜天、拜地、拜日月、拜万物，是个"万物有灵"的思想。这思想在人类进入农业社会后，很自然地变成侧重日神、月神、农神等可以"帮助"人类生存的神灵，埃及、希腊、罗马、印度、中国、玛雅、安第斯各地人祖可以为他们信仰的神取自己想用的名字，但本质完全一样，比如，太阳神在哪儿都很厉害，所有人类都体认到大自然中太阳对植物生长的重要而加以崇拜。所以，当今人类同源的真实性，即便在早期的信仰模式中也反映出来。

当 50 万年前，人祖开始埋葬死者时，他们在想什么呢？在领悟生死关之后，人祖们对许多生活上不能掌握的、随机发生的事，对自然现象（例如闪电、刮风等）的疑问，他们怎么随着经验找个解释呢？信仰，从来便是人类心灵的慰藉，理性尚不能解的，就让情性去解。显然，在文字发明之前，一定早已有很多口传下来的故事或解释。宗教，不过是仪式化的、制度化的信仰。创办或执行的人，祭师，也就是人，一样要为本能需求的食、色、好奇找到解决方案，作为众人精神的鸦片也好、终极的慰藉也好，祭师们在历史上确实起到过人们心灵导师的作用。"巫"、"史"、"祭师"不过是更早期群落里，那个传解故事的"智慧老人"的角色吧。事实上，各地人祖，从近东到美洲，祭师们都同时扮演"文化人"的角色，他们不但为历史事件作记录，也是工程设计者、项目组织者，也是天生的教师，传播学问或信仰，也是医生（虽然也用药，多半是加强当时人的心理治疗），也是科技开发者（中国早期道家炼丹药，便是人类最早的一批化学师，居然在 2000 年前便知道有"养气"，氧），而埃及在四五千年前便由祭师们协助组建大型金字塔了。

总之，自从人祖开发、采用农业为生技之后，一系列文明的展开，都大致走上国家与城池的资源私有化、政治与宗教的威权阶级化道路。而文化、文明则凭借农业生产力的"大跃进"，在全球各地大放异彩。四五千年前，人类才开发了文字，尽管各地人祖使用不同的文字符号，但到 2500 年前（正负 100 年左右）居然各地人祖同时涌现出几位出类拔萃的智者，伊朗（波斯）的索理亚斯德、印度的佛陀、中国的老子与孔子是其中翘楚，他们不约而同地开示：人类心中有个超越的理想状态（"灵"、"佛"、"德"界），并且是"自我"可以衔接或完成的（"升天"、"渡"或"涅槃"以及"完人"境）。至今，全球半数以上的人类直接受到佛陀与孔子的影响，索理亚斯德的思想则影响到犹太教的一神崇拜，而耶稣和穆罕默德、耶稣教与伊斯兰教这些一神教对世界的影响，就不用提也知道的了。

神道设教，政教合一，1万年来到今天依然屡见不鲜。虽然科学已臻昌明境地，然而，人性的软体显然不是朝夕可以刷新的，10万年或更古早以来找个便捷的解的习性，也不会因为科学理性伸张而就此放弃，当然，当今人类的知识与理智也尚未能达到解答一切疑问的化境。但，宗教信仰之为激情活动，以补理性之不足，甚至，宗教行为促长了文明的开端，却是无疑义的事。从埃及到中国到美洲，涵盖的空间与时间对人一生来说，都算得上是巨大的数量级，人祖们却都同样地在他们所居处的地方，藉宗教仪式展示出非凡的艺术行为，建筑、雕刻、图画、诗歌、音乐、文学等等，几乎美的、好的艺术成就，大半与宗教相关，历数千年不衰！情性，在信仰中得到激扬奋发的机会，这应该是早期人类热爱宗教的原因吧。

《尚书》所载中国商王朝时期的宗教仪式，全族载歌载舞、饮酒达旦的情景，祭祀用青铜器皿的华贵；印度、玛雅、安第斯庙塔之壮丽；埃及、希腊、罗马神殿之雄伟；等等等等，在在说明人类对信仰的情有独钟。虽然商王朝的覆灭直接和商民的迷信有关（龟甲问卜，几乎到了凡事必卜的地步；商民祭祀聚饮、酗酒而无战斗力，使取而代之的周王朝引以为戒而对周民下达禁酒令"酒诰"），法老王朝因金字塔劳民伤财而损了元气，甚至数千年后野蛮的"十字军东征"更是假宗教之名、行强盗之实，但，宗教生活并未全然让早期人祖白费了他们宝贵的生活资源。毕竟，文字、文明、文化皆由此而益显，更何况，宗教必定让先民们在酷烈的生存竞争之余，获得些许心里的安宁（美洲是唯一的例外，美洲先民的宗教仪式被祭师、武士们弄得挺残忍、挺恐怖的，直到500年前还杀活人牲、挖心献祭）。

国，就是用城墙圈起来的地盘

农业发展开动后，5000 年来，各地的国家与朝代迭相更替，盖庙之外，全人类一体偏爱的另一件事，便是：筑"城池"。这很符合人性，当人类社会变革为私有制时，"占有"的动机越来越热，权力、资源、人畜甚至老婆也变成私有财产。有地盘、资产的人群会担心什么呢？抢、偷、打、杀吧。家都可以造得滴水不漏般紧密，各地统治者忽悠人们建造高墙深水的城池，既安民又炫宝，还防敌，理所当然！何况，造城、筑墓、水利工程等劳民伤财的大型工程，除了确有点实际用途外，让法规上必须服役、纳税的老百姓严格服从，绝对有助于威权的继续统治，至于官商之间的互利，不在话下。

筑城，又是件人类不约而同的全民运动。跟盖庙一样，无论形式上是土城木寨，也无论埃及、希腊、罗马、波斯、印度、中国、美洲，有国家便有城池。把自己围一圈起来，把别人挡在外头，私有制所激发的占有欲，展现到 2200 年前秦始皇统一中国建立秦王朝时，将原有战国时期各国的防御城墙联结起来，筑成万里长城，算是把农业民族的功力展示到极致。

5000 年前的埃及是个大国，上、下尼罗河流域长达一千公里以上，都在一个国家与君王的号令下，但是，埃及周边的近东和地中海诸国却不一样。两河流域形成初步农业技术之后，由于地理和气候的原因，这区域奉行的一直是小国寡民的城邦制：城邦制正好适合资源、腹地都不太大的西亚以至爱琴海诸岛及希腊周边，千把、万把人可以成国，几十万人也可以成国。于是，整个西亚的文明，都表显出城邦特色，从最古早的乌鲁克城邦（5300 年前，今伊拉克境内）到希腊、马其顿……他们的邦国，都无法超越城邦小国寡民的制限，帝国扩张常常就意味着帝国覆灭。自 5000 年前起，到 2300 年前亚历山大帝国止，都如此。环地中海的帆船机动使得西亚文明广为传播（现代西方称之为"希腊文化"，脱亚入欧的政治话语也），其后基本继承衣钵的罗马帝国几乎统一了欧洲，但是，城邦，以城为邦国的体制，早已深深影响着西方的文化。

从世界史的一本流水账上看，在地缘的天然险阻基础上，进入农业生产后的人类国家，各地各国所记载的历史，无非是个帝王将相的互相砍杀史。文明不约而同发了迹的西亚地区的埃及、地中海周边、波斯，南亚的印度，东亚的中国，莫不如此。藉着上下尼罗河的流畅与每年泛滥所带来的沃土，埃及有着巩固对沿尼罗河地区资源的控制的意志，便成为 5000 年前人类的第一个大国。而统合印度至安纳托利亚之间的西亚城邦诸国而组建的第一个大帝国，是 2500 年前的波斯。从埃及到波斯之间的 2500 年，西亚与地中海东南周边涌现过许多国家，例如安纳托利亚西部滨海的古城邦、克里特岛的米诺斯、希腊的迈锡尼与雅典与斯巴达，等等等等。早于希腊的马其顿的亚历山大在 2300 多年前，只依赖几万人的兵力，从希腊一路打到印度河边，留下无数西亚式的城堡和血缘，在今天的伊朗、阿富汗仍然可以感受到文化的印记。

2200 多年前，东亚中华帝国（秦汉）一统了黄河流域的古早中华城邦世界。2000 年前，西亚城邦世界也被罗马帝国统一，那时，南亚（印度大部）和中亚则是印度的贵霜帝国（孔雀王朝以降），波斯地方则是安息帝国的领地。这是 2000 年前左右的世界大势。那时，中美洲奥尔美克文明已经式微，取而代之的玛雅文明已然兴起，南美洲的安第斯文明（种马铃薯的）也方兴未艾。美洲先民们不用别人教，一样也筑城、造庙。无论城邦制，还是什么制，第一，没有攻不下的城池，第二，没有做不大的帝国，问题是可以做多久？关键在人为，而筑城展现的正是前人的规划、设计、组织、执行力；当然，为防御而筑造的城池本身也反映了激烈的人际掠夺。

筑城这件事，着实反映着农业社会以来的人类心态。原先长期的语言和族群的分化，各地的先民本就难以沟通、相互掠夺，国家的建制一开始就有侵略性，兼具攻掠与防御功能，族群内部因权利贪欲而自相残杀、争相为王，只好筑城、画地自限，以求自保。人类在这样一个物质基础说得上是比较安定，而心理上却相当疯狂、混乱的年代中，一晃数千年，难怪2500年前几乎同时在各地涌现一批智者或"先知"，大概那时候的各地区人群已经有足够的生活经验，让有文化的人去深思"意义"这个课题了。由此而衍生了三大思想主流：一个是把原始宗教的万灵观浓缩成一神教信仰（拜火教以及其后的犹太教、伊斯兰教、耶稣教），一个是以轮回的观念来安于今世、劝人为善、果报来生（佛教），另一个则强调"未知生，焉知死"、"已所不欲、勿施于人"、一切从今生今世的自我做起（儒家）。

这些智慧上的开发，或许是对那之前的整个人类农业文明史的反思与反映，应该就是到2500年前为止、已经泡在农业科技与城邦国家之中2000年的人类社会的最大成就吧。

西亚古文明留下许多烙印，3000年来，影响至今：其一是近东腓尼基人（闪米人的一支）的拼音字系统，经埃及、希腊、罗马的使用与发扬光大，成为全人类的宝贝。尽管字符不同，但几乎全人类都体认到拼音文字的好使，最后连中文也得拼音一下。

其二便是城邦制，成为东亚中国之外最广泛的生活方式。小国寡民的城邦，未必需要一个君王，像雅典和早期的罗马便由一帮特权人士（叫做"公民"）来议政掌权（这"公民"，可不是现今"公民"的意义，那时候，"公民"是一伙经由血缘、财富或军功才得入籍的利益团体，基本上，这个城邦就是他们集体拥有的，像个集体所有制）。各城邦在政治上相对独立自主，经济上则必须与众多的其他城邦互通有无，尽管那时人类的技术还在手工作坊的阶段，但各城邦工商贸易影响之深远，使整个中国以西的"西方"世界发展了与"东方"中国截然不同的文化思想。专业化、商业化、法制化，以及城邦或族群相互依赖的共存，最终促成了所谓的"民主"制度。拼音字和城邦制，助长了族群分化，但专业化和商业化的竞争刺激了科学发展，而共存的需要又促进了法治与民主。17世纪之后，科学、法治、民主从萌芽并日趋完善，成为西方文明对人类最大的贡献与影响。不幸，分化和狭隘的一神教义所产生的人际区隔、敌意与歧视心理，同样成为人类最大的罪恶渊薮。

美洲的农业先民似乎没有留下什么可以回味的思想，但他们与自然环境共存的意识，使美洲农业技术在16世纪之后，传遍天下。2500年前的中国则曾经过"百家争鸣"的时期，其中的道家与儒家思想都崇拜天道，成为后来中国人性格的一部分。而同时期遍地城邦的印度，小王公出身的佛陀，把统治阶层原有的婆罗门教义加以推广为平等、慈悲、和平的佛教，一定程度地缓和了本地印度土著（5万年前的人祖的后裔）与外来的印欧裔统治阶层（3000年前才移入的人祖的后裔）的矛盾，最终，印度佛教甚至也还是被印欧裔统治阶层的婆罗门教就地消灭，佛教反而在中国发酵、转型（禅宗），与儒家、道家思想一起成为中国人性格的一部分。

城池与城邦，巫道与宗教，毕竟只是人类文明开发过程中的必经之路而已。没有城墙的"国界"，从来就是个模糊概念，直到第二次世界大战后，才清晰定义出来人为的国界"线"条，宣示占有领土，这之后，才有非常不自然的边界线产生，限制了人们的迁徙自由，国际旅行也才必须带上"护照"。

草原人祖发明的轮子与马：5000 年前的机动高科技

大约在 4 万年前的冰期走陆路进入欧亚大草原的人祖们，在扩散到远东的历程中，严寒把冰雪从北极一直往南延伸到中国内蒙古以至秦岭一带。当这批人祖还只有石器工具、住洞穴的技术时，要应付一年 8 个月以上的冰雪世界，得靠什么法宝来生存？

只有靠大脑了。生物演化的特质是越用越发达，动脑筋的人活得过冰期，全靠运气的人便被自然淘汰下去。对地理与气候的适应，使这些人变白、变黄，并且使这些人嗜吃，欧、亚、美各地的人胖子多、好吃，全是人与间冰期气候共存的烙印（需要储存脂肪好过冬嘛），浅色的皮肤则是人与冰雪共存的见证（日晒少了）。适应与基因，骗不了人的。欧亚草原上挣扎过来的人祖，一定没少猎取猛玛象为生，以至于连搭的住棚都用猛玛象牙和皮毛！在这次间冰期回暖的气候空档，这批人祖一定忙着往四面分支，这就大致是美洲人祖的移民图像，发生在距今 1 万至 4 万年前。

1万多年前开始的地球暖化，使得欧亚大陆更温暖、更适合居住了。温带的欧亚先民几乎"同时"在西亚的两河流域和东亚中国的长江流域开发了农业技术。同期进入农业的印度北部的先民，也许是更早的5万年前走海路的人祖在印度的直接后裔（与澳洲先民的血缘相通）。估计，以草类种子为食，很有可能早已是5万年来或更早的人祖流传下来的吃饭伎俩。1万年前温带的人祖们，只不过是发现可以用种植来取代季节性地割取罢了，或许也是因为学会使用陶器来煮食种子的缘故，各地发明种植的地方同时也是最早的烧制陶器的地方。各地种植农业一开端，便蓄养猪、羊、狗、鸡等驯化动物，估计，驯化狗、猫、牛、羊等绝活应该也是更早的人祖们流传下来的招，后来1万年前的人祖们是把驯化的动植物种类扩大更多罢了。这样，各地人类发展的雷同性才有可能串得起来，才会有分支、隔绝万年后的美洲人祖也照样自己发展农业那样几近必然的事。

迁移至温带的人祖们走向农业了，那些留在草原上的人祖们又做什么了呢？

留在欧亚大草原上的人祖应该很早便学会赶着自己驯养的动物游牧在大草原上。大约5000年前左右，他们驯化了马，同时期埃及和西亚的记载都还没有马这个东西出现。一开始的马，还驮载不起一个人，主要用作拉车，所以马拉战车是当时的最新式武器。估计轮子和马车都是欧亚大草原上的游牧人祖发明的，虽然未有可征的证据留下，但埃及金字塔的运输工具大多是滚木，以及，埃及与西亚最早的"战车"记载都不过4000年，换言之，都是学来的。此后到4000年前，黑海周边操印欧语的游牧民族便进逼农耕的巴比伦，把马、马车和车战、印欧语，传入西亚古文明地区。大约3000年前，欧亚大草原上驯化出较高大的、可驮载人的马种，从此游牧民族便有了战斗力更强大的骑兵。

欧亚大草原先后衍生了许多黄种、白种的游牧部族和语言，印欧语（含日耳曼语、原始梵语）、波斯语、通古斯语（含蒙古语）、突厥语等等。3000年前左右，又一波游牧民入侵西亚和东亚，比如，里海南边操印欧语的族群移入波斯与印度，成为今天伊朗和印度的主流族群。又比如，2800年前，蒙古草原的游牧民南进，迫使当时中国的周王朝把都城从渭水边东迁至洛河平原的洛阳。此后百年之内，中华世界的各国纷纷筑城墙御"胡"，黄河北边的赵武灵王甚至号召全国"胡服骑射"，以骑兵对抗骑兵，可见这批游牧的先民对其周边的农耕文明的影响，万里长城不过就是将中国土地上的各国城墙连成一线、截长补短罢了。马的出现，游牧入侵者的出现，真正影响、改变了已经进入农业世界的人们。我们不确知进入中原的"胡"打从哪里来，不过近年在罗布泊、楼兰、吐鲁番挖掘到的遗迹有2000—4000年历史，并且确定是里海边的史基泰族裔（中国史的记载也称为"塞族"，印欧血缘）的延伸。史基泰文明也已被确定发散到了同一时期的科尔沁乃至呼伦贝尔草原。欧亚大草原，自古以来就是通的，天造地设给机动性的游牧民族的。

4000年来欧亚大草原游牧民族一直扮演着对周边农业文明国家的掠夺与鞭挞者的角色。3800年前、3200年前、2800年前对欧、印、中的入侵是有案可稽的较大者，尤其是对印度的入侵，破坏了原有的印度古文明，代之以操梵语的游牧移民，他们定居下来，奴役原住民，自己也转业成农民，而成为现在可考的印度文明的开创者，永远地改变了印度地区的血缘与文化。对东南欧（近东）的入侵一波接一波，他们大掠迈锡尼，使之一蹶不振，并几次掀起移民浪潮，使米诺斯人、迈锡尼人连同文化一起广为散布而奠定希腊文明的崛起。最终，拼音的印欧语本身也大行其道，与象形的汉语并成为人类两大语言系统。

实际上，游牧民族对周边农业民族的掠夺，几千年来已成为一种生活方式。机动性、骑马，正是定居的农业人口所缺少的刺激。被游牧民族入侵威胁的各地土著，要么像印度一样，完全被征服，留传下一个比较鲜明的入侵统治者的文化，比如说，印度的"种姓"制度和婆罗门教；要么像地中海周边或中华帝国一样，被入侵的族裔也学会骑马作战，抵抗住入侵者之后，统治并吸收他们，留传下一个比较传统本地的文化。结果却是雷同的：人类的血缘与文化被大量融合、混同。人类在农业技术发明之后，生产力大大提高，人丁繁衍兴旺，连带其他冶金、建筑、造桥、织布等工艺都突飞猛进，例如铜加锡的青铜器制作。3500年前中国商王朝的青铜工艺有可能是从更早掌握这技术的近东传播而来，再传到成都的三星堆（未定论）；但说到黄金，则完全隔绝下的美洲照样冶炼出黄金！烧陶、织布更是全人类一致，不假外求。

唯独马与轮子、机动性，是游牧民族带来的，他们也确实深深影响了人类世界的面貌，影响之深远不下于农业技术的发明与利用。马，一直到16世纪才传入美洲，被早期西班牙人屠杀的美洲"印地安人"很快就爱上这个机动性强的绝招，甚至现在好莱坞拍的美国西部片中，印地安人与骑兵队在马背上展现真功夫，活脱脱一副欧亚大草原游牧民族形象。

　　人类过去 5000 年历史里的头 4000 年，骑马和马车几乎是人类唯一的陆上机动性来源，光这一点，游牧民族对人类文明的贡献便非常大。虽然他们的掠夺方式也造成极大的破坏与痛苦，但是，农业文明下的几近固定在土地上的人们却多次因游牧民族而迁徙，直接形成文明的大流动与大扩散。无论在欧、亚和印度，最终，入侵的游牧民族都接受并融合于他们所侵入的地区文化之中。3000 年前的印欧族之于印度是最早的例子，其后，2000 年来，欧洲罗马帝国的东北边、中国汉唐帝国的西北部，始终随欧亚中部大草原的游牧民族的此起彼落而脉动；第一波的"蛮族"入侵者被同化，在边境地区转业成农民了，几百年后，第二波新的"蛮族"又踏着第一波的原路杀将下来。

　　游牧民族至少两次（1700 年前、1100 年前）把中国的"中原"变成大混血的试验场，原先的汉民族大量南迁，闽南、客家和许多现今的江浙人都是"中原"先民在不同时段迁入的，他们慢慢与本地区族群融合，汉文化这才真正在中国全境生根，"中国"式的内涵之包罗万象也就可想而知了。甚至，今天中原最普遍的大姓，如刘、李、王等，其血液中大量流通着草原上蒙古、匈奴（今匈牙利）、突厥（今中亚各国和土耳其）、鲜卑（今中国东北及呼伦贝尔，"西伯利亚"就是"鲜卑"的拼音）、羌（今西藏、青海、康巴）成分。游牧民族对罗马帝国的影响也跟中国这状况有点类似，原先罗马帝国与日耳曼诸部"蛮族"（今德、法、英、比、荷等）大致以莱茵河和多瑙河为界，边界烽火也跟万里长城烽火一样，几乎无日无之，草原深处感冒，传到帝国与蛮族接壤的地方就变成咳嗽、肺炎，草原上新一波蛮族西进便等于押着早来的半开化的旧"蛮族"也只好西进，渡河。

　　大约 1600 年前，蛮族攻占罗马城，灭掉了西罗马帝国；800 年前，长期饱受各部突厥蹂躏的东罗马帝国也丢失君士坦丁堡都城而亡。欧洲虽然从未像中华帝国那样的统一过，但罗马帝国至少也维持过很长一段政治上的一统，终于反遭各个蛮族占领，跟中国的中原类似。不过，拼音字与城邦制使得进入欧洲的诸部族群安于经营新的地盘，他们接受了当时的罗马文化，藉拼音的方便把自己的语言和生活习惯也传承下来，成为面目一新的德、法、英、荷等民族，历史也就不用再回头了。

印欧族裔在印度与欧洲两大地块反客为主的历史过程，颇为有趣，连最早的希腊、罗马都渗和了大量的印欧色彩，互相融合，如今早已不可分割。这与汉族"土著"始终主导中国大地的历史，大异其趣，恐怕不是象形文字、拼音文字、城邦制、马与轮子等足以解释。而即便如此，整体来说，人类在地表大地的扩张，与天斗、与地斗的部分，无非是对其他物种与周遭环境资源的"利用厚生"，这是全人类有志一同的。与人斗的部分，这也是生物的生存竞争本能下，部族之间无可奈何的事，无非是新旧移民群体间的随机消长。要之，人类社会各种技艺、血缘，因此而交流、混同，虽然对身临其境的人，未免感觉严酷，那也只好留待历史演化出更为人性的机制了。

总之，欧亚大草原从来便非常动态（dynamic），游牧民族机动如风，他们各部族的兴灭亦复如是，"蛮族"远远不止一个，甚至不止几百个黄、白部落，而是大草原上的所有人群。5000 年来，凭借马匹与轮子的机动，游牧民族一直是各地文明的搅拌器，人类历史、文化因之才有大幅度的接触和流动；不然，农业技术也不过就是把庄稼连人一块，种在地上罢了。相对而言，美洲人祖们就缺少了这种机动的搅拌机制，没有马与轮子，又没有取代马或轮子的发明，就等于没有强大的机动性，美洲文明的开发便相对落后于他们1000代之前的亲戚了。等到4万年前的人祖弟兄们的后裔，在5百多年前带着比马与轮子更厉害的帆船、枪、炮、器械和发财的意志找过来的时候，竞争的结局也就可以注定。

南岛人祖发明的航海：无以考据的古老高科技

1万年前人祖们开发了耕种谷粮的农业技术，但种植本身却未必是这些人祖们的专利。谷粮农业之为"显"农业，是因为谷类多产；但种植技术本身早已被5万年以前的人祖们利用，比如，根块类的芋、薯，毕竟早就列入人类食谱之中。"显"农业发展之前就已同欧亚先民分支而进入美洲的人祖们，后来不也开发了相当规模的农业，只不过不是种稻、麦，而是种包谷（玉米）和马铃薯。人类的成就，恐怕许多得上溯到更早的、也许是10万年以前的人祖头上呢。

海路南进的早期人祖们，大概是最敢于冒险犯难的一支人，他们趁冰期高峰所造成的低海平面（2万年之前，台湾海峡平均只深30米左右），仅仅依靠简易浮具，便静悄悄地在5万多年前繁衍到新几内亚、澳洲。

后来，5000年前左右，已经掌握农耕技术的东亚沿海先民，靠早期的风帆机动，重新"发现"并移民到菲律宾、印尼群岛，逐渐涵盖整个大洋洲，成为"南岛系"族群。大约1500年前，他们繁衍到了夏威夷群岛。以小小船只精确地来回于夏威夷与大洋洲之间数千公里的茫茫怒海，用智慧、胆量与牺牲达到海洋人类不可思议的成就：

没有文字，没有数学，只有 5 万年以内的大自然试炼，以及人类大脑摸索出来的星空导航与季风航海技术！

　　南岛人演化成一批讨海为生的先民，在资源不多的众小岛上，不可能产生"显"农业，但他们照样懂得种植各类芋头、薯头。而且，那些矗立在大洋洲海岛边的一排大石头人雕景象，是用石器工具雕出来的；南岛人，技术不赖嘛！这些南岛血缘的人祖，种芋头的技术，绝对是他们自己开发的自主产权。

　　可惜海洋人类受制于天然资源匮乏的环境，比"小国寡民"还更小国寡民，相对隔绝下的生存竞争显然已经迫使他们展现了人类适应能力的极致，无力形成更具组织的大型文明社会，古迹大量淹灭，留传的文物欠缺，南岛血脉遂成为谜般的人类。不过，他们的存在，让今人不用怀疑，早期人祖的机动性，两腿之外，非舟船莫属，然后才有马和轮子。我们人类祖先出走东非，跨过窄窄海峡，紧靠近东、西亚海岸线南行，沿途安营，时不时再由海岸往内陆扩散。近年来的人类基因研究也证实，东亚北起日本、南至婆罗洲的岛弧群上，并其所平行的中国、东南亚沿海地带，都还存在着航海的澳洲血缘的后裔和基因。

　　其实，种植、畜牧、浮水、神道等等伎俩，一定在更早 10 万甚至 50 万年前的非洲人祖中早已开发，只是没有记载罢了。所以，黑房嫡系的非洲人祖和澳洲人祖、南岛人祖，以及后来黄房的美洲人祖，一样都在没有先例可循的境况下，与欧亚黄、白人祖发展出同质的耕种文明或技术。各房子孙后代的差别，主要仍源于他们各自所处的时空环境的机缘，各房子孙之间那丁点肤色基因差异，实在微不足道。

黄房的南岛系进入了广阔海域，成为了不得的讨海人，生存技艺绝对非凡，这批人祖的武功绝不比当年任何其他人祖差！但受制于海岛小环境，他们的技术、数量都无以聚众成事，甚至也没有机缘去驯化大型的驮兽，他们后代的文明演化反而相对停滞于 5000 年前的水平上。这时也命也的背后玄机，诉说着：人类的发展，一需要自然的试炼机会，二需要人群的数量，而两者的结果便成就了机遇的必然；人类的演化，到底还是与生物演化同样具有其数量级的规律。

信史记载之前人祖们的活动

较久远的共祖们长达 200 万年的石器时代，给全世界人们留下共同的印记：对各种各样玉石的知识和喜好。近一点的、5 万年以来的智人先祖们则留给我们雷同的家庭、部落、社会、国家制度、生存技术，以及比较不同的语言、图腾、文字、音乐、绘画的表达，标示着史前人祖们的扩散与隔绝过程。

人类史前时期的作为，当然不免像有个大脑袋瓜的动物，自然的丛林生存法则与生物本能，驱使人类各部族充满竞争性和扩张性。那时，"人性"里头的野性还很沉重，吃东西、占地盘、长人口，本能三部曲团团转。群落人口增长造成对其可掌握的周边自然资源的过度开发，形成相对的人口爆炸，很快便开始了邻近人群与人群间相当酷烈的生存竞争。把其他群落当成其他野兽，屠戮整个部族的事，一定没少发生。这种德性，也延续至今。也许人类开发农业，规模经营群体生计，是生存的需要使然，至少是个演化上的解。定居后的人群趁势开发了文字，用记载的方式，彻底改变了先祖们对经验、技术、情感、思维的积累和传承，文明便有了爆发的基础。

所以，农业对人类的最大影响，是给了先民们坚实的物质基础，来初步解决了生存问题，并聚集了人口数量。这也等于是聚集了众人之智，给了人类自身更大的积分、传承、创造、发明的机会，"人性"也就越来越像今天的模样演化下来了。这当然也不是一蹴而就的发展，只不过对智人而言，这信史记载前的 5000 年，演化过程似乎大大加速罢了。

信史之前，其实也就是"教化"得以确切地大规模集成并传承之前。

首先，当人类还未能拥有与今日相当的知识与科技之前，当我们还"不知道"的时候，人，基本上也几近于完全受自然天择的支配。

几率与机会、机遇，几乎便是各部族的宿命。在人类扩散、分支的每个节骨眼上，从老营地里互相道别出发的几股人群，分别迈向苍茫大地，谁也说不清"未来"，谁也不敢奢望"再见"。这般景象，直到百把年前的大洋洲里，还一再重现。受制于小岛资源的局限，南岛人祖很早便发展了一套生存法则，每年让达到"成熟年龄"的青年男女，大量投奔怒海，将前程兴灭付诸天意。可以想象，无论地上、海上，人类各部族大约 200 个世代的各自的史前时期，生物本能支配下的扩散，代价是多么大。而当今现存人类的直接先祖们，必定个个都是通过了试炼的幸存者，不然哪还能有我们的存在。我们的祖辈，要么运气极好，要么本事过硬，更可能是两者兼而有之。

其次，万年来定居农业文明开端之后，知识与科技突飞猛进，人类知道的越来越多；而过去的、本能的、10万年的、100万年的沉积所造就的习性、惯性或惰性，却反而越发显得不那么容易甩脱。比如说，族群一旦落脚在一块合适的地盘上生息，那地盘原先可以承载一定数量的人口，结果100年下来，人口早已繁衍到远远超出自然堪以承载的程度，那族群却还是宁可赖在熟悉的地盘环境里奄奄一息，只因为他们"知道"、"熟悉"那个环境。这样的例子，多到不可胜数。人类在累积"知道"的缓慢过程中，对任何一个所需的宏观知识一时难以洞察全貌，便只好沿袭祖先、前人的习性为习性，许多宗教、战争、环保问题由此而生。其他惯性导向的，甚至是兽性导向的人群行为，也经常挑战着人们的智慧与人性。

人类各部族的史前史、史外史，在在表明先民们在局限情况下的生存奋斗景象。农业，成为历史的分界线；人类采用农业生产技术之后，很快便进入有信史为凭、以文字来跨世代地积累经验、技术的时代了。无缘及时赶上农业列车的各个部族，只好无奈地成为文明的边陲。

没有文字记载的人类历史中，有一个非常深刻的教训，是到了1980年代才浮显出来的：今人的先祖们，必定曾有过一段人吃人的历史。听起来挺吓人吧，不过，这很逻辑，我们是从同类相残、同类相食的境界，演化出智慧与人性的境界的。

1980 年代，英国的牛只突发了一种"狂牛病"，检验结果：染病的牛只，它的脑组织里会少掉某种组成，好像被蛀虫掏空了茎干那样，于是乎，手脚发颤，控制不住，以至于死亡。那时，刚好在大洋洲的某个岛上有类似的症状发生在人身上，但是，那里并没有狂牛病，那里倒是有个奇怪的习俗，便是把亡故的亲人分而食之，用自己的肠胃来安葬、纪念死者，这是在有狂牛病之前早已被研究的案例。就其社会学、生物学上的解释，被认为是海岛资源匮乏下的人类，被摄取动物蛋白质的本能所驱动的行为。牛与人类似的症候，激发了医学工作者的灵感，结果确诊狂牛病的发生，便是因为 200 年以来，英国的畜牛业所用的饲料中，掺和了屠牛之后没有商业价值的牛骨、脑、髓、器官等的碎渣。相食同类完全近似的髓类蛋白质，引致一种生理性失调，DNA 不再生产某种脑组成的物质了，可以看成是一种生化中毒。

后来，对大洋洲那个岛上的病患的调查发现：与他们同样吃了人肉但却没发病的亲戚们身上，检验出一种特殊的抗体，没抗体的人发病、死去，带抗体的人则好端端地存活下来。免疫抗体，是会从 DNA 串中传续给后代的，于是在对此种抗体的检测中，赫然发现，至少有相当比例的人类，遗传着这种抗体！意味着，虽然早已不再吃人，但我们相当大比例的先祖们曾经有过吃人的习俗，才会产生并遗传这种抗体。

中外历史上记载的，大饥荒引致的"人相食"，地球上何止十次、百次？所以，狂牛症事件，无非告诉人们，生存永远是第一顺位的人性，衣食足而后知礼仪，道德式的说教无用。其次，老天爷让你有繁衍基因的本能，数量大，可以有更多存续物种的变异几率的方便

（就比如，有人会自身产生出那个抗体，有人则不会）。可是，数量大的本身也是一个问题，至少如果数量控制在资源能够承载的范围内，也许就永远都不需要用到那种抗体，这就是"生态"、"环保"的深层课题。人类道德的维持需要人类智慧的运用，用此本能克服彼本能，方可"止于至善"呢。

人们不会明讲的历史玄机

人类先民开发出农业生产技术后，5000年的光景，不少部族便先后开发出以文字为载体的文明，到距今3000年前左右，埃及、希腊、伊朗、印度、中国等地便已有相当发达的记录与书籍了，甚至在2500年前左右，还不约而同地出了几位大思想家。各地的各族人群以各自的文字记载各自的历史、经验、思维、技艺与生活，各地各族的兴亡本身，便也诉说着历史背后隐隐约约的一些规律与机遇。写下来的记述，我们可以自己去读、去感受，这里只把他们没写下来的，挑几个重点说说：

人类第一个重要的历史经验，非文字本身莫属。

透过人性之可通，翻译，立马可以把文字所记所载所述，通通都传递到读的人的大脑里，再次被这颗人脑处理一次。无论记述的是各部族自己开发的情性艺术还是理性技术，甚至只是各部族自我吹嘘的一本流水账，透过文字符号，人类把空间、时间上的别人与前人之所做、所思、所感，大量贮存并积分起来，成为全部人类的共同资源，使全部人类的智慧一起顺势开发，每一代都踩在前面所有世代积

191

累起来的平台上，所以才会在文字始创的 5000 年内，便能让人类加速达到漫游太空、核能发电、DNA 制药、上网沟通等等匪夷所思的境界。人类运用文字符号这个能跨越时空来沟通、传承的载体，对他自身的长进发挥了极大的效应。

自有文字以来，人类对处理事务的智慧，技术、科学也好，艺术、美学也好，每一代几乎都突飞猛进，代代都呈现大跃进的情况，人类才会在 5000 年内繁衍至 75 亿人口的数量级。而必须通过时间积累才会暴露出来的现象，也是经过文字的记载才得以浮现：比如，3000 年前中国的《尚书》，形容华北地貌是："林木森森，犀、象、虎、豹俱全。" 只不过 3000 年，150 个世代。种田费力气，但农业收成可以多养几个儿子，儿子们再种更多田地，需要更多力气，于是养更多的儿子们的儿子们，住屋、烧饭都要砍木头，恶性循环下来，也不知打什么时候开始，忽然间，华北森林完了，华北地区便一片片沙土化了。1000 多年前中国的北宋时期，靠黄河起家的中原地区，仍然是当时中国的命脉，1000 年不到，整个中原地区在大清朝中期便已经沦落为甲级贫户，黄河那时起便时不时断流，可是中国人还在不停地生、生、生个没完。中国的农业人口爆炸，可以直接改变华北的广大地貌，这是人类学会必须正视与地表大环境相处的开端。

至于处理人际之间的智慧，我们称之为"人道"（humanity）的开发，也因为文字的记载，留下大量前人与别人的经验、数据，使后来的我们大获灵感。虽说知识易传、智慧难传，人们终究还是通过历史记述，慢慢地积累了人群相处的智慧。比如，虽然古埃及、西亚、罗马等历史，一大部分是今人给考订出来，散简残篇穿掇而成，其中倒大不乏人际的集群与相处的智慧。中国历史三千几百年，跟人类其他部族历史一样，把其中帝王互相砍杀的部分去掉不计，中国历史记载的大量经验，也是记述各式各样的人事与人心。中国历史是人类社会科学的宝贵资源，因为它是人类唯一比较连贯而完整的文字记载，对观察一个部族或人群的状态与变迁，提供了饶富人味的、很有启发性的素材。

比如，中国人祖处在东亚那个特定的时空环境下，依赖简单的工具和集体的力量，开发并不太复杂的小农经济模式，靠天吃饭，连文字都是象形的，直接把人之所见，画成所识。中国人长期生存在这样自足的平台上，相当自给地发展，结果呢？当代英国大儒李约瑟，和一大批剑桥大学学者就被"中国历来相当发达，18世纪之前，中国社会经常站在人类各部族前列，为什么却只有技艺而没有科学"这道课题吸引了大半个世纪，解来解去，恐怕还是因为中国社会从文字本身便太有人情味了，中国人的脑袋瓜一直停留在几千年前人类科技还不够发达、"人多好办事"的习性中，既然要靠人群一起才能过活，中国人便只好向来更侧重人情的通达，而不那么严谨地去推敲事理，可以说中国从来没有真正有系统地开发过纯理性的数理思维。

一句话，要是没有文字符号来承载人类各部族的历史，今天的我们也无从去承接那么多前人与别人的那么多的、有趣的、对的、错的教训与智慧。没有机会开发完整文字系统的部族，比如，美洲原住民，便相对成为没有历史的群落，传承便不易了。

人类第二个重要的历史经验，是部族兴亡或朝代更替，固然有人祖们的人为作用，但也另有更大的、人类物种之上的数量级的力量造成。

尼罗河每年规律性的泛滥，带来沉积的沃土，古埃及人掌握了这个规律，利用了农业，繁衍了人口，早早便成就了一个帝国。而古埃及帝国的疆界与命脉便像尼罗河的泛滥一样，是"大致"的，因为靠天吃饭，旱涝、蝗灾对宏观大自然而言，只是小小的变异规律。可是连旱三年或连涝三年，人类社会的数量级可就吃不消了，繁衍的人口越大，就越吃不消。找不到驯服尼罗河的办法，当然更不可能找到驯服非洲气候的办法，古埃及帝国那套两千多年用老了的政教合一管理模式，便只好式微。继之而治埃及的罗马帝国、阿拉伯帝国等，或许能在人类技术进步的平台上，暂时地强化人的管理，增加些许人群的效率，最终还是要败给那条大河的地理，以及使那条大河发生旱涝的气候。

东亚中国的情况又何尝不是如此？印度洋每年的季风吹过青藏高原，带来季节性的雨水，使黄河、长江随之奔腾入海，季节性的干旱或泛滥，使淮河地区随之旱涝。太平洋两岸气候的宏观波动，圣婴（厄尔尼诺）与反圣婴（拉尼娜）现象，以大约每 100 年左右的频率扰动着东亚大陆的雨量与干旱，几千年来，从来无视于中国历代王朝祭天的牺牲与诚惶诚恐，直接推动着中国大地大约每 200 年一回的大旱或大涝灾劫，使农业社会下的革命与改朝换代，周而复始，何曾以人的意志为转移？同样的这个圣婴与反圣婴现象，在太平洋对岸的南美洲安第斯领地，更为肆虐。智利与秘鲁太平洋沿岸的早期美洲小农业文明，那些南美原住民部族，常常不满百年便全族弃地迁徙，他们祭祀所杀的人牲数量，几乎与气候完全合拍，直到族群社会经不起折腾，突然崩解为止，只留下好些个令人仰天叹息的古迹与墓葬，诉说着人类生存在气候变幻下的辛酸，徒增人定不能胜天的惆怅而已。即使如美国挟科技之力以治理密西西比河，算是比较顺自然之势的，然而一个大飓风，几年前便把百年老店纽奥良给毁了。

这些情景，若不是今人已解宏观的地理、气候因素，光从人类各部族主观的文字历史，又怎能理解"分久必合、合久必分"的历史轮回的背后玄机？一旦人们理解，猛然醒悟，人的历史过程，在那时，甚至此时，还不是生物与环境之间的必然？所以，大地上要解的，终归是人群与自然环境合拍的问题。农业技术产生的人海战术，固难当旱涝之险，量产工业化后，却只用于满足商业贪欲，罔顾环保，更助长旱涝之虐，长此以往，只怕子孙将无立足之地。今日的中国、印度、中南美诸国都快达到这危险边缘了，我们有这个"知"，却大大缺少个"行"呢。

就人类各部族的文字历史来看，共同点相当明显。生活技艺长进，知识与交流增加，原先分支、隔绝的各部族又慢慢混同汇合。人们情性与理性的数量级，终于积累达到可以知"天命"（heavenly order）、以理性的科学方法来通晓大自然的程度；并且还能用类似的功夫检视自己的所做所为，庶几稍稍挣脱宿命的圈套。前人从东非扩散到澳洲、中亚，花了不知多少万年；成吉思汗的蒙古铁骑，横扫欧亚大陆，使马可波罗可以在数年内，从威尼斯经丝路直达杭州；其后的郑和、哥伦布可以更短的时间，循海路通全球各大洲，终于"证明"地球是圆的。地球本来就是圆的，不圆的是当时前人脑袋瓜的认知。不过，我们人类就是如此这般演化过来的，所以，自有文字历史以来，各部族真正解放的，是自己对人、对自然、对事物的更真实的体认。

人类掌握了纯理性的科学方法之后，对大自然与事物的理解更趋近真相，连带也更能了解自己，使人性的阐示与开发，更为实在。

人类第三个重要的历史经验，当然就是社群的维持与管治。

小至家庭，大至国际社会，那么多个小我、中我、大我，各自都有存活与延续的本能需要，之间的利害协调和冲突，就靠世世代代规范秩序的经验软体，不断地在人脑袋瓜里承袭或刷新。武力的展示、政治和伦理的仪式等等，这些习性的养成，目的都是为了维系大多数社群内部和社群之间的安宁，便于集群的发展，才有秩序与规范的订定或维护的必要。问题是，知识在不停地长进，生活在不停地变化，人心在不停地摸索、适应，而好不容易经由教育来灌进人脑的软体，却永远是祖宗之法。或多或少，每一代人都只好面临一些他们的前人没碰过、没解过的课题，甚至别人的前人也没碰过、没解过的课题。于是，条件好的、已承袭到好地盘的人，他们最便捷的生存方式，便是努力去维护既成的规矩与习性，社会秩序最好不变，有利于他们与后代的延续。而条件不好的、没承袭到好地盘的人，他们最方便的生存方式，便是随心所欲，打破一切规矩，社会秩序最好由得他们改写，方才有利于他们与后代的存续。

所以，人类社会那么多个小我、中我、大我的私利之间，被各种原始本能驱动的，相克而又相生的，情与理纠结成的各个解决办法中，万缕千丝的各种规矩、关系、道德，从来就是人际长期互动下，综合、协调、创造出来，约定成俗的、"合理的"处理办法。还未曾有过绝对一成不变、毫无例外的规矩或关系。比如，征伐或政治，成王败寇，都能被历史（时间）合理化，通过时间与惯性对人脑的加工，使人们接受。其他的礼教、情感等等，就更不用说了。无疑，人们自处和相处的智慧，仍在历史、环境与人类自身的动态里，点点滴滴地积累，人性依然在无止境地演化之中，而这回的演化，人类自己的软体是可以自己谱写的，这才是人类各部族历史千篇一律的自我杀伐背后的教训。

5000 年来人类各部族的有史记忆，经验和教训，承载人性开发到今天的地步，其实已经是很不容易的成就。一部活生生的社会政治经济学问，都是历代时人在当时的生存工具下，运用、组织当时资源的结果。尤其是经济，开宗明义就说：资源是有限的，人的欲望可是无穷的，怎么去开发、利用、分配有限的资源，以相对节制和满足那么多个小我、中我、大我的欲望，来管理与维持人群的存在，便是文化形成的根本。可以说，人道，就是在这框框里，长期和出来的稀泥。伦理和政治，道德与杀伐，传统和革命，感情与理智，数不清的微妙和默契，尽在其中意会。历史上，各部族多少回改朝换代，战争与和平，征服与被征服，一点也不新鲜。多少次，社会转不动的崩解时刻，人性大量倒退回野性本能，历史映照了可怕景象之后，强韧地往更人道的方向，又走了过来。历史，也是人性试炼的纪录片，让人类从过去对自身的无知，找到今日的有知。

伦理与政治，是记述得最多的、人际关系的组织和管理制度。从 5000 年前到 18 世纪的各地各族人群的组织和管理，其实，无论其结构和数值，都已相当雷同，差异度无非在于更多的适应其生产之为农业模式或游牧模式而已。局部的大一统场面，容或使区域性有所侧重，但过去人类的制度软体，多数是以农业为本质的；昙花一现的，几近全球性的蒙古帝国，也没能改变这 4000 多年的人文面貌。5000 年前开始的古埃及帝国延绵长 2000 年以上，4000 年前开始的中华帝国更延绵到近代，其间，各地百年数量级的帝国，所在多有。细观这些个文明的存在，人类软体的内容，还真是十分类似：诚信、忠孝仁爱、礼义廉耻……集权、分治、公侯伯子男……甚至十一税、劳役、纳妾、蓄奴……等等等等，规矩虽多，保障的利益却十分清楚，演化的轨迹也很清楚。

古人对饥饿下的动物本能反应，一定相当明了，管理得相当细致；古人对性与基因的独占，也拿捏入微，规范得相当严格。难怪大家"传统"的品位，都偏于束缚，压制欲望，以应付本来就不大宽裕的农牧资源。这样，才储蓄出一点剩余，用于更专一的创造，并满足"权力经济"，从小我到大我，莫不如此。天下本来就没有白吃的午餐，所以，伦理与政治的软体，必须相当切题、有用、"合理"：付出些许纪律和制度的代价，获取组织和管理下的稳定与保障。当然，伦理与政治的规矩，也逐代演化，越来越合乎众多小我、中我、大我的利益、"人心"。只有在特殊情况下，人间的或环境的机遇，才会激发出时不时的变异或革命，让人世的规矩步入新的轨道。

人性演化过程中，固然存在扶伤、恤死、怜弱，也存在势利、盲从、惯惰，种种矛盾的软体，人所共有，都是"人性"。维持与管理这样性质的社群，宁非易事；伦理与政治，也只好是个动态的最大公约数的解，永远不会成为人人满意的必需品，而将各式各样的复杂情结，留给各个人去锻炼、解决。

总的来说，数千年来，人群自我规范与组织下的人性，确实更往真、善、美的境界靠近；无数的异常与战乱，只把那些无能自省的人淘去。晚近 500 年来，人类生存方式又呈现另一个量子飞跃，农业社会形态被工商业社会形态取代，科技与信息几乎改变了先前的一切。以前开发的人性软体，必须得重新适应人类自己造就的社会变化性与机动性了。

规范与组织、文化基因，依然是人群存活之所必需，未来社会将会是怎样的一个伦理与政治模式呢？

切片看人史（一）：3000 年前左右

3000 年以来，各地留下比较翔实的信史，记述了许多故事，我们就把它切几大段来看看有些什么好玩的地方。

早期各部族的文字历史，多半记述王、酋的家世和特定人士的功业，同什么人联姻或打仗；也记述旱涝收成，或疫疬虫灾；当然更少不了祭拜、酬神、庆典、天象之类的活动，以及做了哪些工程、筑了什么城、开了什么水利、有了什么创造发明等等。3000—2500 年前的古埃及、波斯、中国、印度，乃至稍后的玛雅、安第斯，莫不如此。这时段的历史，故事与神话的味道还很重，各部族先民初尝大型集群的部落、城邦、国家权力的滋味，各地的统治者很快就家天下（世袭）起来，并把自家的祖先崇拜和部落的宗教混同，使那时候的多数人群都各有个宗庙的概念与实质，来作为彼此各自效力的表征和心理上的认同。这些性质雷同的记载，直接反映了在相当长的一段时光里，各地族群所关心的大事，是近似一样的生存手段。而且，各部历史越来越讲道理，不管记述什么事，都在努力阐明某些道理或因果，实际上，反映了人类不断加强的理性。

先把这时段的境况列一列：那时，埃及已经有金字塔，中国已经有钟鼎（周朝），两边的文字已经非常规整，并且都有了马匹和轮子，宫室、伙食也能相当精致，也具备了一定程度的医疗卫生、堤坝水利、算术历法。那当时的"国"，还真就是扩大的"家"的概念，是个血缘比较接近的一大群人的大部落，所以才叫做"国家"，这国家的地盘与人口，实际大不到哪里去。古埃及王朝的主要辖地，不过是尼罗河在地中海入海口冲积出来的大片三角洲，加上尼罗河沿岸两边狭长的可耕地。中国周王朝的领地，也就是（黄）河、洛、渭交叉之处，三条河流的水利可达之地，现今的陕西、河南两省境内。古埃及与古中国王朝在相对宽阔的平原发迹，类似同一时代的西亚、波斯、印度，傍水聚居是那时的人们繁衍生息的必要环境。那时候的国家，有着浓浓的大部落的味道。独立在美洲生息的先民们，虽然形成部落国家的时间比较晚，意思是一样的，那时，中美洲有了奥尔美克文明，很快，南美洲也有了不同的安第斯（查文）文明，各自都有初步的文字，至少纪年记得很清楚；美洲各地的金字塔、神庙，规制之宏伟、精美，比起欧亚大陆，并不遑多让。

既然关于争战的记载较多，咱们就从3000年之前欧亚大陆的人类战争里，看看人道怎么演化吧。人类最早的战斗，就是打场混战的群架，到了初期的部落国家，能组织出来的战术、战略，一定还相当粗犷、原始，对阵的人数也不会大到哪里去，千百口人数量级的战役，恐怕已经算得上个大冲突，这跟那时人类社会能消耗得起的资源有关。对冲突的任何一方，哪怕损失个百口人，都是社会生产力的巨大损失，难以承担。所以，3000年之前的"战争"，倒演变出个节省人命的办法：双方各出阵一个猛士或贵族来格斗，兵士列阵倒成为输赢的证人，通常不用双方军队大打出手。要是偶而发生大混战，仅仅因为人数的伤亡，必定名垂青史，可以各自回家称胜"杀敌若干"云云（除非全军覆没，就没得吹了）。这种比较文明的争战规矩，后来发展成将对将的对打，无论流行"车战"（马拉的战车）也好，骑士也好，比武也好，立意还不错，一方面，减少了对战争双方的人力资源的破坏，另一方面，部落国家的领导阶层有了实质上的责任和风险。这相对人道的规矩，从埃及、希腊、波斯到中国，各地倒也风行了数百年之久。实际上，早期人类战争的输赢规矩，以杀其王酋、毁其宗庙作为尽收其民的终极手段，广为全人类各部族接受，几乎成为人脑里不由自主地服从的规律。族群兴废，用王酋与宗庙为象征，胜负的代价有限，可以尽奴其民，而不必尽屠其民，其实有着深沉的人道意义。争战，也不能无法无天。

考证 3000 年之前欧亚大陆的国家形态，人类还处于社会软体的初学阶段，组织和动员的能力实在有限。受制于当时的人类科技，任何中央王室的统治方法，自己能有效统治的范围肯定大不了，治理版图，不外乎分封子弟、姻亲、诸侯，以收同类相聚之效。但是，京畿内外"阳奉阴违"或"天高皇帝远"，毋宁是人之常情，哪儿都一样。早期的埃及、希腊、波斯、中国，号称"帝国"，其实不如说是一大堆小城邦或小部族共拥一个大盟主罢了。那时候，人类在各地，拓殖空间有的是，社群真正必须打仗才能解决的冲突不是那么多，皇亲贵族要抢个美人或地盘、图个威名或贡赋的争战，王对王，将对将，独打一通，相当合理呢。

所以，读这段 3000 年前左右的中外上古史，不必过于想象军人武士万箭齐发的大场面，那时，能集中几万人口的城池就已经不多，能组织、动员一万甲士的国家更为罕见，古时真正超过万人的战役不可能多。诚然也会流传不少英雄故事，直接表现在各国神话似的记载里，而我们激荡浪漫情怀之余，尤须看到古人早期规制里，王侯是可以有欲，但自己也得上阵冒险，这起码的隐形责任与道德，才符合族群经营的长久利益。古埃及与古中国王朝，享国动辄近千年的数量级，大非后来朝代可及，并非命长，因为它原始、简单、稳定，技术上，没有经营大国的条件。那时候的社会软体比较容易做到几近无缝契合于族群与各个人的资源需要，人类这才有生机去大大繁衍数量，累积各种知识和技艺。战争是人类解决利益（欲望）纠葛的办法之一，透过这 3000 年前的战争行为的内涵，我们也可以看到前人哪怕面对激烈矛盾的争斗，那个脑袋瓜骨子里，到底还是很有点理性、有点节制的。不然的话，"人"早已经是最厉害的掠食动物了，完全没理性、没节制地互相撕咬起来，哪能还有后来的现代人类。

欧亚大陆古史，掺和了大量当时的人的逻辑推理，理想化与神话一起出现，在人类所知有限的情况下，毋宁是非常正常的，古人已经尽力去记述他们所能理解的世界了。古埃及、古希腊、古波斯、古印度、古中国，这些地盘相对固定的族群，他们的历史也相对比较确定。犹太人比较颠沛流离，这个部族最终把他们的历史以宗教经典的形式，反映在《旧约》里，成为一大异数：把信仰与历史混同为族群认同的根本软体，使犹太民族的基因得以存续。其实，所有的历史，对事物的陈述，一定有主观的诠释，而且一定有要别人或自己相信的合理化程式，目的也就是族群认同和基因存续。

就以中国的夏、商、周为例，无论他们之间的血缘近乎到什么程度，总不能一概扯到万年之前的先祖，时间与地域的区隔，在三四千年前，早已将他们演化成大同之下有着小异的鲜明部族，争战，其实更关乎部落存亡。武力和机运，使后面的"朝代"取代了前面的朝代。比如，文化低的周部落兼并了文化高的商部落的地盘和人口，商的那些有文化的贵族和巫、史变成周贵族家里和宫廷的奴隶，这些干文化活的奴隶，主要的活便是去教导周人文字啊、制度规矩啊等等软体，于是周王朝的社会软体又有因袭又有修改，在混同了的后代难以割舍的笔下，商、周历史通通成为中原文化的"道统"。更随着秦汉隋唐宋元明清这些真正的朝代更替，以及地盘的扩大，把它合理化成全中国的正统历史。而真相仅反映了一件事实，就是：几千年前的那套农业文明适合于中国大地的水土气候，学会了那套农业文明的各个部族确实可以在中国大地上繁衍存续，历代中国大地各处的先民就着赖以维生的农业技术，不断修缮安定社会的组织与制度软体，方才造就出当今所谓的"中国人"。即使"民族性"也不是一成不变的，人性本来就可以互通互动，今天的中国各处的人的德性，同商人、周人、汉人、唐人多少有点不同，这正是历史演化的真义。

中国人扯三皇五帝、夏、商、周，欧美人扯埃及、希腊、罗马，一样的意思，都不过是搞点正统"出身"。故事倒挺浪漫的，别太认真就好，因为事实是：如果拿夏、商、周比作埃及、希腊、罗马，那现代中国人血缘的"正统"成分大概不到30%，现代欧美人血缘的"正统"成分更远低于30%，虽然各自所受的教化、文化基因都高度"正统"。

切片看人史（二）：2500年前左右

在这段切片里，农业生产已经被人类社会演练了7000年，基本生计解决了的人口数量已经达到另一个台阶的数量级，不单埃及与中国，环爱琴海周边的希腊城邦与意大利，西、南亚的波斯与印度，各地都出现了近似于今人所熟悉并能认同的国家或帝国的社会组织。从这时候起的历史，直接就是当今世界各国的起源。这时候，人类社会的科技含量当然也大到撑得起那样的人口数量，经济资源的开发有长足进展。过去农业文明下的指数级增长，靠开发山林为良田，让这时期的各国面临了崭新的课题：社会硬体相对发展的缓慢些，解决问题主要靠社会软体的开发，人们也的确就这么做了。

比如说，3000 年前已经用上金属兵器，不过是用的软金属的铜、锡，这时学会了用硬金属的铁、钢，而铁器当然也用于生产的各个领域，一路用到今天。那时的硬体标志，钢铁、纸张、丝绸、拱桥、五谷杂粮、舟车等等，都沿用到 16 世纪之后。唯一与近代或现代的差距，就在于那时候，根基于农业文明下的小作坊生产方式，达不到近代工业社会质量稳定下的量产而已。这时段，大部分生活必需品，人类社会都已经制作出来，硬体基本功已然成形。怎样去组织更有效率的手工生产、产品分配与物流、资源获取等等，这些社会运作，成为人们主要修炼的软体。

可以说，前人在这时段就已经开发出近似于今日国家社会运营的复杂雏形，其后直到工业革命，人们都不过是在这些硬软体基础上继承和发扬光大。从 2500 年前直到 500 年前的所有人史，就主要是依存于农业生产方式下的社会演化了。

2500 年前左右，欧亚大陆的先民们是什么个境况呢？

农业文明已发迹的各地各部族，早在原始的部落国家时代的试炼过程中，就已隐隐约约地经验到，要增加族群社会的农业生产资源，一得获取地盘，二得获取人口。农业生产要靠人力去种地，原本就是"有人斯有土，有土斯有财"的局面，所以自有人类部落开始，族群之间的生存竞争，从来就是兼并其地、奴役其民的互相掠夺。即使在族群内部，早期国家的管理，主要也无非就是把拾猎浓缩在田里、水边，鞭策众人用犁、镰、网罟一起协作；更因为农田必须依赖水利，构建大小沟渠又需要大量人力，而且还需要大量经验和知识；怎样在那时候的科技水平上，去有效组织、控制这些人与地的资源，对那时期的人类而言，解答几乎一样：把国家的组织做成个简单的、容易拷贝的操作软体。

比如，用小头目管几户人口，固定在土地上，做成农业经济的基层，以便征集谷物（税）和劳力（役）；把这基层单位作为基本建材，像一块块砖似的垒上去，中头目领若干个小头目，大头目领若干个中头目……只要基层单位能够自足并产出税、役，那个国家也就有了存续之资。在早期中国的经书里，这样来形容周王国春秋时期之前的基本软体，就是"井田制"：8 户人负责开垦 9 份田畴，除各领 1 份田地作为各自的养生送死之资外，必须共营 1 份"王田"供奉公家。换句话说，农业生产的起码税、役大致是 11.1%，其他的工程劳役或兵役还不包括在内。早期埃及的制度，税、役大概不会比中国少，才能营建一个又一个的金字塔。实际上，中国经书所载不是当时的确切数据。早期人史中，固定在土地上的基层人口，无论是征服者还是被征者的部落或国家，基本上都有农奴的性质，在管理当时国家的统治者集团来看，人口、牲口、土地、器械等等，都是国力的表现。税役制度只是体现了人类已经进入组织管理的软体运营时代，井田不过是个形象化的表达罢了。

到了 2500 年前左右，国家或族群间的竞争，在彼此硬体距离不大的情况下，组织、管理、心态等软体上的创新，常常便也是成败关键。整个历史，都是依存在硬体和软体上的人口数量与创新突变之间的轨迹。

还是用战争为例。2500 年前，时当中国周王朝春秋之后的战国时代，沿袭了几百年的"井田制"业已用老，用老的原因很简单，原先那套血缘部落国家的管理软体，帝王公侯伯子男等头目，加上农奴、半农奴式的基层单位，经过几百年的休养生息，无论贵族或百姓的人口，早已繁衍到大家、小家都经常为生存而摩擦的地步。即使原先同出一辙的血缘关系，也因为时间和空间的距离，早已"远亲不如近邻"，帝国辖下的王公侯伯子男，各自早已形成各色各样的文化变异，发展成各王国、公国、侯国、伯国或各部落，各自绞尽脑汁在有限的地盘内去扩大耕地面积与人口，有余力的，便要扩大影响，兼并别人，统一政治与文化。

从这时候开始，战争不再是简单的比武。对阵双方头领或勇士的格斗，被更复杂的组织软体取代，专业化的军队和将领出现，国家变成扩大地盘的战争机器，血流成河的战役变成家常便饭。人史之有"春秋"、"战国"时代，不单中国有之，也不单 2500 年前有之，全球各地、各时、各族皆有之，一直影响到现在。

战国时代的中国，早期部落国家那套具有农奴色彩的"井田制"旧软体，显然不能解决业已膨胀起来的人口问题。韩赵魏齐楚燕秦七雄的经济竞赛，不约而同，一起解放农奴去"辟草莱"，就是让固定在井田里的人口自由出去开垦荒地，随之兴起的大批自由民，他们所提交的税与役，不但充实了社会资源，并且也是可靠的兵源。针对这新生事物的组织与管理，形成了直到现在依然沿用的社会制度，对当年以农为本的人类社会，不能不说是一大创举。人口毕竟不是牲口，解放奴隶，改革制度，调动人心与积极性，光这么点软体的改善，就照样可以增进生产、加强国力！

于是，历史上，"自由民"的数量便等同于那个社会的开化程度。

这现象一体适用于全球各地、各时、各族群。由大大小小的基层自由民搭建起来的国家，实质上也是由中央政府直接保护并命官治理的国家，组织与纪律远比公侯封建来得严密。从此，管理软体的效率，就是"竞争力"的不言之秘，中外历史皆然。以中国史为例，表面上，战国七雄的秦国似乎是个异数，论人口与面积，楚国才真的是当时的"翘楚"；但是，秦真正抓到了当时社会的组织门窍，以法治国，规范人性，"人同伦、书同文、车同轨"，"统一度、量、衡"，做到"路不拾遗，夜不闭户"，以这样的组织与纪律，才有真正意义的秦帝国的出现，那是2200多年前的往事。

秦统一中国前后百年，欧洲先有了亚历山大，以5万人的组织，从希腊一路打到印度，依赖的岂止是勇气。其后百年，整齐的罗马军团兵阵，从数千人至十万多人，也是依靠组织与纪律，打平地中海周边，征服埃及和欧陆。比较亚历山大帝国的短命和罗马帝国、中华帝国的绵长，系统制度软体的关键性，不言而喻。罗马帝国"自由民"的数量，更是不言之秘。

事实上，自从弩弓与铠甲在大约 2500 年前被人类使用以来，包括 3500 年前便已用上战场的马匹、马镫与战车，整个欧亚大陆在硬体上的发明便不过如此而已，同样或类似的冷兵器，一直使用到晚近 200 多年，才被热兵器的火炮全面取代。在过去长达两三千年的人史中，纯粹依赖硬体或数量的战争胜负，固然不少，从后勤组织、战法、纪律、士气与激励等软体上见高下的战例更多得多。最鲜明的史例，莫过于 800 年前成吉思汗的蒙古帝国，无论西征、南征，蒙古骑兵很少一次动用超过 10 万之众：给养就地征取，使成吉思汗的大军可以从容简化其所需的庞大后勤，加上成吉思汗给诸子诸将定下的军规："绝不顿兵于坚城之下"，闪电般的运动战法造就了蒙古帝国以寡击众的胜算，把游牧民族在硬体对等下的优势发挥到淋漓尽致。

当近代欧洲挟整齐的罗马军团式的兵威，以步兵方阵横扫热兵器初期的世界各国之时，法国的拿破仑以一国之力，对等的硬体，当然不可能采用传统方阵的"杀敌一千，自损八百"战术，他依赖可以各自为战的法军士气，大量以散兵（把兵士间距拉开）对抗严整方阵，来减少自身的伤亡率，仅此一招，纵横欧陆，几成帝业。凡此，都是以软体的效率或创新来进行征战的显例，很能说明为什么 400 年前满洲八旗仅以 10 万之众便能入关一统中国的大清格局，因为大明朝治下的农业帝国，汉民族松散的组织、管理与纪律，早就无以抗衡八旗子弟。半个多世纪之前，毛泽东统帅红军，从一支为数不多、衣衫褴褛的农民人马开始，小米加步枪，组织加纪律，不过二十年时光，最终硬是把蒋介石那些光鲜体面的现代化硬体部队打得落花流水，成立共产党治下的中国。而细看红军战史，人与物的管理到位，运作软体的功力，绝对达到真正现代的最上乘境界，甚至其后的彭德怀元帅就率这样一支志愿军，把当代超强的美军摆平于朝鲜战争，让中国人有史以来第一次在热兵器阵仗里，与列强匹敌，一吐积压了200年的鸟气。

中国红军，以及人史上太多的其他战例，无非说明了，战争，是人的现象，"人的因素第一"也就是"人的脑筋最重要"，也就是"软体比硬体更重要"，组织与纪律是基本功，战法、后勤、士气与激励等的综合管理，系统与制度的效率，这些"人"之所为，更直接关系到胜负。成败之间，常常也就是破格的一招而已，一招就够了，这一招，绝对不是大家都习以为常的那式老招。人类大多数争战，比的都是软体功力，甚至比脑筋急转弯，因为人的软体是从小慢慢学来的，大家的惯性都很强；看得透不够，还得先自己克服自身的习性，想要的软体才搭建得起来。

战争之为大规模的"有组织的集体暴力"，对作为后天软体的人性或人道的演化，很有启发性。人类好斗或好战，固然有掠食动物的竞争本能，也有群性激发下的歇斯底里，前仆后继，视死如归，或许只好说是一种生物的灭亡本能吧。两千多年前，全世界的人口，也不过千万的数量级，当战国时代在中国结束之时，秦只用了大约50年时间，消灭中国境内其他各国约200万众的军队，甚至有一次战役就"坑杀赵卒40万"的记载（大概是个夸大的记述）。罗马帝国统一欧陆，花的时间差不多，扑灭的人口，恐怕也有百万。两千多年来，一方面，人类社会自由民数量有增无减，人们生活大大改善，社会制度越发规范化，人命乃关天大案。另一方面，战争的规模越来越大，杀人如麻，毫无怜惜。也许战争竟是人类平衡自己数量的天然手段？当真"天地不仁，以万物为刍狗"？

而即使如此，战国时代的中国，敌对双方，也不能不讲究"以邻为壑"的忌讳。就是，农业水利是平民生存的最基本天条，打仗，绝不能打到扒开水堤、全面毁灭。到近代的第一次世界大战，对阵的双方硬软体几乎完全一样，打法毫无新意，双方都只知道拉开阵式、蛮干攻坚，一味全无理性，伤亡以百万计，居然也有暗合古意之处，就是，尽可能不殃及平民。哪怕成吉思汗的屠城规矩：只杀高过大车车轴的男性，女性免——草原上的人们早已参透大自然的玄机：万物都从母胎里出生，蒙古部族最常用的歌颂词，就是"母亲"和"奶汁"——何况草原大车是十几匹牛拉的大车，轴高过 1 米呢，屠城也不是杀个光光的。天道曲折自有理，人道软体的演化，竟诡异如斯！

真正诡异的人道软体演化，发生在同一时段切片的美洲。欧亚的先民们很早便步入文明，战争与和平，骨子里，都不过是手段，目的是要解决人们因贪欲而起的纷争，有所节制，非常自然。美洲那里的战争习性，至少有相当一部分，是为了部族之间要抢夺献祭的活人牲，是名符其实的宗教战争，只因为开发了血淋淋的祭祀硬软体！

切片看人史（三）：2000 年前—500 年前

到了大约 2000 年前，欧亚大陆在农业社会的基础上，同时有了罗马、安息、贵霜、中华那样的中央集权的大国，而且也出现了类似司马迁的《史记》的那种信史，比较系统可靠地记录、反映了当时人的活动与思想。与这之前相比，我们是可以确定：随着人们的知识和人口数量的持续增长，社会与人心的复杂度，一直在大大增加。

美洲大陆，反映的更鲜明些。1.2万年前以区区不到20人的群落进入美洲的人祖们，这时的后裔大约已繁衍到几百万的数量级，也已上了农业社会的量子台阶，他们所表显出来的智慧与复杂度，反映在他们当时的记述，不但与同时期欧亚大陆的人近似，连社会形制也雷同。唯一的差别，仍在于人口数量，欧亚大陆的族群人口更多，人际细节可能更多些；不过，各地人的智慧与复杂度还是在同一个数量级内。

这时，大规模的农业文明已实施了两千多年，各地各族的人们当然有机遇上的差异，表现在形形色色的硬软体开发上，时间点有先有后，展现或表达的方式——工具、名称、符号、装扮、仪式、规矩、诗歌、文艺、制度等等，当然不同，充分展示人脑软体的多样化，但其所组织的内涵，意思却相当近似。

从宏观角度来看，到了500年前，欧亚大陆已聚集了上亿人口的数量级，以及积累了4000年以上的硬软体智慧。这时候，沿用了几千年的农业技术和社会制度早已成为惯性传统，势已再难继续承载人口的大幅增长，应运而生的另一个量子飞跃——工业革命，在相对比较重商的欧陆城邦与英国萌芽，得以量产商品，并大规模流通，从此开启了人类文明的新台阶，带动人们进入理性科学化时代。欧洲人只用了300年时间，规模经济的工商社会便席卷全球，成为人们新的生活方式，这比农业文明扩散到全球的时间要短得多，意味着，人类社会的硬软体演化大大加速。

工商社会取代农业社会的过程，至今也没完全完成。或许也不需要，因为，各地各族人群的发展本来就不一致，各有因地制宜之处，加上传统的惯性，各自都是在原来的习性中去摸索科学化、工业化，从而进入"现代化"台阶的。正如同从来不曾有过一个突然成熟或一统天下的农业社会一样，这世界也不是一夕之间就蹦出个工商社会，更不会是只有单一一种工商社会形制，人类工商社会之多样化与持续不断演化也是可以断言的。

在这 1500 年的人史时段里，对整个人类而言，农业作为根本的生产力，配套的硬软体已然相当精致。撇开人类不能左右的大自然因素，气候、地震等的"异常"什么的，人类能自主发展的——社会组织、水利工程、手工业、科技、医疗、文艺、音乐、绘画等等，都有非常可观的长进。各地各族的文化或文明，开发得极其绚丽，让人们津津乐道，拍案惊奇。实际，可以分成三块来叙：

西方的世界

北非与欧洲到波斯到北印度，这一块大地，衔接比较平坦，路途虽远，传播险阻不大，主要承袭了早先的埃及、希腊、波斯、印度古文明，城邦政治加上印欧游牧族裔的拼音文字之力，各部族因循损益之后，小国相连，各自交易有无，互相影响，结成若有似无、泛泛的、人称"西方世界"的一大块。其中，虽然有点勉强，罗马帝国至少在这段 1500 年的头 1200 年里，主导着环地中海周边的政治大局，连续长期实施罗马法典，多少建立了些软体的同质性。

尤其是，2000 年前，帝国辖下的犹太人出了个耶稣。作为犹太教的一个先知，宣扬博爱福音的耶稣后来遭族人出卖，被钉死在十字架上。虽然耶稣是被罗马帝国的官处死的，但帝国的统治者很快便看到一神教义对管理众多人群的众神信仰的好处，于是耶稣死后百年的数量级内，神化耶苏的教居然变成罗马帝国辖下的显教，短短300年左右耶苏教就开始成为全欧洲的国教。耶苏教，也就是耶稣教（"耶稣"也者，救世主的意思），变成专为非犹太人所崇奉的变种犹太教，其徒众狂热的程度，甚至反过来压迫犹太人，不得不说是人类软体演化上的最大奇案。

而僧侣教会自成体系，世俗化到国中有国，教内有派，虽帝国、王国法规不能撼治，甚至延绵远超寻常国度，经营得富且过之；凡此，为曲折的人道开发，留下极其重要、有趣、耐人寻味的资料。对欧洲而言，更古早的希腊、罗马前人智慧，全被融入或用在国教形式之中，即使罗马帝国西半部江山仍不免败亡于一千五六百年前的匈奴、哥特、日耳曼等蛮族的连环入侵。耶稣教倒货真价实地教化了所有这些入侵的蛮族，欧洲的新、老住民们有了这条共通之道的融合，才有面目一新的欧洲人出现，成为此后至今我们所谓的"欧洲人"。原有的北非、欧洲众神，连带所有先来后到的新、老蛮族的一切神祇，全部灰飞烟灭。

1500年前西罗马帝国消亡后，中欧大部成为日耳曼诸部的领地，在耶稣教会与罗马遗韵中，孵化出英、德、法、荷、比等国度。至于帝国在意大利、西班牙的老住民，他们沉浸在罗马化的耶稣教会里（天主教），努力地消化着外族甚至外教，几乎千年之后，才又走出一片天地，不过，后来的意大利、西班牙早已不全是原先的罗马帝国的文化氛围与血缘了。罗马帝国的东南欧半壁江山，包括欧洲文明摇篮的希腊和爱琴海周边地区，倒勉强还在东罗马帝国辖下。东罗马帝国以君士坦丁堡为都城，很快就干脆放弃反攻大陆的希望；这个没有罗马的罗马帝国继续存在了1000多年，一度还光芒四射，就是那个有名的拜占庭文化，最终不敌又一波新的蛮族入侵，只不过500年前的这一波，骚动的源头不是匈奴，而是突厥诸部。

当君士坦丁堡对岸的土耳其（其实就是"突厥"音译的今日版）被新兴的伊斯兰教武装成强大的土耳其帝国的时候，东罗马帝国的结局也就成了宿命。东罗马帝国存活的一千多年当中，几乎有700年是紧挨着伊斯兰教这么一个陡然兴起的新文化与新帝国，实际上，东罗马帝国对欧洲的最大贡献是，它屏障了欧陆本土，缓冲了伊斯兰教势力的扩张，使欧陆本土诸部族得以从容渐次地立定脚跟去消化新接受的教化。可以说，耶稣教，是以西、东罗马帝国为牺牲，才长得大的。反过来说，既然武力与政治都不够看，罗马帝国所传承的古欧洲文化，也只能通过耶稣教会，才多少传播于后。此外，罗马帝国的完全消逝，还意味着多元群落的欧洲无法在罗马帝国的组织软体中找到一统的解，人们只好走回古早的城邦制精神，各部族画地自理，分而后乃治。连欧洲的道统——耶稣教，也大分裂为天主教会与东正教会，各自承袭些原先的罗马或希腊的影响，都掺和进耶稣教会的文化里，再加上些许各部族自己的独特风味，传递到各个在地的后代欧洲人脑袋中。

在这段500年前到2000年前的人史里，没有长城和中国人口数量的欧洲，只能像是个没有锅盖的火锅，吸引欧亚大陆草原游牧民族不断地往里填，而欧洲各部族，无论其有案可查的血缘来自何方，从1350年前开始，尽皆笼罩在南边一个强势的伊斯兰教政治、文化的影响下，所有欧洲外贸都势必经过阿拉伯或突厥部族的领地。而作为欧洲道统的耶稣教会，也跟任何长期的道统一样，既是教化之源，又是束缚之索，更不能免俗地是个利益团体，在无形权力中营运了千年之后，天主教会造成欧洲数百年的黑暗时代。这 1500 年时段的后半段是个欧洲文明、文化大倒退、大浩劫的黑暗时代。教会钳制人脑思想所造出来的罪孽，罄竹难书，绝不在罗马帝国或秦帝国的任何暴君之下，真是"成也萧何、败也萧何"。

情况要一直延续到六百多年前，欧洲人们才幡然醒悟，重新努力把失去的智识学回来，这回的"文艺复兴"运动，教会却扮演着相当暧昧的促进角色。因为，一来，教会本身虽有反知识的倾向，但它却又是古籍、图书的收藏中心；二来，教士本身多少有点知识，其中许多教士破格从阿拉伯文典籍里，把古早欧洲前人的旧识、当时东方世界的新知，都翻译了回去，重新充实了欧洲人们的软体。很快，欧洲人不但重新认识了欧洲的过去（埃及、希腊、罗马），而且又有了新的硬软体配备与发明。于是，为了追寻东方的财富，大航海时代便在五百多年前揭开序幕，从此促成人类史上最近、也是最大的一次量子飞跃：科学与工业的诞生，最终使欧洲的新文明与新文化普及到全世界。

北非与欧洲的本土"原住民"，三五千年前，早就绽放过古埃及、古希腊的文明，其他的本土"原住民"包括犹太人、迦南人、阿拉伯人等等部族，光一套从 0 到 9 的阿拉伯数字，便是通行全球的产品，人性就是通的嘛，真的有用、好使，就留传下来啰。演化中的人类，在地要留下多久，才算得上本土"原住民"呢？真是说不好、不好说！犹太人历来颠沛流离，追寻"流奶与蜜"福地，可到处都有先占的"原住民"。阿拉伯人在沙漠之地的阿拉伯半岛，亦农亦牧亦商亦匪，艰苦生活之下，习性原本相当开放。但犹太人、阿拉伯人他们都是真正的北非本土原住民，都采用一神教文化来界定民族的认同。

今日的欧洲倒和中国类似，早也理不清里头有多少本土原住民、多少外来族裔的血缘了。

大约 2600 多年前，那时的希腊人叫伊朗人"波斯人"，但伊朗人说自己是"伊朗人"，是深目高鼻的印欧族裔的一支，"伊朗"就是波斯语"印欧人的家园"的意思。对 2600 年前的希腊来说，当时的波斯世界已经是个庞大的印欧帝国，不是简单的印欧蛮族。波斯帝国入侵希腊，算是有史可稽的第一次东西方世界正面冲突，波斯没有得逞；此后 300 年，亚历山大从希腊一路打到印度，那是欧洲原住民倒打进印欧人的老巢，波斯到北印度就此混上欧洲原住民（希腊）色彩。其实，人性本喜扩散，印欧族裔至少在 6000 年之前便已混到中华文化发源地之一的河湟地区（青海省境），证据是那里出土了好些个陶器，上有典型的印欧人"万字符"，"卍"（就是佛教的徽号）与"卐"（就是德国纳粹的徽号），是少数几个人类传承僻好下留传至今的符号。2000 年之前，波斯对希腊或罗马，是远亲对打，安息（那时的波斯帝国）对贵霜（那时的印度帝国），可就是印欧部族的内讧了。

人类部族的分分合合，文化的相互学习、传播、影响，对伊朗而言，也是个奇妙的迂回过程。2500 多年前，伊朗最早产出世界性哲人，就是拜火教的索理亚斯德，他对一个终极价值的执着信仰，深深影响到犹太教最终的一神教义。与犹太人血缘非常接近的阿拉伯人，终于在 1400 年前出了穆罕默德，他以犹太人创教的本意和民族精神，真正做到一神教义没能在犹太民族做到的事：就是用一神教信仰——伊斯兰教，把一个当时弱小而又分崩离析的阿拉伯民族，不但唤醒起来，而且团结起来。穆罕默德有生之年便已经建立起阿拉伯帝国的新气势，他死后 20 年之内，士气旺盛的阿拉伯人便一手拿可兰经、一手拿剑，打下阿拉伯、埃及、伊朗全境。

1350 年前开始，伊朗被阿拉伯帝国统治 640 年，完全伊斯兰教化；之后，伊朗被成吉思汗的先后子孙统治（伊儿汗国、铁木儿汗国），把入侵的蒙古统治者完全伊斯兰教化。先突厥化、后又伊朗化了的铁木儿汗后裔开始以什叶派伊斯兰教为伊朗国教，影响整个中亚。铁木儿，这位沿用成吉思汗名字的突厥、蒙古混血后裔，可以说是真正把伊斯兰教稳固在中亚以至土耳其的广阔疆域的"大汗"。600年前那时，中国的元朝已灭于朱元璋建立的明朝，明成祖朱棣刚即位不久，而铁木儿汗遍扫整个当年的伊斯兰教世界，兵威直达北非、土耳其与印度，并收服了蒙古四大汗国中的三个，正准备跟中国大打出手，却突然病逝。只能说，明成祖命好；不过，铁木儿也大大刺激了朱棣的国际观，中国这才有郑和的七下西洋。铁木儿一死，汗国很快崩解；现在土耳其的前身，是第一次世界大战前的奥斯曼土耳其帝国（继承塞尔柱土耳其帝国），而塞尔柱正是铁木儿汗国式微后，从汗国分离出来的伊斯兰教突厥帝国。突厥子孙真正是成吉思汗武功的最大受益人和继承人，他们奠定了现在欧亚草原大部分地区的政教面貌。

500 年前，铁木儿汗子孙转到北印度去建立伊斯兰教的蒙兀儿帝国，"蒙兀儿"是印度拼音，正是"蒙古"，后来建造了全世界最美丽的建筑——泰姬玛哈陵。伊朗与印度就此直到现代欧洲列强出现，才完全脱离中亚草原部族血缘的统治，那时，这些"外族"早已本土化成伊朗人或印度人了。

伊朗经历了亚、欧、非那么多新、老住民们的混杂，也是靠伊斯兰教，才融合出当下的"伊朗人"。过程中，原先的拜火教早已不复存在，反而在中国民间还能找到拜火教些许蛛丝马迹，比如600年前的"明教"。实际上，中国人传统文化里的宗教性是不怎么强的，好处是不太迷信，坏处是什么教都来混一点，于是中国草根性宗教里，索性称"神"为"佛"，藉以沾一下盛行的佛教的光。中国民间的"大光明佛"，常见于一贯道、鸭蛋教、吃菜教等异端，崇拜光明，经典怪异，绝不见于正统佛寺，没人说得清"大光明佛"乃何方神圣，但色尚火红、徒众系红带子等，还都真是早先伊朗拜火教的习俗。

比起欧洲与伊朗的发展，印度算是西方世界的特例。可考的古印度文明迟至80年前才为人们发掘，叫做哈拉巴文化。这是个4300年前就已经高度发达于印度河畔的文明，既有精美的青铜器物，也有文字（迄未能解读），更有集中两三万人口以上的城市，而且已经使用金、银、窑砖。吾人对之所知很少，只知道他们存在了大约800年，然后就突然消亡了。3000多年前，印欧人入侵印度，开始了吠陀时代，奠定此后至今的"印度人"雏形，但这新印度人直到2900年前才进入文明时期。300年后，印度也进入战国时代，而整个吠陀文明，至少在硬体上都还比不过哈拉巴文化。软体上，印欧人建立了严格的种姓社会，以武士与婆罗门教士为上层，架在平民与土著贱民之上，各部王、酋努力地从部落制走向国家制。200年的战国纷争，使古印度的政经重心东移至恒河流域。2600年前，佛陀出世，改良婆罗门教义，成立慈悲为怀的佛教。"佛"者，"觉悟之人"的意思。佛教轮回报应、果报来生的思想，广受基层民众的欢迎，很快便扩散到中亚各国，并于2000年前传入中国，从此盛行于东方。但在印度本土，不事生产的佛教，毕竟是社会沉重的负荷，最终不敌1600年前兴起的印度教（一种新的婆罗门教），大约在 1000 年前，佛教竟逐渐演变成没有印度人的印度教，几乎与耶稣教之为没有犹太人的犹太教如出一辙。

印度战国时代的结束，得力于 2300 年前亚历山大的征伐。亚历山大一离开印度河边，起义的印度人不但赶走了希腊守军，而且统一了印度，建立了孔雀帝国，维续了近 140 年的繁盛。孔雀帝国亡后，印度又陷入众多小国寡民的分崩离析之中。2000 年前，中国祁连山麓的大月氏人的一支辗转在克什米尔地区发迹，建立贵霜帝国，于公元 70 年前后，一统中亚与印度；贵霜在印度的统治延续至公元 320 年。古印度，由于国小而多，城邦寨落林立，各自记载不全，历史模糊不清，除孔雀、贵霜之外，往后直至 500 年前的蒙兀儿帝国，都没有大致一统印度的国家出现。在 2000 年前至 500 年前的人史中，印度只好说是：存在有多个区域性质的中、小王朝与王国，操多个语言，而大致以印度教各门派为社会文化传承的重心。

这情况其实与西罗马帝国崩解后的欧洲很相似，只不过是多神的印度教在这里发挥了"教化"的作用罢了。伊斯兰教兴起后，阿拉伯帝国自 1300 年前起就多次侵入西北印度地区；800 年前，突厥人在德里建立奴隶王朝，也不过就是北印度的一个享年 300 岁的区域性伊斯兰教王国而已。政治上长期的四分五裂、支离破碎，使印度人的思维软体表现得与欧洲人、中国人有所不同，而论其影响，如今，印度教义（含佛教）至少有 25 亿人口以上的信众，耶稣教义有 18 亿，伊斯兰教义有 10 亿。这也是人道开发上的一大公案：一个稍微比较知识化、消极而包容的佛教，也能温温地引起那么多人的共鸣，成为这 1500 年人史时段中流传最广的、异地开花结果的宗教。

我们看 2000 年前到 500 年前这么一段 1500 年的人史，从北非、欧洲、波斯到印度这么一块大地，在这样的时空里，其中的人群的认同，渊源关系最多不过上溯至 1 万年前、地域外推至中亚草原而已。在这块土地上，这 1500 年时段最终磨练出当今全球人们的共通软件——"科学"。而西方世界的基因硬体——原本的埃及、希腊、罗马、阿拉伯、犹太、印度等古人的传承——当然还在，但更显著的成分，则是先先后后涌入的印欧、匈奴、柔然、蒙古、突厥血液。至于社会软体，原住民犹太、阿拉伯的一神教义演化出耶稣教与伊斯兰教，全面主导着北非、欧洲、波斯、中亚的和谐与摩擦。而印欧族裔原来的梵天、万物有灵的思想，在印度开花，多神教义演化出印度教与佛教，印度教成为印度社会的支柱，佛教则成为中国和其他东方社会的一大成分。非常明显，软体对人类的影响力，早已凌越基因硬体的界限。

在这段人史中，我们也要看到，人类硬软体的搅拌器，有一大部分是欧亚大陆草原游牧的人群自身，他们同时也做了被搅拌的对象。在 3000 年之前，印欧族的迁移，开发了伊朗、印度的文明，以及散布在欧洲中部地区的诸多日尔曼、维京等部落，之后，大约在 1800 多年前，匈奴的一支离开蒙古草原西去，300 年后出了个阿提拉汗（就是那位有名的"上帝之鞭"）。匈奴迁徙过程中，压着早先来的日尔曼诸部更往西移，搅亡西罗马帝国，最终落户为匈牙利。大约 1600 年前，鲜卑一支的柔然也离开蒙古草原西去，柔然子孙成为窝瓦河直到多瑙河的主人，逼押着阿提拉的匈奴后裔更往西迁徙，柔然与斯拉夫混血的保加利可汗，经常向东罗马帝国索取金帛"岁赐"，把昭君出塞的戏本搬到多瑙河边上演。大约 1300 年前，突厥的一支又离开蒙古草原西去；这时人类各部族能再迁占的空间已经不太多，而且突厥虽然是游牧民族，但已有自己的文字，突厥诸部也统辖过从贝加尔湖直到里海的欧亚大草原。匈奴式的一波押一波蛮族迁移不复出现，但500年内，西进的突厥诸部还是搅亡了东罗马帝国，并且在地中海东边落户为土耳其帝国，搅拌的范围更远达波斯与印度。

匈奴与柔然，是比较无组织的搅拌，他们为自己的生存而战，随遇而安，依赖的是骑兵的威力和部族的锐气。真正对西方世界有组织、有意识的大搅拌发生过两次：

第一次是大约1350年前开始的阿拉伯帝国的扩张，这是文武并举的大搅拌，为信仰而征战，效果彰著。在百年的数量级内，阿拉伯人从地中海南岸、北非向东，以至土耳其、波斯、西北印度、中亚地区，把在地原住民和突厥诸部，尽皆伊斯兰教化，永远改变了中亚的人文面貌（中亚在此前近千年时间，是信佛教的），成为人道现象中最壮观的景象之一。1200年前阿拉伯帝国与中国的大唐帝国在今阿富汗附近直接对阵，唐军虽败，阿拉伯也意识到中国是个不同的劲敌，双方算是达到了自然疆界。此战，阿拉伯军尽俘唐军工匠，从此造纸、印刷、琉璃等中国工艺流入伊斯兰教世界，辗转扩散到耶稣教世界。阿拉伯帝国一鼓作气所建立的伊斯兰教世界，存续至今已历千年，伊斯兰教同耶稣教、印度教一样，很快也成为道统软体，被教会与教士的利益扰动着它的基本程式。人类各部族所发生的问题，几乎完全一样！人脑里头的软体，本来就复杂到不光是宗教而已，还有家族、政治、经济、感情、习性等等等等呢。

第二次大搅拌是大约800年前开始的蒙古帝国的扩张，这是个纯粹武力的搅拌，是成吉思汗式的经略四方，为征战而征战。他所率领的草原部族没有任何道统的包袱（以前的匈奴、柔然、突厥也没有），并且组织、纪律、信念之严密，比当时任何部族、任何文化都强。蒙古人建立西起多瑙河畔，连互土耳其、东欧、俄国、波斯、中亚、印度、东达长江、黑龙江口，南至越南、缅甸的人史上空前绝后的庞大帝国。把当时的欧亚世界打扁打平，人类真正尝到"全球化"的甜头，所花的时间也就是成吉思汗子孙三代，百年之内的数量级而已。大汗子孙散播全球，各自接受他们生母及母亲族裔的教化，扛负起母族的认同和自身的贪欲，很快便堂、表兄弟们互相对阵厮杀起来，一再启示了人类后代：人脑软体外塑的重要性，人是被教化出来的。

2000 年前到 500 年前的人史在西方世界表显的这一段经验，还可以加几个注脚：

（一）人的社会需要一个长期、稳定的东西（就是"道统"呗）来进行教化，要么是政治的，要么是宗教的。可是，不管是政治还是宗教，都是人去搞的，政治权搞久的人，变成官僚，教会权搞久的人，变成神棍。结果一样：制度是人造的，靠人去执行，这些人的无知、私欲和腐败，就给人群带来痛苦和灾难，而人群又不得不需要这些鸟人。怎么去创造一个平衡、周全的软体机制呢？这，才是历史演化的推手。

（二）北非原住民，犹太人和阿拉伯人的一神信仰，最终以耶稣教和回教的形式，成为全球一半以上人口的心灵寄托，对这 1500 年时段的先民，更为重要，因为这是那时候的人群教化之所本。耶稣教与伊斯兰教的兴盛，有那段时期北非、欧洲各部族互动的因缘巧合，所以不用太费神去比较孰优孰劣，都是先民必不可少的文化基因工程，何况历史（演化）刚好就是不能重来一遍的。

在同一时段内，不同地段的印度，便完全另一个样：反而是入侵的印欧人强化了自身传统的宗教观，婆罗门教以原始多神信仰的面目，主导印度次大陆，并以其支派——佛教，影响中国及其后的整个东方世界。

显然500年之前的人类演化，是需要个宗教软体的。整个西方世界的文明都与宗教有关，这不是一个巧合。一切视觉的、听觉的甚至嗅觉的艺术，一切西方的音乐、绘画、建筑等，大半都被宗教情操激发或因宗教而起，况且，教会似乎比帝国政治组织更长命、更稳定、更富有，更能担负人类文化传承的需要。宗教的作用，绝对是西方世界在这1500年内的最大事件。

（三）古早以来，欧亚草原上各游牧部族的机动性是人类硬软体天然的搅拌器，迫使各定居的农业部族开放、亲密接触。这种搅拌一直使用到成吉思汗的蒙古帝国，连伊斯兰教的阿拉伯、土耳其帝国都难当其锋。马匹与轮子的功力，加上蒙古式的骑兵战术，人类终于把冷兵器的硬件武功用尽。而根基于农业的诸多文明，不管有着多么先进的文明与科技，当年却硬是找不到对抗机动游击的解。3500年前没找到，这1500年间也没找到，往后要到19世纪热兵器时代来临，加上工商社会的动员与组织能力，草原式的骚动才会永远成为历史趣事。但是，人群也就在本能的竞争中，也本能地混同了。对西方与东方世界的人类而言，孤立与隔绝，从来不是演化的动力，开放与混同才是。

叙述西方世界这 1500 年时段的故事，并不容易。老实说，那时候，西方世界挺毙的。18 世纪时，英国贵族历史学家吉朋，到处收集欧洲各地文史资料，毕生之力，写出罗马帝国史，依然无法填补许多空白。因为从印度直到西班牙，西方社会的统治、管理，基本上就是一串封建式的领主，各自料理力所能及的城堡周边，帝、王的威权虽大，中央的号令却没有一班稳固的官僚集团去执行，当然也就没有制度化的专人去写"信史"。欧洲如此，印度、伊朗、希腊、埃及等地，空白的情况就更普遍。断层太多，我们也就只好满足于一个大致的脉络与轮廓了。

东方的世界

东亚戈壁沙漠以南以东直到太平洋岸的中国大地，区内山多溪流多，与今日美国的面积相当，勉强可以耕作的地面不到 1/3，真正耕作起来的地面竟只得 10% 出头。这么一块地方，却被中国人精耕细作地用农业开发到极致，相对的人口密度与人数，早就领先全球。2200 多年前，秦王朝统一中华帝国之前，谁也没治理过地那么大、人那么多的国家，秦始皇一死，跟亚历山大一样，帝国立马崩解。

但这一统的政制，却是自然的需要：中国人的精密农业，长期依赖长江与黄河的水利，需要"中央政府"集中人力的建设和调度。政治管理，到了汉朝武帝手上，终于悟出个绝招：在中央集权的朝廷、郡县制之外，格外讲究"人同伦"，独尊儒家，就是让所有的人脑浸泡在官方解释的孔夫子道德思想里，让每个中国人都受同样道德伦理思想的制约，自己做自己的警察。2100 多年前，汉武帝用不着太庞大的官僚系统，便相当有效地统辖着帝国的臣民，从此以后，"君君臣臣父父子子"，便成为道统软体，维系着中华帝国。"敬天爱人"，对鬼神的事情，用"敬"字来疏远，保持距离、以策安全；对人的事情，用"爱"字，但这又不单是西方式的感情，因为"人"也可以看成是社会资源中的一个器件。于是，不带来风调雨顺的土地庙可以重塑，政治上也可以换君、可以改朝换代。如此这般一个务实的、笼统的、适应天上地下的，而又内向、反求诸己的伦理道德，便让帝国势力所及的中国人有个一致的认同。汉武大帝把中国做成了个"教化"的超级大酱缸！从此之后，征服或被征服，不管什么东西，只要泡将进来，结果就都是那一个味道！

所以，2000 年前到 500 年前的这段人史在中国的表显，是与西方世界大不相同的经验，而真正始创这个中国经验的人，便是汉武大帝。事实上，秦始皇虽然开始了中华帝国的尝试，严格法制，奖励工商，但这从秦王国放大到秦帝国的软体安装，对中国各部族原来的习性来说，却不是那么容易转换的。在 2000 年之前人类社会以首领的人治为中心的时代，秦始皇帝有生一代的经营，并未把帝国的软体安装好，那么重大的软体安装，着实需要更长时间的稳定运转，才能修修补补以至周全。汉武大帝的曾祖爷爷刘邦，取得帝国控制权之后，对于怎么组建、平衡、延续中华帝国的机制，伤透脑筋，磕磕碰碰，传至汉武帝的父亲汉景帝，始终没能找到一个长治久安的解。那时的中国，既有封建王侯，又有郡县命官，更是儒、法、道等门派宣扬各自理念的试验场。所以，年轻、浪漫的汉武帝刘彻，真正是碰巧面对了人史上最大的机遇，而他也真的做出睿智的抉择，就此决定了此后中国人儒表、法里、道心的格式与命运。

中华帝国能绵延到大清朝，改朝换代而混同不绝 2000 年，甚至干脆中国人被称为"汉人"，更往上把"道统"前推到 4000 年前的夏、商、周，全是汉武大帝的酱功。夏、商、周这些华北山林草野的部族，多以凤凰、麒麟、山兽为图腾；巴（四川）、楚、吴、越这些江湖沼泽的部族，多以龙、蛇、水怪为图腾。夏、商、周部落可能源于青海的河湟（与羌同源），吴、越肯定出自浙江的河姆渡、马家浜（与百越同源），巴、楚则与云贵西南夷诸部同源。八九千年之前，这些部落国家的先祖便已发散如此，各自有史前一套文化发展。汉代中国版图内外，吃大米的酋长国，大的几百里，小的几个山头；浙粤桂赣有百越诸部，川云贵更有像夜郎、滇、巴（三星堆族裔）那样3000年前就已达到青铜器文明的国度。秦汉一统政治文化之后，捏成一块（连各部族的祖宗也一块捏），怎么有用怎么捏（全中国都吃上大米、用竹筷），认同并尊龙凤、崇拜祖先神灵，中国历代都东西南北混同大杂烩，上哪儿再去找着"纯粹""汉人"的血统呢？《尚书》记载的五谷粮食，没有稻米；中国诗歌词曲，源于《楚辞》，道统里的"雅乐"基本失传。汉民族、汉文化，真正是酱缸里头溶混出来的。

武帝当然没有今人的"后来有先见之明"，他当年无从知道他的决策会造成多大的影响；不过，我们倒可以从汉武大帝的决策中，去意会一个有智识的人，在2000年前那个时空环境下的管理逻辑。那时西方的罗马帝国与东方的中华帝国，两者面对的处境，其实差不太多：地大，人多而文化不高。两个帝国都兴建了马路和驿站，但信息从英格兰快递到首都罗马得花上个把月，信息从广东快达到首都长安城也得花上个把月，若要派兵到边区，就得花三个月时间才能走得到，动员、训练、补给等一连串问题，都不是临时随便可以下令或行动的。紧急军情尚且如此，平时的行政更不会好过这情况，朝廷阅读的公文、战报，绝不会是当下现况，除非到现场办公，不然连状况也是臆测的。（所以，早期罗马帝国的皇帝就得经常率部"亲征"，而中国的首都也常常选址于靠近最可能发生战事的前沿。）

比较现实的构想或方案都必须模糊到一个程度，以便容许诸多可能性的发生，几乎难得有个百分之百贯彻原计划的案例。经济上，税收制度是当然的，但是，数字就只能是大约的了；这牵涉到许多计量标准和统计，人口、土地丈量、生产评估等等，跟信息不及时一样，数据的取得也难以精准，何况还得经过中间官僚集团的盘剥或隐藏。尽管也有监察制度，刑罚也算苛刻，但都管不住人性的弱点和私利，上有政策，下有对策。总之，知识、沟通、教化等等有很现实的硬软体限制，所有工作很少有不打折扣的执行。既有当时技术与工具的问题，也有当时人们的习性与文化的问题。就人类那 1500 年间的状态而言，东、西方的国家与社会，也就只能是那么个水平了。

有心要管好帝国的皇帝或领导人，还真累！所以，一开始，两个帝国便走上不同的路，千百年后，出现不同的结果，毋宁是必然的。罗马帝国承袭了拼音文字，加上早先的城邦各自为政的习性，使族群分化更容易，虽然体制内部沟通可以依赖翻译，但效率就差了，帝国辖下，一片多元景象。分治比较省事，罗马中央只好授权封疆大吏，裂土而治，仅仅为了有效治理，罗马帝国很早就形成了东、西二罗马帝国分治的局面（1700 年前）。中华帝国则承袭了象形文字，体制内部沟通完全无碍，至少可以用写的，加上早先历代建设的农田水利网的衔接，使各族群相对比较互相依存而有内聚混同的倾向，只要统一人心思想，就能使中央政令更加有效实施，于是中华帝国很早便走上政、经、社大一统的路。

如果我们可以把凯撒和汉武对调，汉武也许照样可以统一罗马帝国，但也无从阻止欧洲的分裂趋势；反过来说，凯撒也许照样裂土以治中国，但也无从阻止中国走向一统。历史本来就是人拿来记载其所做的或发生过的大事、小事的，不是每个人都有机会获得写历史的人的青睐。帝王将相或政客们比较能更直接影响当代和后代，宜乎他们名垂青史，不过，他们各自在那时机点上所做的事或功业，顺大势的许为英雄，逆大势的称为绝唱，后人的唏嘘感叹就大不相同了。

在2000年前伊始就定了格局的中华帝国，此后的1500年，甚至再加上400年，直到公元20世纪初，政治上能有的作为，似乎也就只有改朝换代，换个人、换个家族来统治罢了。把教化统一于儒家思想，并拿来作为政府考试任官的标准，将私人的功名利益渠道与思想整合到一起，道德伦理的儒术在中国的作用，也就同耶稣教或伊斯兰教在西方世界的作用一样，成为生存在那个社群的人的基本认同与生存准则。跟西方的宗教不一样的地方是，儒术单纯是套人世的法则，中国人的政治体系靠它来简化许多运作。比如，西方的政治体系必须有相应的宗教之外的法律、法理与实施的手段、工具，以强加诸被统治的人群身上，来维持统治者所要的社会秩序，因此而发生的成本，军警系统、官僚系统都相对庞大，最终还是要基层的人民付税买单，此等负担，反而未必有利于政体的稳定。中国的朝代，当然也有军警、官僚体系，但是，社会秩序的维持大量被一个无形、统一的伦理纲常的教化取代，规矩深植中国人心，各地的祠堂、家庙倒成了大半个司法的象征。虽然缺少一个绝对的量化标准，政体倒因此简化不少，官僚作业主要焦聚几件大事就行了。水利、天灾与收成，关系到整个农业社会的持续与崩解，当然是关切的重中之重。其次，便是逆伦与特大案件的处置，必须上报中央政府，以昭示对伦常规矩的重视。比较起来，东方的官佐比起他们的西方同僚，轻松好当得太多，只要有点舞文弄墨的技巧、守住君臣父子的本分，未必需要专业知识，等因奉此一番，也能保全饭碗到退休。

在我们谈的这1500年时段之中，中华帝国内的老百姓的日常生活，似乎只随着人们不能掌控的气候大轮子在转，精耕的农业文明使人口数量大增；工商技艺等专业，虽然不是社会重视的前沿，幸而商业经济利益是全球人类的共同语言，千年下来，帝国内积累的技术成长仍然非常可观。事实上，与西方相比，中国从1400年前的唐朝开始，便在瓷器、丝绸、茶叶、航海、印刷等技术上领先全球，连带的富庶，撑起陆上、海上的丝绸之路的繁荣，一直到500年前工业时代兴起，中华帝国儒式官僚集团治理下的农业文明才衰败下去。

东方中国同西方世界一样，也经历几波蛮族入侵。1700年前的那一波虽然不是由匈奴而起，但也可以看作是汉、匈斗争几百年的下场（汉武恐怕是世界史上第一个，也是唯一主动去进攻草原的农民的案例，结果，农民当然还是无法掌控草原，虽然汉朝在1800年前就迫使匈奴的一支西迁，造成轩然大波，害得西罗马帝国因此而亡），只不过草原骚动之源，改为鲜卑族（柔然）主导罢了。1100多年前的那一波，先是突厥主导，持续扩大为鲜卑、蒙古诸部都驰骋南下中原，此后，虽然一度有宋朝的统一，很快便只剩下南中国的半壁江山。不过，860多年前南宋的"偏安"倒真正大大开发了南中国，使中华文明大放异彩，无论建筑、艺术、工技、诗词都达到当时人类的顶级境界，才有700多年前马可波罗对元朝忽必烈可汗治下的中国的描述。

最后一次蛮族入侵发生在 400 年前，不过，鲜卑族裔的满清入主中国，那已经不是蛮族迁移的意义了。而中国史上的所有蛮族入侵，结局都一样，一旦掉进儒家农业文明的酱缸里，用不着百年光阴，尽皆浸泡成中华文化的味道，没有例外，中国那只千年酱缸依旧，口味多混杂了些辛辣而已。儒家农业文化影响下的韩国、越南、日本，这些地区在这 1500 年的时段里的特征，也可以看做是中国的卤汁放在不同口径的缸里，口味大体一样，佐料稍许不同罢了。

严格说起来，印度教、耶稣教、伊斯兰教这些西方的道统，各自也在西方世界里发挥了酱缸的作用。佛教在 2000 年前的汉初就经由西域（即今的新疆）传入中国，作为印度口味的主酱之一，佛教在中国的传播，要到 400 多年后的魏晋南北朝才普及于民间，那时正当蛮族入侵中原的第一波高峰，算得上是个杀人如麻的时代，"五胡乱华"，民不聊生。人们看不到尘世的希望，就开始接受佛教来生的慰藉。1400 年前，唐朝一统中华帝国，很快，儒酱继续发酵，佛教大量中国化，成为禅宗，僧侣和尚也下田耕种，也用佛法来附会世俗的忠孝伦常。300 年后，第二波蛮族入侵的高峰到达，中国已经遍地佛禅，儒、释、道合一，成为更大的酱缸了。显然，中国人选取了佛教的功用，在无可奈何的尘世环境下，添加了心灵出世的解脱，再次说明了，宗教至少在历史的这个时段内，是人类软体需求的一部分。

柏杨用"酱缸"一词来形容所有的道统，实在太传神了。实际上，做酱缸、用酱缸的人是会留下他们独特的影响的。印度教、佛教、耶稣教、伊斯兰教、儒家，作为教化与政治的机制，都难免有自闭的倾向，黑暗时代的欧洲和近代的中国都曾经自闭到近乎自毙。伊斯兰教世界也许由于阿拉伯人是游牧与商业的民族的关系，算是非常开放、非常包容的，即使在阿拉伯伊斯兰教帝国鼎盛的时候，伊斯兰教徒歧视、但也不特别压迫异教徒或外国人。穆罕默德本身，就很人性化。比较起来，耶稣教供奉的耶稣，是个宽容博爱的人，但教会和西欧政体显然不是；儒家供奉的孔子，是个蛮有生活情趣的人，但中国社会却显得道貌岸然或死板。道统与心理学，酱缸文化与人类社会学，人道里的群性与个性，组织、纪律与自由自在之间，一定有万分有趣的天理存在。人活在前人留下来的、加上自己创造的或被其他人影响的硬软体氛围里，人脑不断地与生存环境、社会、历史传承以及别的人脑互动互联，使各地各族的人群在时间长河里呈现鲜明的、不同的精神面貌。

今天中国人的"民族性"，世界观、审美观、生活观什么的，一定同他们在大唐朝时期的表现或气势很不一样；今天的阿拉伯人、欧洲人，一定也同 1000 年前的阿拉伯人、欧洲人大大不同。虽然道统、教化像酱缸，但，人是活生生的，人群里总有破格的、出类拔萃的人在，他们按自己的意思去诠释、影响、执行酱缸经典。所以，佛陀、孔子、耶稣、穆罕默德都越来越不是他们的本来面目了，甚至，他们的本来面目已经不太要紧，道统的名义、教化的规矩，才是人道之所需。人脑安装软体，需要一个酱缸似的环境，连酱缸也是慢慢、动态地演变着的。

2000 年前到 500 年前的人史在东方世界留下什么经验呢？我们正好拿来同西方的现象对照对照：

（一）当人类的农业文明成熟到足以撑起国家那样的一个组织的时候，人作为掠食动物的野性，很快便在整个东、西世界组织起庞大的帝国来了。缺乏统治一个帝国所必需的相应的硬体条件，使这些个帝国难以长久维持，尽管如此，人们仍然在软体制度上做出足够的创造与试炼，支撑起社会和文明的演化。中华帝国的一统，以及罗马帝国和其他西方帝国的分解，各派宗教与儒家的酱缸，都为人们提供了在这阶段里的人道演化的解，为"人"的现象，"人"的可塑性、适应性、共通性以及惯性，留下最鲜明的软体记录。佛教在中国的传播至少也添加了一些中国人的艺术表现形式，而且，禅境的确很早就让中国人领略到人类精神软体的可通，而将儒之仁与佛之慈悲并列。

（二）通常，开国之君，雄才大略，纪律严明，不然也做不到剪灭其他竞争者而经纬天下，而一旦承平日久，后继子孙娇生惯养，难得有享国 300 年的朝代，全世界皆然！缩小范围到一个家族、一个企业，莫不如此，所谓"富不过三代"；可见人脑软体安装之难。基因尚可配种改善，知识可以强灌，智慧则很难传承；恐怕每个人都得常常自己警醒自己"生于忧患，死于安乐"的道理，才有自悟智慧的机会。竞争，是演化的天则之一；惯性，是软体的死角；"蛮族"搅拌，那是大自然的试炼与淘汰机制；东西南北方都一样。

（三）东西方真正最大的差异，在于思想软体上的侧重。东方讲究群性，用伦常规矩来混同"和合"，大家一个样，你中有我，我中有你，公私不分明，想要同别人不一样的时候，自己关起门来偷偷做就行啦。西方讲究个性，用法权来保障"不同"，每人一个样，你就是你，我就是我，公私分明，想要大家混同一样的时候，一起去同一间庙（或教堂）祭拜就得啦。这差异，"型"（style）跟"现代化"有没有关系？大概没有。"现代化"软体的真正内容是：组织与纪律、标准化文字与数字的内涵，用会计、稽查、法律等管理制度来最大程度防止人的私心，用科学方法和数理逻辑来最大程度呈现事物真相，以确保应该负责的人执行到位、达成任务。日本是东方世界"现代化"的显例，荷、英、法、德、美都是西方世界"现代化"的显例，他们社会的"型"（style）各有风格，各有各的酱缸口味，都无害于他们的现代化。

美洲的世界

2000 年前到 500 年前的人史，当然不是只有欧亚大陆和印度次大陆的"东西方世界"两大块，还有欧亚部族的远亲，1.2 万年前左右迁移到美洲大陆，成为美洲人原住民的这一块。

美洲人祖怎么从北美的东北角落扩散到北美洲、南美洲，以区区 20 人不到的基因库，繁衍到 500 年前近 5000 万人口的数量级，是个谜团，只能从各地的考古，猜个端倪。唯一可以确认的是，美洲原住民基因里，大多有少数相同的印记，血缘相当接近。但北美西南部地区，却有 2.9 万年前古人类的遗迹，似乎说明：美洲人也许混有一些南岛血缘。

联结南、北美洲之间是块长长的中美"洲"，也是隔开大西洋和太平洋之间的地峡，就在中美洲的中部，现今墨西哥（南部）、危地马拉、伯利兹三国所在的高原，大约 3200 多年前产生了奥尔美克农业文明，美洲先民在这里种玉米，相当于欧亚大陆两河流域的种麦子。稍后，大约 3000 年前，在距此数千里路的南美洲安第斯山脉高原西北角产生了查文农业文明，另一批美洲先民在这里种马铃薯，相当于东亚中国长江流域的种稻子。气候和洋流使夹在两大洋之间的美洲地貌完全不同于欧亚大陆，太平洋沿岸反而干燥、多沙漠，高原反而湿润，美洲先民驯化的玉米和马铃薯便适合于坡地种植，美洲人就此开发了独特的农业技术与文明。美洲其他地区的先民，在沙漠边缘或热带雨林里讨生活的，便相当于欧亚大陆草原的诸部蛮族，虽然只有中美洲农业区边上的比较像欧亚草原搅拌器（安第斯文明的扩散相当自然而和平），大致上，美洲人的历史过程是有那么点类似于欧亚人，具体而微。

人类从农业发端，聚居、陶艺、纺织、冶金、文字、历法、筑城、部落、国家、神道设教、政教合一，这套过程，欧亚大陆人们从万年前开始走了大约5000年，到2000年前左右，基本走上政教分离的路。美洲人的农业文明开始得晚，直到500年前西班牙开始了西欧各国对美洲的殖民，美洲人都还在政教合一阶段，历时近2700年。西班牙登陆的百年之内，美洲文明突然被迫与现代文明接轨，遽然终结，不但人口数从近5000万锐减到500万，而且文化断层，原来的文字、历法无以传承，要靠现代考古学者们的努力，才得一窥旧状。也许人类硬软体的演化，轨迹有所雷同与相通，只不过是，必须得花上几千年时间，才能走完这过程。

西欧对美洲的搅拌，对还在政教合一的原住民族群，是场大浩劫。不过，美洲先民驯化的玉米和马铃薯（包括甘薯）倒成为欧亚大陆农业文明的最大福音。种稻、麦的人一向只能在低地水源丰富之处，500年前开始，他们也通过西欧大航海传来的美洲农业技术，学会了利用山坡地来种玉米和马铃薯，粮食大大增产。明、清两朝，东亚中国的农业社会更因此繁荣兴旺到无以复加，开发山坡林地的结果，人口膨胀、水土流失，环保恶梦连连，因为只学到美洲人的产品技术，而没有学到美洲人因应气候、与环境合一的技术。此外，美洲的辣椒、咖啡（西班牙人传入的非洲原产）、烟草，更是改变了全球人的胃口，凡此种种，美洲先民的农业技术成为世界性的人类传承。

也跟欧亚的东西方世界一样，中美洲奥尔美克文明和南美洲安第斯文明几乎平行发展了一千多年，虽然美洲人不会用轮子，两个文明依然有所交叉：南美洲的部族学会了种玉米，中美洲的部族学会了冶金。政教合一的美洲文明，都崇奉多神，主神都具美洲豹形，并且都用活人献祭，尤以中美洲为甚。到了2000年前，奥尔美克被新兴的玛雅全面取代，而奥尔美克各部似乎都遭受报复性毁灭，或许是因为中美洲的宗教与统治太过血腥，招致无情的反抗。玛雅诸部，辉煌、延续了近千年，后来被周边蛮族并吞了不少，他们自己也逐渐废弃各城址，考古学家也弄不明白什么原因。从挖掘出来的废墟壁画来看，玛雅的宗教仪式血腥依旧。南美洲的安第斯各部，倒有点像早期的希腊或中国，散布从高原到太平洋沿岸的秘鲁、智利各处，基本上，算是平和的扩散，暴力比较少，也比较不那么血腥。无论玛雅或安第斯，在文化、艺术、工技上都有惊人的成就，宗教则实在令人毛骨悚然，或许这也是欧亚文明不为人所知的更早期的经历，只不过在美洲重演一遍罢了。

到了五百多年前，美洲部落国家经过近2000年的演化，也同欧亚大陆一样，终于出现罗马、中华式真正大帝国的轨迹，中美洲出现了阿兹塔克帝国，同时，南美洲也出现了印加帝国；不过，西班牙的船舰火炮很快便出现在海平线上，美洲原住民再也没有机会演练欧亚式的历史演化了。

2000年前到500年前的人史在美洲世界的经验，叫人感慨万千：

（1）人类演化，依存于自然环境，以美洲人当时的技术水平来说，必须顺从自然、与环境和谐，才有生活可言。美洲的农业文明，在简单的工具条件下，充分反映了人类在这方面的智慧。

（2）自从人类"知道"之后，"不知道"或"不可知"的事，以自身有限的所知去自找的解释，倒成为人们畏惧、崇奉和慰藉的对象，大概这也是人脑软体发展的必然规律。所以，有文明就有宗教，宗教从来就是人类终极知识、威权和教化的机制，而哪有比人命更贵重的牺牲呢？活人献祭就是人类最大的诚意了，而且，血淋淋的恐怖场面，一定也刺激着人群脑袋瓜里混不清楚的兽性、野性、情性、理性，在集体暴力、恐惧的歇斯底里中抖擞、加强了群性。美洲人的宗教活动，中美洲各部族的好战嗜杀，相对南美洲各部族的和平习性，对于人道的演化，都是很好的案例与注脚。

为信仰杀人，正义全由自己心证，从欧洲黑暗时代的宗教审判，到纳粹的把犹太人灭族，历来各地各族各种政治运动的群众斗争（包括"文革"），甚至美国式"民主圣战"的越战、伊拉克之战，都拿来对比于奥尔美克直到阿兹塔克的美洲人杀美洲人，以及早期一些西班牙教士对被"解救"的美洲人之残忍，倒真很能让人深思"人道"软体开发的经验与教训呢。

切片看人史（四）：500 年前到现代

五百多年前，那个想要找条从欧洲直通中国的海路的哥伦布，终于在公元 1492 年到达中美洲，"发现"了"新大陆"；他没找到中国，倒找到了中国满蒙部族 1.5 万年之前的亲戚。当然，那时候，哥伦布或其他任何人都不会知道，美洲人原来是大家的远亲。这就是西欧"大航海时代"的开始，没过几年，一路向西走的帆船竟回到了欧洲，证明了地球是圆的！可以想象，那时候的欧洲人，以及信息可以通晓到的地方、能明白的人，是如何的沸腾！

就在这之前不到百年的 1405 年，大明朝的中国船队在郑和的率领下，也开始"下西洋"，动辄 200 艘舰艇以上，多至 2.5 万名海员。中国式的风帆船队，旗舰级的"宝船"，比 87 年之后的哥伦布帆船大上近 10 倍，而组织动员的能力，甚至今天的英、美海军都难以想象当年的中国是怎么做到的！到 1433 年，郑和的船队一共下过西洋 7 次，最远从中国走到了非洲最南端的好望角。郑和死在海上，船队回到中国后，很快就被解散了，中国农业文明的儒家官僚集团甚至在北京的朝廷上烧掉全部海图、船图，关闭南京的船厂，以宣示重新"锁国"的决心。至此，有史以来，农民中国唯一的一次"海洋中国"的尝试，沾了伊斯兰教徒郑和的光，算是出门看了趟热闹，除了留下"南中国海"的命名来彰显海洋中国曾经有过的风光之外，中国大地境内，人们竟连"郑和"其人其事，都不甚了了。反而在环南中国海以及印度洋周边口岸，三宝太监郑和之名，赫赫有名，甚至被人们膜拜。

这就是五百多年前，东西方世界的对照。

五百多年前，得力于文艺复兴，耶稣教会束缚下的欧洲的黑暗时代逐渐消逝，西方人们对自然和"人性"的理解，不仅有所启蒙，而且直指本源，科学方法也萌芽了，事物真相从此越来越明。相对而言，那时的东亚中国刚从成吉思汗子孙手中回复政权，本土官僚集团正在努力回归他们习惯了的中国式农业文化。在中国同欧洲之间的伊斯兰教世界里，几乎全球性的蒙古帝国一度控制了整个欧亚大陆孔道，使得商旅无论陆路、海路都大大畅通，至少只要用同一本护照，就可以相当安全地从欧洲一直通行到东亚中国；这样的一个方便，为时虽不太长，已经足够让商品和信息的交换达到前所未有的自由度。那时候，东方比西方富庶，技术上也比西方先进；但是，西方有一点比东方强，就是分治久了的西方世界，不管耶稣教、伊斯兰教地区，都很有城邦文化的味道，商业交易是人们日常生活的所需；所以，蒙古帝国一统天下所带来的机遇，给那些敢于冒险的生意闯将们或仅仅是好奇心够强的人，提供了最好的贸易和旅行的环境。

东方财富的诱惑，当然不是西欧转变的最直接的刺激，那只是外界刺激的一部分。"文艺""复兴"嘛，文学、艺术都是表现、表达自我的东西，一定更有些"斯可忍，孰不可忍"的内因，也一起刺激着那时候的欧洲人。简单地说，到了公元 1600 年左右，文艺复兴把西欧人们从耶稣教会的束缚中解放到什么程度呢？就拿文艺相关的审美观做个例子吧：今天全世界人们都从西方美女的丰乳腴臀受到非常感性与性感的启发，直接诉诸本能直觉的大多数广告，不管商业的、政治的甚至征兵的，都要打"美女牌"，我们不能忘却，在公元 1500 年之前的几百年之内，全欧洲烧死好多好多"女巫"，其中真正的"思想犯"少之又少，许多"女巫"不过恰巧是性感美女，男朋友交多了，让当时的欧洲男人受不了那种天然诱惑，在教会文化的禁欲与无知之下，竟至于经常以美女们作为挫折的牺牲品，一烧了之，眼不见为净。文艺复兴的美学，就打着回归人体、赤裸裸人性化的口号。

东方的中国又何尝不类似？公元 6 至 8 世纪的大唐朝壁画显示，当时的中国，流行女人的低胸服饰，丰满之外，最好还能健壮到"骑马过宫门"。曾几何时，两百年的五胡乱华，到了公元 10 世纪的大宋朝，儒文化下的中国男人，长期打架打不过长城外面进来的男人，干脆搞起另类软体，回家关起门来专女人的政，"三从四德"之外，更玩起女人的"三寸金莲"小脚来，让女人无依无助、完全依赖男人，多么中国式老爷呀！直到今天，中国的爷们，碰到时代美女，那别扭劲，依然隐隐约约活像个成吉思汗阴影下的宋人呢。比较起来，唐人、汉人的审美观与近代西方相当接近，比较健康，也比较自然。

在公元 1500 年左右，人道演化的门槛，西欧绝对已经开始从耶稣教会文化中破了格，开始谱写回归自然、回归人性的软体。欧亚大陆的近东、远东，以及美洲，则还浸泡在各自早先的传统文化里。仅仅从人道与历史的演化来看，西欧后来成就的科学与工商社会，都是文艺复兴的结果，尽管伴随着热兵器时代和现代殖民帝国的残酷与无情，对全球人性软体的启蒙，仍然是了不得的贡献："文艺复兴"运动，其实也就是"人道启蒙"运动，幸好当时的欧洲是个没有强有力政治道统的欧洲，人类才得有那样一个相对宽松的环境去解放思想，孕育现代科学与人文的软体。这当然不是一夕之间的变革，过程与原因也错综复杂，整个欧洲花了 14 世纪到 18 世纪近 400 年的时间，从意大利开始，渐次扩及全欧，一点一滴地促进了人们对文艺和科学的启蒙、复兴与变革。

在这段时间里，欧洲发生了许多事情，例如：刚好那是个东风压倒西风的时代，蒙古帝国的征伐刚刚过去，无论是邻近的伊斯兰教世界里的阿拉伯、突厥、波斯，还是遥远的东亚中国，都比欧洲显得更先进与更富强，直接冲击到那时欧洲的政治、文化和心理。而唯一能够贯穿全欧洲的精神支柱——耶稣教会，又刚好处于形制朽败、贪腐不堪的时期；更不幸的是，欧洲这400年竟发生许多次瘟疫，大的疫疠曾使欧洲人口下降超过50%，"人力"立时成为昂贵的社会资源。种种磨难、刺激，使人们只得从各方面寻求解放，曲折地累积经验与知识，牺牲是难免的。比如，面对腐朽、无知而又必不可少的教会文化，人们激扬、发挥自身的艺术与求知；可是，面对瘟疫与战争的不可知与不可抗，濒临社会崩解下的惊恐的人群，经常回头诉诸宗教甚至巫术。当然，精神疗法多半只会带来荒诞的行为和更大的伤亡，人们最终还是靠理性总结出"公共卫生"对大数量人群聚居的重要，城市清洁、用水、排污、垃圾等措施，沿用至今。甚至，人口的下降不仅引起政制的变革，并且还直接刺激到欧洲对机械化生产的发明和使用。

可以说，瘟疫与战祸，最终引导出人类社会真正理性的科学方法与逻辑。相对而言，在这段时间里的东方世界，特别是中国，时当元、明、清三朝（大约从忽必烈可汗到康熙大帝），儒文化作为农业文明的基础运作软体，业已十分成熟；整个地区都具备相对自给自足下的繁荣，人丁兴旺，精巧的手工业也已开发出来，亿万人口就没有节省人力的需要，所以，机械化生产搞不起来，人们谨守产业成规，只能在有限的创新下扩大一点流通。东西方人史演化的曲折，由此可见一斑。

当然，任何运动，哪怕是"文艺复兴"，也得有现实的一面，必得满足某些人性的需求，从照顾、鼓舞某群人的现实生活开始，才容易被人接受、被人推广，累积成风起潮涌，蔚为大观，这是人类任何革命的本质。社会软体改装难就难在"人"为，因为更改人脑里的观念，就像更改游戏规则，而规则难免牵涉到利益，可是，人当然首先是顾自己的利益，大家争的，不就是生活的地盘嘛。公元 1500 年之后，西欧改写的人类社会软体，固然有情有理，促成艺术、科学的大跃进，但也有"利"的部分。在激励当时一大批小市民、小商人的同时，也解放了人们的"贪欲"。把贪欲合理化，使大家不讳言、公开谈"利"的说辞，叫做"人乃经济动物"，从此，人类社会的法制、组织转向，不为了君王，不为了旗帜，不为了神庙，而为了利益。有有形的利益，比如金银财富；有无形的利益，比如专利权、控制权。反映在政治上，就像一位英国政治家老实说的：国家只有"利益"，无所谓"朋友"。

鼓励贪欲、刺激人性的贪欲本能，虽然不是人性启蒙运动的原来设计目标，500 年来，这手段却演变成人类演化的不归路。从这里出发，人类社会演变成今日的全球性混同，以及其中错综复杂的利益关系。这比以前的竞争规则，赤裸裸的掠夺或杀戮，显然似乎更文明一点。工商社会把人类的贪欲、性欲、情、理种种本能，大量同利益挂钩，打商战而不要打血战，做爱而不要做战，似乎也更合乎人性的需要。实际上，现代工商社会所表现出来的平衡能力与执行能力，远非古人可及，我们就拿一件价值观——"诚信"，来说说吧：当中国的农业文明把强调"诚信"作为重要的道德指标或社会价值的时候，"义"的理念是与"利"相当的，所以，东西方的交汇点（也就是贸易的交汇点，例如从前海路的广州或泉州等地）会流传一些样板故事。比如西方来的阿拉伯或波斯商人交了订金，口头约好一两年后在某处海面来取所买的瓷器，而中国卖商如约如期交货，长期诚信下来，双方子孙竟结成世交，生意从大元朝做到大明朝，等等。中国方面的故事，也就只能这样子来说说了，因为，对于背信的卖商，当年的中国并没有一套可资制裁的政治与社会体制，何况中国瓷器是当年的外销热点，贸易风险，包括运输、质量或供应商的背信，主要是外商承担的。而真实的情况，义重于利的案例，无疑很多；贪利背信的案例，则肯定也不会少。

当西欧挟文艺复兴之后的知识与经济贪欲，举国皆商的时候，大家都要有"利"，"义"反倒不必过分强调，工商社会自然摸索出一套强制人们非"诚信"不可的法规，以便平衡所有人的利益。500年下来，演变出一套套银行、金融、运输、保险等专业，连带生产、销售、广告、中介等都专业化起来，商品质量理所当然更是专业到规格化、标准化，各自都在合同、合约的内容下，以社会法制来整合每个人的权利与义务，并且强制执行。可以说，有史以来，人类社会从来没有如此"诚信"过。似乎，把人当作某种经济动物，结果也不太坏呢。

全人类的文艺复兴：科学、经济、民主

所以，公元1500年左右，真正关键的人史，是发生了西欧的文艺复兴运动。这可能是最人性的一场演化：早先一大群从欧亚大草原迁入欧洲的游牧部落的"蛮族"，操各种印欧语言，与有文化的欧洲"原住民"融合，一起在一个松散的罗马帝国辖下，沉浸在同一个耶稣教会酱缸里；1000多年后，教会的束缚与腐败、外界的进步、缸内相对小国寡民的自由以及频仍发生的疫疠，却刺激起他们解放和求知的意念。一场回归自然本能的追求，把解放性欲、贪欲与知欲，落

实到求真的实处，竟连同美境与善境，一并提升到人道高处；为人类难以思议的情、理、学习、悟知、智慧的软体开发，再次留下深刻的印记。

尤其是对科学的掌握，就人史而言，重要性绝不在"人"科、属、种、列祖列宗们的各项演化指标之下，我们可以这样罗列"人"的演化事件来看待西欧这 500 年对人类历史的意义：

直立与用手工具（500 万年以来）；

用火（250 万年以来）；

葬死（50 万年以来）；

美术（5 万年以来）；

农业与文字（1 万年以来）；

科学方法与逻辑（500 年以来）；

核弹与基因工程（50 年以来）。

可以断言，没有科学真知来引领知识和技术的革命与创造，世人也绝不会有今天的生活方式和艺术成就。所有精神面的意义感、宇宙观、生命观，都奠基于我们运用这一套方法学而产生的理解程度！

也许我们检视一下像达芬奇那样的人物，就可以依稀知道，这个时代的欧洲人，是怎样去破格的：达芬奇是个承先启后的大画家，他画许多宗教或神话的油画，坚持"人之初"赤裸裸的，美不美，看真不真，看画家表达的视觉艺术功力能不能让人心共鸣。他甚至解剖了近 30 具尸体，不但搞清楚了五脏六腑的细节，连血管、肌肉、眼、脑也拿来试验，第一次做出具备现代医学水平的人体生理图表。达芬奇的坚持和自在，大概是个艺术家的异数，运气较差的开风气之先的天文学家，则被烧死了好几位。

科学思维的能力，数理推演的能力，西欧人们一旦开了窍，就像整个人类一下子悟出一门新的武功，促使人人都狂练这门新武功，才会使人类在过去百年之内，让卫星上天、用基因行农行医、以网络通讯……并领略到前人无法想象的极大与极小的事物真相。人脑一旦开了科学窍门之后，科技进展是毋庸赘言的。文字和语言系统还需要翻译，才得在人类各部族之间沟通；数理化则同音乐与绘画一样，不用翻译，就能在各部族的人脑之间流通。500 年以来，科学的各个领域，数、理、化、医、生物、机械、电子等等，无不共通于全球人类，都能被各部族的人们迅速学会。尽管工商社会是利益挂帅的，恐怕"经济利益"只是一种刺激的形式，结果是"智人"们迅速普及了科技的应用。18 世纪初叶，英国的工业革命带动了人类产业与经济转型，这以后，人类社会开始要适应人类自己产生的科技了。

拿个具体的事例来说说吧：直到 19 世纪初，中国亮丽的瓷器一直是西方企求的商品，而传统的农业中国，对于技艺的逻辑，实际是用近乎道家的阴阳五行来勉强解释大量的经验传承。跟中医一样，瓷器制作的技艺有因缘际会而传承下来的，更有不幸而失传的，所以，技艺的推广，即使在中国境内都不是件容易的事，因为，对于技艺的物理或材料化学的真相，从来就没有真正弄明白过。3000 年前道家讲的物理，当然只能是个经验统计上的粗理，任何能够创新的师傅都是从不断的试验中，偶然找到一个解，便死死抱住不放，成为家传秘方。到了 19 世纪初，距今不到 200 年光景，西欧的坚船利炮，早已横行全世界，贸易上却依然奉上大量银子来换取中国的瓷器，这个利益，历来促使中国之外的人们不停地尝试寻找烧制中国瓷器的解。得力于科学，一位法国的化学家终于找到了连烧制了一千年瓷器的中国人都不知道的瓷器诀窍（know-how），关键因素是1300℃左右的窑温。必须达到1300℃，瓷土与釉面才会烧结成瓷，才成其为"润如玉"的瓷器！

破译了中国瓷器奥秘的欧洲，很快便量产瓷器，返销中国，而不知道怎么量测温度的中国窑炉当然很难控制温度的均衡，所以每一炉烧出来的瓷器间都存在明显的质量差异，总有些温度太过或不到1300℃的窑区，报废率使得中国瓷品的成本太高。把类似的其他案例全加起来，便是近200年来东西方世界的分野，也就是科学这个软体的真谛。

公元1500年的东亚，当时的状况是：

中国正经历了农业文明最绚丽的时代，郑和下西洋既没有太大的赚钱欲望，又没有建立殖民地的野心。跟随郑和大帅下西洋、逛世界的中国农民子弟们，除了带回一些珍禽异兽之外，并没有什么西方的物产足以刺激中国人的胃口，反而让中国人自大地认为，中国的丝绸、瓷器倒是真正的世界之最，贸易，对自给自足的农业中国，显然没有太大好处，因为横竖中国也无以量产丝、瓷，自己都还不够用呢。所以，中国的官僚集团对郑和那支既无商业利益又劳民伤财的庞大舰队，自然地要喊停，并且干脆"锁国"起来。锁国以后的中国，人们很快就忘记了，比如说，元代青花瓷器，其实是忽必烈可汗时代典型的"来料加工"经济，用中东的苏麻尼青材料（这本来就是土耳其到伊朗的伊斯兰教世界人们最喜欢的宝蓝色调的釉料），加上景德镇的瓷窑技术，烧出高品质的外销青花瓷（史上的第一个全球性"时

尚"商品），一开始，连图样（还有画师）都"来料"到中国。蒙古
管辖下的中国这才一改唐、宋以来的素色瓷口味，连带中国内销瓷器
的花样，也跟着进出口的洋口味而缤纷起来。

明取代元，在"夷狄"情结的意识形态下，抹拭整个对蒙古的
记忆，这种荒唐事，加上，闭关锁国一久，断了苏麻尼青料，宝蓝色
变成了自产的天蓝色，更不知道元代外贸鼎盛，还以为釉里青、红的
图样和款式纯属自己"独创"。直到 1978 年，中国"学界"才在现代
西方的考古论述下，"承认"有元青花的存在。获得东西方人们一致
垂爱的、举世闻名的中国青花瓷器，竟然是开放的蒙古帝国所促成的
一个国际文化、商贸交流的杰作！元青花，曾经遍布于蒙古直到阿拉
伯的庙、堂、大帐！

公元 1500 年代的欧洲，则恰恰处于一个同中国完全相反的状
态中：

那时欧洲各国刚刚解放了思想，正在"超华赶回"的势头上，
回归了自然与人道的欧洲，却也学伊斯兰教世界的样，一手拿起耶稣
教的"圣经"，另一手拿起的则是枪炮而不是刀剑。欧洲人完全征服
了世界，完成了蒙古人全球化的梦想。他们把美洲完全殖民并耶稣教
化，对东方世界的征服，靠的不是他们自己也即将跳出来的耶稣教酱
缸，而是他们开发出来的科学硬软体功力，毕竟伊斯兰教、印度教、
儒家三大酱缸之大、之久，绝不在耶稣教会之下。科学，倒是真正教
育了全世界，事实证明，闭关锁国，是没有用的；尤其是近 200 年，
指数成长的科技与经济，完全改变了"人"的世界。科学求真上的自
闭或作假，结果就是自毙。

　　近代人，连人群的组织、管理都离不开科学化；造就了工商社会的运作模式和近代史上的西欧列强。但是，到处也不乏科学所带来的"适应不良症候"现象。主要原因，恐怕是因为，科学的一套方法和逻辑，很可能是人类理性的极致，而人类浸泡在各种情理纠结的文化酱缸里的时间太久，久到社会习性、惯性难以迅速自解。科学不过才300年的历史，它不但不是个软体酱缸，而且原先就是拿来打破酱缸用的。不适应科学的症候，正是人性弱点的象征，毕竟是生化基材制作成的"人"，全面安装成套新的软体，还需要一点时间吧。不过，求真的科学毕竟是人类的必由之路！我们对一切事物的真相，从来没有像今天那么逼近过真实。

　　近代科学软体的开发，使人们上天下海，几乎无所不能、无所不知。科技所带来的生活便利，也为人类情性的深邃和表达，奠立更坚实的物质基础。但人群各自原有的教化和组织软体，却对自己练就的这身新武功，显得软体不大匹配，适应不良带来的疯狂与变态，使过去百年之内，人类社会既展现丰富多彩的文与艺，也有不少新旧交替下的大毁灭——革命与战争。"现代"人性，无恶不作，也无善不与，近乎无所不为。

　　这里，继续拿瓷器作为一个小小例子，看看也学会了现代炉窑科技的中国社会怎么匹配：就是铺天盖地的所谓"高仿"元青花，无所不用其极的广告炒作、骗钱。其他的"现代化"科技，使得全中国的"蜂蜜"品牌没有一瓶是纯净的，危害人们的牛奶、酱油、月饼甚至肉、蛋，都大量存在化学物……骗谁的钱？骗中国人民自己的，而且骗得到，因为帮凶还不少！千年前，老早就产出超薄瓷器的景德镇，搭配了新武功之后，竟然不去从事真正的陶瓷艺术创作，也不搞高性能的陶瓷引擎、刃具、电子基座。而老早就名满天下的美味中国食品，更始终卖不出简单的日本、欧美东西的价钱，只因为没有配套的清洁、美观。太多中国社会的功力耗费在荒唐的、低水平的重复上了，中国的"公权力（法制）"与"社会道德"两个软体，尚未匹配好"现代科技"，间接助长了毫无廉耻、毫无良心的公然炒作与作假。

所以，除了科学与技术是有目共睹的近代人史之重外，我们也必须说说另两件时代软体，一件是"经济"，一件是"民主"。

世界各地的近代史，无不围绕着科学、经济、民主这三件新生事物在转。科技有着普世"天道"的实质，而经济与民主则是配套开发的"人道"软体，有着人性曲折的适应与利用科技的过程，以及建设性地把科技安装到各个人类社会中的分配与匹配问题。

先说"经济"。

"经济"这个词，是日本对英文 economic 的汉译，取自中国"经世济民"的意思，译得很好，信、达、雅俱全，开宗明义，便包含着经济学"资源有限，人欲无穷，怎么去管理有限的资源，以最大满足人的欲望"的内涵；当然，economic 的英文原意，也有"有利润"或"省钱"的意思。人类自有文明开始，起点是农业社会时代，为了扩大生产和保障群体的生存，早期的分工，就有分配、组织、计划、管理、工艺、生产等等雏形，以及士（文、武）、农、工、商等专业，一道构架出人和社会的生存和演化。

既然开始了分工，交换便成为社会的必需，无论是提供产品或服务，经不经济，取决于供应与需求的多寡、主观价值与客观价格等等，涉及品质、满足度、可选择范围……一连串硬软体的、与"人"相关联的主客观问题，人们长期摸索出来的对资源的最佳利用，便是"经济"的道理。而为了便于交换与流通，人类早在三四千年前就创造了货币，以便价值与价格都有个相对更客观的参考和媒介，钞票在中国社会更已有 500 年以上的使用历史与经验，中国商人早已认清"信用"对经济的重要。说起来，人是经济动物，至少有同农业文明一样长的历史。在农业社会时代之初，交通不方便，交换也不那么方便，人类早期的商业行为，不过是做买卖、通有无。随着文明的进展，生产工具或器械越来越精，产量越来越大，技艺的创造越来越多，产品越来越巧，到了公元 1500 年代，商业，即便在农业中国，也已经非常发达。

事实上，农业社会当然也有工业，不过是手工业罢了，一如《金瓶梅》所描绘的大明朝的社会那样，那时候，官僚集团的"权力经济"早已主导了中国社会的财富分配长达两千年，历史上，哪怕发了财的中国人，他的贪欲，除了本能玩乐、购置田地、巴结权贵之外，并没有任何经济机制，可以引导其贪欲与社会面结合，进行再投入、再生产；恐怕也没有必要，因为，权力导致的分配不均，使得大部分人赤贫，社会也就没有消费力。买卖型的商业再大，充其量不过是流通或聚敛的环节罢了，那时的中国人毕竟还不是个近代西欧所谓的"经济动物"。所以，中国社会的技艺虽然可以继续领先世界到 18 世纪，既没有"经济"的意识，又没有科学的开悟，便只好是个资源浪费（利用不足）、难以整合（欠缺管理）的传统农业文明。

就社会经济整体的效率与效益而言，农业社会当然无法同工商社会相比。以科学分析和机器动力来武装的工业化管理与生产，大规模量产划一的制式产品，才有品质整齐的商品出现，才有现代意义的资本商业社会模式的存在可能。西欧藉科技之力把人类带入工商社会之后，"利润"把一切都"经济化"了。

一方面，财富打破了权力的界限。权力本来是群性动物的支配本能的表现，人类社会到农业帝国的皇家与儒官共治（分享）天下，也就到头了。如今，资本钱财也是权力，甚至超越政治权力，放诸四海皆准，是跨地域性的大革命，而且流血不大，人道成本相当低。然而，钱财既然是权力，工商社会又科学化了，赚钱的规矩和门槛便越来越严谨，无形中，倒也制度化了许多道德风尚，成为好的习性，至少，产品的标准与质量必须被社会接受，具备起码的诚信。这些都是工商经济给人道演化带来的长进，科技带来丰富而高品质的的产品与服务，大大便利了人类生活，那就更不用说了。

另一方面，哪怕人类本能的许多方面，比如，才智、知识甚至性格，尽皆商品化，恨不得所有东西都贴上价码，待价而沽，结果是，文化、资讯，甚至舆论，尽皆商业化，都被操纵在背后那支"隐形的手"中。科学所激发的理性，倒反而被经济机制所刺激的贪欲淹没了。科技没把人类物化，人的工商社会软体、过多的贪欲，自己把自己给物化了。高度工商运作下的现代人似乎真的活像个经济"动物"，这个人道成本非常大。大到在过去百年内出现几次"金融海啸"，那支"隐形的手"——金融资本，它所操纵的贪欲，彻底瓦解了人类社会的诚信：专业经理人自欺欺人、联邦银行滥印钞票图利、产品掺虚作假……一切的一切，只为迅速获取"利润"。唯利是图，使得目前的人类社会加速败坏到了崩解的边缘。

过去短短 100 年内，在那支"隐形的手"推动下，人类的贪欲，不自觉的被合理化，大创造与大毁灭，几乎同时进行，我们经历了两次世界大战与不下两次人类社会大革命。理性的科学昌明促进了工商社会的普及，但资本主义把工商社会简化成"利润挂帅"，我们只好希望，人脑里的理性开发，也许可以将现代人的综合智慧提升到前所未有的高度，或许人们终将回归人文社会，做个经济"人"，而不是头经济"动物"。

其次，说说"民主"。

"民主"这个词，是对英文 democracy 的汉译，翻译得很政治化，通俗地说，就是"人民当家作主"的意思；英文原意，无非是个"多数主义"，凡事裁决，顺多数旨意去做的意思。不论英文、中文的意思，所表达的状态，现实上，是不能拘泥的。即使回到上古部落时期，千人以上的社群，事事开个群众大会，先不谈人群与猴群还有个相同的本能，好坏都要找个头，历史演化的条件，也绝不是那个字面意思。人的群落在求生存的过程中，从来没有过群龙无首的时候，那不是人性；人类进入农业文明之后，在小国寡民的城邦时代，小群落集结成大部落、国家，绝对是国中有党、党内有派、派里有系，光是基因血缘的标志、认同，便注定哪怕小国寡民，内部也是多样化的，各方面意见不会少。民主制，在希腊城邦开端的时候，便是集诸多"实力派"的头领们的众议，取其多数而决，目的也许不完全是政治上的团结，也需要三个臭皮匠凑成个诸葛亮吧。

罗马帝国还未成为世袭帝制之前，罗马是"公民"们的"共和国"，公民们集体拥有罗马国，而变成罗马公民的门槛是蛮高的，要有能议事、投票的权力，血缘、资产、军功，几乎不可或缺。农业文明再往前走，国家更大、人口更多，"多数主义"更没有效率，因为 2000 年前的社会现实，并没有相应的技术条件来支撑民主所必需的及时的信息与沟通，仅仅为了有效管理，人群与个人的本能也自然会促使社会走上集权的帝国之路。世袭、家天下，不过是君王雄主们的子孙习惯了权力的运作与诱惑，近水楼台的结果，是迟早会发生的事。

东方中国走过的路，也同西方类似，基本上，古早三皇五帝尧舜禅让的故事，只能说明那时的中国，处于同希腊城邦相当的时代，也就是个"民主""共和"的小国寡民时代，适合于"多数主义"式的管理。所有人类社会，都得走过农业文明下的君王专制，避免过多的权力纷争，集中社会意志，开发硬软体，扩大地盘，繁衍并教化人民。两千多年前，罗马、秦汉等世袭的大帝国相继出现，表明人们业已接受把文化传承与政治权力的集中机制，当作自然演变出来的社会成本。

直到 18 世纪初，英国经历了瘟疫破坏、王位纷争、宗教和工业革命，付出重大社会成本之后，理性抬头，为了限制、防范英国地盘内政治和经济权力的滥用，以"谋最多数人的最大幸福"，他们开发出一套和稀泥的绝招：君主立宪，士大夫（贵族爵爷们）共治天下，议事以多数票决，现代民主制度自此滥觞。英国在工商社会萌芽之际，用对此招，迅速跳开了伴随帝位转移必有的权力争扰，社会稳定，集中对外，加上科技发达，成为 19 世纪的第一强国。

英式民主制 200 年下来，演变出成年男女公民百姓都有选举权，票选少数的议员，代表民意，决策并监督政府的管理。对于工商社会的发达国家，知识、技术与法治的硬软体齐备，无论君主立宪还是平民立宪，英式民主代议制都运作得相当平稳，确实是个好使的制度。因为西欧经济已然开发，社会资源既已大致免于匮乏，老百姓要免于被统治者滥权的恐惧，就算选个平庸的头领也没什么大不了，横竖各种科学化的稽查与制衡系统软体都已安装到位，国民所冒平庸政治的风险，社会代价不算高，显然可以算是发达国家一国之内相对的"最多数人的最大幸福"。

然而，代议制的民主风行后，西欧列强照样掠夺殖民全球各地，原来小国寡民的城邦演变成相对的大国沙文，贪婪而毫无节制，对西欧之外的农业社会国家丝毫无益，关键在于经济软体机制的各私其利，为了利益，甚至不惜突出、合理化人性的贪欲。这样的"民主"的本义，本来就不是为了协调全世界的，这样的"民主"的"民"的门槛，依然是小国寡民的城邦残遗下的格局，西欧人们所享受的民主，支撑在背后的经济积累与成本，其实是西欧之外的全球老百姓支付的。

民主作为一种崭新的政治制度，100年来，我们最好不要忘记，第一次世界大战，还勉强可以赖到当时的德、奥、土、俄四个帝国头上，第二次世界大战，可就是当时的英、德、法、美几个民主国家的事了。民主，自由选举，显然不是万灵丹。希特勒是非常高票当选的合法首领，纳粹不但是民选的合法政府，而且还是人史中少数最清廉、最有效率的民选政府，几乎好过现在任何的政府，那德国才有可能又迅速站起来搞第二次世界大战。

第一次世界大战后，英、法、美这些战胜国给战败的德意志帝国订下屈辱的条约，德意志帝国瓦解了，民主德国成立了，希特勒顺从、刺激德国老百姓的屈辱感与报复心，极其民主地带领德国重新站起来，但是，他的报仇心与纳粹党的变态仇恨转移，几乎完全毁灭了德意志和犹太两个民族，这不得不说是人性软体演化到现代的最大案例：民主，是人们自愿做出选择的啊，只能说，人群，盲目的时候多，而且，大多数人都是平凡的人，要选个会表演做秀的人做头容易，要选个精英做头，难，玄。

现代的国家机器，能量很大而操作复杂，平衡不易。政治越来越像一个高科技、高风险的运作，绝对需要有点深度的选民，才不会像德国那样大权所托非人，以至于付出近乎完全毁灭的、可怕的社会成本。毕竟民主与政治，都是人操作出来的，最重要的是操作的人的品质和智识，包括选民与候选人在内。没有自省能力又没有自省的文化与制衡系统的群落，是不配也无法执行民主政治的。是非、责任与诚信，是公众人物与民选政府的起码的品质，没有这个标准，民主只是个哗众取宠的权力游戏罢了，哪里会起到促进人道或人权的作用。

第二次世界大战后，德国人可以深刻反省屠灭犹太人的过错而再三公开道歉，美国人可以自揭安然公司假账而关闭数一数二的会计师楼，把贪渎者绳之以法。这些，都是能破格的、负责的、人道的进步。当然，反面教材也不少，藉民主之名干下的勾当，都变成老百姓的致命风险：美国人的越南、伊拉克战争，伊朗的回到政教合一，以色列的穷兵黩武，中国大陆的"文革"，台湾地区的民粹政治，哪个不是将就民气"民意"的政客杰作？玩弄不正常的民众心理，于"民主"何益？"文革"结束之后，我们听过最中肯的中国人的告白，说是"能允许运动这样没有理性地发展，每个人都至少有十亿分之一的责任，当然，从政的各级官吏和共产党员，必须承担更大的责任"。这当然只是一句话，代表一种觉悟，甚至还不是中国人普遍的认识，不过，有觉悟显然比毫无觉悟好一点。

真正的"民主"制度，不必非打扮成英美模式不可，科学和经济两大软体都还没有安装到位的社会，是无法把民主当快餐囫囵吞枣的。只要有确实可行的稽查与平衡机制，以及保障人们相对畅所欲言的环境，就是好的"民主"，民主本意，不过如此而已。先后被西班牙、美国殖民统治的菲律宾，民主、自由选举、自由"舆论"等等口号、模样，都比台湾早开始得多，"民主"到几近民不聊生的地步，那是染上了"美式民主黑死病"的毒，需要关门修养体质一阵子再说。民主与经济都必先得科学求实的精神挂帅不可；把美国行得通的，一步登天，全套照抄，事实证明未必是"最多数人的最大幸福"。

金融海啸发生后，欧洲率先检讨 500 年来的资本主义制度，甚至提出回归东方中国传统社会的"自省"、"勤俭"、"惜物"、"自然"的德行。美国背后那支"隐形的手"就不像有任何深刻检讨的模样，政客们忙着转移老百姓视线，并挑上中国当作今天的"犹太"，一副准备搞个第三次世界大战的老套路……民主吗？民主得很！美国人民吃这一套，没比纳粹德国的民主差。

中国人一定要站在当代高度来看现代的"民主"：西方的民主软体，是跟西方的资本主义经济软体配套的，充分达到了人性面的社会运作需求，才取得"普世价值"的一席之地，以及相应的"话语权"。人性，让每个人一是需要感觉"自由"的表达，没有任何束缚或恐惧，可以自在地选择；二是需要感觉"自控"，知道可选的路并自己决定选择，没有茫然的明天。欧美，尤其是美国的社会制度，通过多个渠道的制衡，以及法治的执行力，尽量让平民感觉他们可以控制权力的过分膨胀，这就做到了：经济现实面，分配得稍微均富，感觉到了起码的公平；政治现实面，人人可以放心地自由表达，感觉到了起码的平等、选择的自由。美国政府从不与民争利，争利的是背后那支"隐形的手"，而大多数美国人并不知道，金融海啸，是金权过分膨胀的恶果。

人类社会施行资本主义 500 年来，权力由政治折向财经，这一次金融大海啸，我们必须真正面对"金权"超越"政权"的美国实况，必须控制那支"隐形的手"，以及那支"隐形的手"假借我们自身的贪欲的后果。所以，中国两岸要民主、自由，很简单，其实就搞点新式的平均主义，抑制任何过分的权力经济（不管政权、金权），而不抑制平民百姓，要真正在这方面"超英赶美"，让人民口袋里、心窝里都舒服。台湾人民常说，心里"甘愿"，就是民主、自由！多么人性化的表白呀！

我们是这样走过来的

往事已逝，怎么看待各洲人群的历史所反射出来的经验呢？

文字的发明与利用，一下子把前人和我们的时间隔阂消除了许多，在记述的事物上，仿佛前人叙说，而我们在听：

农业文明，让前人开始有力气去组织部落与国家，不过，干活的人忙着生产，管事的人经常闹事，忙着跟别人打仗，所以，5000年来的"历史"记述，大半讲的是人群怎么互斗的事。最大的长进，就是给人脑长了心思，而且还不少。

前人说不明白的事，就推给"神"，只有中国人比较皮，还跟神讨价还价：什么"信神有神在，不信也不怪"、"心诚则灵"。其他的西方世界和美洲，则宗教战争闹到现在。

马匹和轮子的发明与利用，把空间距离变小了……

而文明一旦开端，文化积累加速成长。几千年来，人类社会的形制，以家庭为单位，从社群到部落、国家、帝国、民主国家。社会组织的内容，以国家为单位，从政教合一到政教分离、君主集权、民主均权。其所对应的过程时间和表现形式，都是人脑经验、知识、技术等的积累与消化所必需的。没有前人的领悟，没有文字的开创，没有历史记录的累积，没有文艺复兴带来的理性开悟，没有这一连串时间的教化（包括挫折的经验），哪来贝多芬的交响曲和爱因斯坦的相对论？

500年之前，全世界的各地各族相对比较隔绝，人们仍然各自依着"人性"，迈到今日。有人类以来（直到近百年之前），各部族文明的发生、成长与消逝，都是当时当地的人们自己谱写的，其中一定没少那些因环境因素而造成的断层。5000年来的人史，表面上读起来很热闹，其实，西方的埃及、希腊、罗马与数不清的英、德、法、西等各地王朝；东方中国的秦、汉、唐、宋、元、明、清王朝，以及中间地带的波斯、印度、阿拉伯、突厥、蒙古等王朝，甚至中南美洲的奥尔美克、安第斯等王朝，无不是"人性"在各地演练的记录。当人们"不知道"的时候，前人面对的天地一定显得无比辽阔，别说外国人了，连外乡人都很少见；人际之间，动物的竞争本能发挥得淋漓尽致，常把别人当成不是人或异类或异端来处置。如今我们"知道"了，成吉思汗把欧亚大陆变平、变小了，世界不再遥不可及；科技让世界变得更小，要见面，只是飞行十多个小时的事，要通话，那可是瞬间的事。

有史之史，早的有5000年（埃及），细的有3000年（中国），绝大部分，记载的都是人际或人为的事，限于前人的所知，对环境的、大自然的描述比较少。气候、灾异、虫害、疫疠等等的物理或生态事件，影响到人类的时候，由于无知，前人大都只能暂归之于超乎当时人脑想象之外的神界去处理。所以，科学发达之前，也就是百年之前的人史，相当反映了前人的处境：所知的经验大多是人世的事物，心思也就大多集中在搞人际的花样，各地各族那么多的内争外战，人们互相争夺，互相砍杀，也是历史过程中无可奈何的人性表现，因为人们当然不会费劲去同他不知道的事物搞联合或斗争。

百年以来的人史，其实已经进入另一大量子飞跃，相对论与基因的发现，使当代的人完全可以重新检视过去的人史，检视古人无法去述说的人与大自然的关系。我们会赫然发现，太多个有史之史里的故事，竟然不全是个偶然事件，其中最鲜明的例子，便是气候与疫疠对人史的影响。无论东西方历史，远的如两千几百年前雅典对斯巴达的争霸，败在雅典对周边发动的一场征伐，他们进攻一个正闹着瘟疫的城邦，轻而易举赢得胜利，兵士们带回来细菌，感染了雅典，估计雅典因此丧失几近一半人口，当然也就不必再同斯巴达争什么霸了。近的如第一次世界大战，1917年爆发全球性流感（就是禽流感的前身!），估计欧美死亡达 2000 万人，各国实际无力再战，是细菌逼得各国非停战不可。

在有案可稽的两千多年人史当中，细查起来，不知有多少事例，是疾病在决定历史，非关人为；甚至西罗马帝国的覆亡、文艺复兴等等，都有其瘟疫相关的直接或间接因素。16 世纪初，西班牙征服美洲，几乎不费吹灰之力，最大最大的助力，来自欧洲人带进美洲的天花菌，由于美洲人同欧亚隔绝了 1 万多年，而欧亚大陆人种同天花菌已共存至少两千多年（根据历史的考据），多少发展了一点免疫能力，美洲人却是赤裸裸地面对一个完全陌生的细菌，造成几近 90% 的死亡，身心俱疲的美洲原住民（许多部族因此灭绝）只好完全被征服。报应也很快，西班牙人似乎很快也从美洲人那里感染了欧亚大陆人种完全陌生的梅毒，传回到欧洲，16 世纪末就传染到印度、广州，肆虐欧亚，直到 20 世纪盘尼西林抗生素出现，才算遏制住。梅毒病症至少造成了欧洲好几个暴君以及战役的失败，它改变的历史，影响也不容等闲视之。

细菌，这小东西早已存在了 30 亿年以上，2000 年前的中医当然无从知道有细菌这么个玩意儿，所以中医对细菌感染的炎症，通常也只好诉诸病人自身的体质与茫然的环境，换言之，运气，因为实在无从了解为什么有人会康复而其他人不会。然而，细菌之外的病因，生理的或跌打损伤什么的，中医连针灸的穴脉都能自成一家理论体系，实际也管用得很；长期的存活经验更让中国人习惯于熟食、沸饮，相对来说，更接近现代的卫生标准。西医的历史比中医糟糕，在现代医学发达之前（大致说，就是一百多年之前），西方大量靠的是宗教的精神疗法；直到 19 世纪，战役下来的伤兵，死亡率相当高，因为伤口的感染率很高。不过，无论东西方的医学，都已经从疫疬那里得到足够的教训，人们躲瘟疫，城里的要出去，城外的要走远，结果传染得更泛滥。到了 19 世纪，人们才依稀懂得群聚环境里清洁、卫生、通风的重要性。

因此，总的来说，我们的前人走过的路，留给我们的经验里，应该有两大部分，都跟知识的普及相关：

其一是，人们比较熟悉的部分——人事。

文字历史大量载述前人政治、经济、社会、文化的变迁，生产方式、改朝换代、制度沿革、精神面貌、艺文表现，等等等等。各地各族，各有特色，各有一套吃饭的家伙与本事，所谓"一方水土，养一方人"。用心整理起来，大概人世间所有可能发生的情况、境遇、氛围，都已在前人的经验之中。

举个例说，考试制度。农业的中华帝国早在 1800 年前便运用考试来择取官吏，到大约 1000 年前，中国的考试制度已经公平到接近现代水平，不但对社会的传承与激励有了相对比较客观的标准，甚且对数量级上占绝对多数的农民基层，提供了一道切实可行的流动机制，农民子弟只要真能读书，科举考试便几乎是他们上进唯一的途径。到了 500 年前，中国官吏已经有不少农民的成分，虽然这种流动性还远远不足以代表下层农民的社会比率，但也多少稳定了中国的社会基层。考试制度当然也不是一代或十代之内，就设计成今天的模样，能广被人类社会采用，它在人事上的作用，必然早经千锤百炼，才会演变成人们接受的基本制度软体。

所以，不公平的考试制度绝不会长久。比如，中国大陆现在的大专入学考试，各大学用国民纳税的教育经费去保护地区名额，难怪今日中国的大学形成了一种古怪的内交壁垒，不打破这些连古人都不如的陋规，哪有可能提高教育素质？台湾又是另一个极端，干脆把教育做成商业，跟大陆"文革"一样的套路："无产阶级要占领文化阵地"的号召，是砸抢文物或工农兵上大学；台湾则是开门办大学，放任商人把大学办成补习班，因"财"施教，人人皆可上大学，拿钱换文凭。看来，两岸都得回归教育、考试制度的基本面：文化、人心工程。

再举个例子，人口政策。费孝通在半个世纪之前就写了"乡土中国"的农村社会调查报告，形容它"骇人听闻"并不为过，其实，书中描述的中国偏远农村的非人景况，同欧洲大瘟疫时期人道崩解的报道，具有同样的意义。任何偏远、贫穷、闭塞的地区，乱伦、杂交等人伦的崩解，是人类社会必然的一个症候，管它欧亚非美，都一样；时至今日，还是一样！这件事只能说明：不受文明约束的人口"自由"膨胀，硬把不经济的土地使用于养活少数人口，出现仅仅存活于动物般境界的人群，不但破坏了大地的环保，而且也绝对不合人道："人"是必须与其他人群一起教化的。

所以，像中国或印度这样贫穷的人口大国，必须把境内偏远、贫瘠地区的人口迁出，控制人口增长，普及教育，完全不必理会那些无知的美国政客的"人权"叫嚣，如果美国那么人道，他们大可以用实质性的援助，协助全球偏远农村的内迁，甚至搬到美国，受美国的教化。

我们很"愤青"般地说了些历史的人事教训,当然,也有温馨的人事,说个虚拟的来代表一切实存的:年轻的罗密欧和朱丽叶的情与欲,任谁读了都血脉贲张,泫然欲泣,哪个人没经历过青春呢?类似的人事,连拘谨的中国都还有梁祝与西厢的故事。说明了:年轻人的热情奔放,情与欲,可教不可压。共鸣跨世代、跨全球,又何止于年轻人而已,人性与人道,尽显其中。所以,年轻人大可不用热恋到昏头,做父母的也不必约束太甚;对社会里的一见钟情,更无需羡慕或排斥,见怪不怪,因为都是费洛蒙惹出来的自然现象。

如果把各族群所处的天然环境因素,加上人群传承的经验惯性一并思量,虽说历史偏重于人事,人史倒是可以相当程度上理出个逻辑。比如说,西方的分治,远在罗马帝国之前的城邦时代,便已肇因,蛮族与瘟疫,不过是刚好让帝国的覆没起始于公元4世纪那个时间点而已。真正使大融合难以实现的是,拼音文字的方便所带来的族群分隔效应,连一神教的耶稣教会与伊斯兰教的教化,最终也无法把众多部族统合到一块。东方中国也经历过城邦时代,秦始皇帝统一象形文字,真正带来族群的关联效应,经过汉武大帝把人伦划一于儒家道统,部族的大融合便成为中国的历史趋势。如果也给美洲千年数量级的时间,继续再隔绝于欧亚大陆,他们的象形文字恐怕也会产生区域一统的结果;因为,欧亚大陆的人已经验证过了,美洲人大概也走不出别人走过的路径的范畴。

一统的中国给人类留下农业文明极致的脚印,而分裂的欧洲给人类带来科学理性的开悟。公元16世纪开始,人史的天平,从人事逐渐向大自然倾斜,人开始理解到,"人道"、"人性"都是大自然的一部分,不但"人"本身只是一个存活的物种,"人"显然也不可能自外于大自然的其他生物和宇宙的其他规律。

其二是，人们才刚刚开始熟悉的部分——科学。

人史演化，围绕着群居人数的增多，乡镇城郭逐渐形成大城市，人脑忙着跟其他的人和社群互动、打交道，互相交流、学习，建立认同、体制与文化。在漫长的文明岁月中，时间与知识慢慢积分到科学认知的发生，人类才豁然开朗：人类社会里聚居的，不仅是人而已。人的生态环境，跟着人一起聚居共生的，还有老鼠、蟑螂、蚊虫、苍蝇、细菌；加上被人驯化而被迫也大数量聚居的五谷杂粮、家畜、家禽，它们各自也形成一个小生态，连同里头共生的其他生物……这复杂度，原本就不止于人自身的数量级而已。人类文明发展的时间长度，不过1万年的数量级，文明从开端到今日，人（或人脑）演化（智慧）大大加速。可是，1万年对昆虫、细菌却是真正的"漫长"，漫长到它们足够在围绕着人的生态系统里，滋生对人有害、以人或人的器官为食物链的疾病，这同大自然里任何群居动物的小生态，没有什么不同。穴居大数量的蝙蝠群，或者草原上大数量的野牛群，只要是群居动物，它们的粪便，便足供形成赖以为生的虫、菌系统；而人的群居处所——城市，所集中的大量垃圾与排污，以及溪河、上下游城市的饮水，在人们不知道公共卫生保健的时候，自然很容易感染疫疬。这完全是数量级的自然现象与规律，生物的数量大，世代的数目久，乘上变异的几率，结果就成为必然。

科学越来越发达，人们现在知道，不但人居住的地方要讲究卫生，连我们摄取淀粉与蛋白质的来源——五谷杂粮、家畜、家禽的大规模生产，也得讲究卫生，因为在那么窄小而大数量的生态里，每世代只活 10 分钟数量级的细菌们，很容易就开发出跨物种感染的新品种，让人、畜一起闹瘟疫。肆虐欧洲许多次的鼠疫——黑死病，就是这么来的；炭疽病更是可以从植物感染到动物和人。事实上，美洲人驯化的家畜，多半不是大规模集中饲养，所以，美洲在欧洲人登陆之前，1.2 万年来并没有瘟疫的问题。而 1 万年来欧亚人驯养了猪、牛、鸡、鸭等等，并且连同狗、马、猫都住在一起，代价之一的天花菌，就是人、鸡传染的水痘（chiken pot），甚至感染到牛（所以，中国人才学会"种牛痘"）。近年来有禽流感、SARS、猪牛羊的口蹄疫、狂牛病等等；全因大数量高度集中饲养的模式，违反了动物天性，人为给细菌们创造了一个加速演化的温床，终于自然出现种种跨物种的疫病。

更糟糕的是，五谷杂粮、家畜、家禽都是经济作物；为了给五谷杂粮果蔬除虫，先是用 DDT，不过才 20 年吧，倒刺激虫儿们开发出抗药基因，于是农药越用越毒，连最毒的氰化物都用上，毒死不小心吃到的人。而为了加快禽、畜进入市场，饲料中大量添加生长激素与抗生素，结果奶、蛋、肉里满是这些化学品的残遗，难怪小孩子们越来越早熟，而且怪病越来越多。人本身医疗用的抗生素也反映了类似问题。自有盘尼西林的发明以来，半个多世纪，许多细菌都已衍生出抗药性强的新种，迫使医疗界开发更新的抗生素，如今已经厉害到研发出头孢素。可是医生们仍然动不动就给病人开抗生素，让细菌们更有机会去演化抗头孢，于是，连伤风都可以病死人了，因为那个病患体内的细菌已经演化成无药可医的"超级细菌"。

人们对环境与生态系统的认识，是科学带给人类的一大开悟。

从科学角度来看人史，一切人事的、非人事的经验与感受，都可以在所有的人脑里共通，人的厉害，也就在这点，我们是可以同任何"人"互相同情、理解、学习的动物，根据如此庞大数量的人脑数据库而整理出来的规律或逻辑，便是"人"的科学。科学这么一套思维方法，就是我们的，也是大自然演化到现在的、最犀利的武功了。

历史等于让全部存在过的人脑能有机会一起自省，找因果、找道理、找问题、找解答。所以，人类也许会是个可以存续得最长久的物种，如果我们善用所知、善用所情的话。

前人从没有历史的过去，走了段很漫长的岁月。有信史的过去，也走过了3000年。磨磨蹭蹭，摔摔碰碰，从石头工具做起，当下也有了电脑、火箭，还有诗歌、音乐、绘画……都传到现在的我们手上了。我们比所有前人都幸运多了，因为我们享有他们的经验，不用再走冤枉路。

五　快乐就是文化

我们知道这个世界里发生过了那么些故事，大概就可以了解希腊古人干嘛老被"悲剧英雄"的戏剧感动，毕竟老天爷对希腊英雄想做的事，救个族人或美人什么的，常常就是让他们拼命"知其不可而为之"、"尽其在我"而已，像白桦笔下的"苦恋"，永远的苦恋?! 可小小绿藻菌，不就真的把地球硬生生充氧到今天的百分之二十! 这又该怎么说哩?

拿近一点的我们熟悉的现代中国与美国的事件来说说吧：

200 多年前美国历史的起点便已经是迈向科学、经济、民主的现代社会模式，仍然不免发生了南北内战，对打的林肯与李将军都是当代俊杰，如果南方赢了，难道奴隶制度便会长此以往继续下去? 绝对不会! 结果，虽然是北方赢了，黑奴制度明令废除，人道是改善了，可仍然要到百年之后的马丁·路德·金氏再次引用印度甘地式的非暴力革命，才得使美国社会真正向人权跨进一步。因为美国内战的原因，并不是那么单纯地只为了奴隶制度，更主要的，恐怕是北方的工业社会向南方的农庄社会夺权! 而直到今天，美国治下的黑人以及美洲原住民，依然必须为他们的存在，争取免于歧视的人权。

　　中国的近代史就更耳熟能详，不用多说也明白：一百多年前，列强影响下的中国传统农业社会，孙中山革清廷的命之后，既会出现蒋介石，也会出现毛泽东，实际上，当年还真出了不少孙、蒋、毛之类的人物。他们不过是动态历史试炼下的成功代表。他们实际都是当代英雄，"既生瑜，何生亮"之外，就算老蒋打赢中国内战，恐怕，另一个代表中国农村的老毛的出现仍然是必然的，因为那时的中国农业社会确实没有顺利一步到位地同现代国际接轨的可能。直到今日，中国社会依然必须为农业文明的转型付出巨大的代价，又岂止是毛蒋之间或国共之间的问题。

　　如果我们更扩大视野，把英国、日本、菲律宾等的例子一起思量进来，再把当代中国、美国政治运动的偏失也一起考量，那么，人作为一个社群动物与历史动物的本质，也就昭然若揭。比如，对日抗战是中国历史的一个特大事件，军民伤亡难以计数，从某个意义上讲，它所搅拌的社会流动，大概是中国史上最壮观的一次。抗日抗到同英美结盟，中国农民要出国到缅印战场打仗，却几乎也跟郑和下西洋一样，当今又有多少人真的知道、真的会去纪念那些贡献过青春或生命的人呢？

　　人脑受当下境遇的影响，竟重要如斯、扭曲如斯。即使连"先进"的美国社会，受当年《时代》杂志老板亲蒋的影响，到今天也还有不少老美闹不清中国的"神秘"面纱，而真正让中国神秘的，是当代国共之外的、全球性的"左"、"右"政治情结，以及其他的宗教、区域、文化等等的软体情结。那么多只"隐形的手"在背后，让人们绕了许多弯路，浪费了许多时间与精力，激情到最后，难免还是要面对自己欲望所造成的无知或偏见。

然而，历史毕竟就是在那么多"尽其在我"的、有名的或无名的、大大小小的林肯与李将军与马丁·路德·金与孙、蒋、毛、邓等无数人的交织下谱写成的，只要人类不灭，人史这道微积分课题，仍将继续下去。历史的积分结果，无非可以教人们分析出自身的局限，也许得以藉此改变。改变什么呢？改变人们的无知！知道了，就不神秘了。知道台风来了，就一定不会把船开进刮台风的区域，就不会让船员去面对无知所造成的"命运"无力感。缩小到一个人一生一世的私事经验，关乎自己，感觉更强，又何尝不是如此。

人们尽心尽力生活行事，常摔同样的跟头，连吃惯米饭的要偶而改吃面条，都还要费点劲，连饥饿都不尽然可以立马指挥自己的胃呢，所以，难的是，要花点工夫去了解，"自己"、"我"是怎么积分出来的？连胃的口味都是妈妈培养你造成的呢，难怪全世界的人都认同他妈妈的厨艺，永远天下第一好吃，因为从小到大吃惯了！人脑其他的传承，不也一样？知道了，才有打破执着的选择和机会。知道，让你体验生活的实在和有趣，因为你对事物可以不尽然全是既成模式的反应，你还可以真正自主选择，从此积自己的分。不知道的时候，基因和教化就注定了你的反应模式，这才让你感到生活的虚幻和无力。

知道自身的受限，了解到人的软体在时间上与人群数量级上的互动是难以急转弯的，这应该只会激励我们更加珍惜选择，而不至于只能抉择妄自菲薄、任凭"命运"摆布那条路。人的自由度，就是可选择、会选择。因为，大小数量级之间的界面，并非全然牢不可破，至少，在生命演化里，无限往前走的"时间"也是另一个大数量级的东西，时间给所有的几率提供了同样的机会。人生大致也一样，人的有知的乐趣，便是可以靠自己的奋斗，在无害于别人，甚至是利己利人的情况下，去获取自己想要得到的东西或结果。这不是"也许"，这就是人世间的"游戏规则"。人类社会的历史试炼，不会平白无故地开发出感情、艺术、思理、科学这些玩意儿，更不会还让人们都一致开发出真、善、美的境界意念。

　　人生在世，哪能没有矛盾？拿遥远一点的来说：生物的本能里头，生存，固然是基因的本能，死亡，也是基因的本能呢，不然，哪里还有生命世界的大千景象；生物本能，原本就是一大堆矛与盾一起来的。人的本能里头，既要集群，当然有"大我"，而饥寒所逼，又要生存，"小我"不自私又能怎么办？基因之所传承，人脑之所受教，以子之矛、攻子之盾，无处不激荡着"自我"意识，你之所以为你，我之所以为我，可以说，正是种种矛盾下的、不全然相同的反应与选择。各有所知，各有所图，又必须一起生活，才有所矛盾，才有所选择，才有所"自由"。

　　矛盾，是"知道"与"欲望"的心理代价，这是"人"特有的现象。随基因本能而生灭轮回的其他生物，既然无知，也就无所谓自由或矛盾，何况宇宙里的质、能、时、空，原本就浑然一体呢。所以，对世事外在的矛盾嗟叹，被自己内在的矛盾煎熬，享受每一次选择的兴奋与自由，从苦乐中学习成长，包容原本是一体的矛盾，这是非常人性、非常人道的事情。每个人都想学会选择快乐的结局，关键是首先得知道，"快乐"究竟何物？这真得够酷，难道人们还会不知道快乐是什么吗？这题目，几乎与一面去捐钱慈善、一面又知道打仗会死人还照打不误，一样古老。

整天吃素的人，想吃点肉，因为基因需要补充蛋白质；整天吃荤的人，想吃点菜，因为基因需要点纤维和维他命 C；这些需要得到满足了，人就"快乐"了。长久被欺压的人，想要尊严，得到权力了，满足了，却常常更恶行恶状，因为不知道人际还可以有欺与被欺之外的相处模式。问题家庭养育出来的人，想要被关怀，交到朋友或伴侣了，高兴了，却常常相处不久，因为他们少了些学习跟别人和睦相处的模范与练习的机会，而自律、表达和体贴却是与人相处的必要条件。这些，就是人之常情，"人性"。

生理的需要比较容易感受"快乐"，饿了就吃，困了就睡，满足了，快感就来了。可是人的情性与理性，需要亲人与旁人的模子来培塑，需要自己的智慧来摸索，牵涉到人与人之间的互动，以及自己的开窍，就不那么容易"快乐"了。快乐，原来是还得学会快乐呢，快乐竟然是人性里的一种能力、一种能量，不尽然可以独享，而且确定是需要自己努力去开发的呢。人们都希望给自己的亲人、给自己所爱的人带来快乐，大概太努力了，或者忘掉了、或者不知道，快乐，不完全等同于欲望的满足。常常，一个自在、轻松、欢喜的人，所能感染给旁人的快乐，非笔墨可以形容。学会去了解、选择、驾驭矛盾之间的分寸，修养出一个快乐的你，给家人、朋友一个快乐的模子，让大家一起都学会快乐，那才更加是有"人"味的成就吧。

所有的前人，开发了形形色色的文明与文化，得到物质与精神的满足，都为了欢欢喜喜地生活着。充足的供应与方便带来感官的快乐，科学与艺术带来理性与情性的快乐，法律与秩序带来安全感上的快乐，所有这些人类文化上的东西，哪一件是不学自会的呢？吃饭、避寒、睡觉、做爱，固然是本能，不用学也会，但是，吃什么样的饭菜、穿什么样的衣服、打扮什么样的住窝，以及怎样去打动伴侣，那可是人为的、互相学出来的，既有群体的规矩规范，也有个体的选择余地。这些人类文化，早已跟饿了就吃、困了就睡的本能，平行发展了几百万年，人类的欲望，早已在食色之外，另有心思，心思还多到可以引发神经病。

人们走过一段漫长岁月的历史，就是人性与人道的曲曲折折的过程；天灾人祸的教训，不过提醒人们：有些做法的结果，最终快乐不起来！快乐，还是人类相处的一种智慧呢。有生就有灭，连太阳系也不过只能再存在个 50 亿年，也许我们人类终究难逃这宇宙生灭的规律，我们不知道、看不到那结局，也许地球上的生命基因会随着人类的智慧而整体移民星际，也许会被打散而在星际空间漂浮，也许会完全崩塌在太阳系的寿命里，那又怎么样？我们现在就知道了这些可能的下场，而我们至少可以希望（甚至做到）人类会长进到学会，不但跟别人、也跟别的物种以及环境，一起活到这生命和宇宙的尽头。3000 年的人史记述，至少让人看到、感到：人道，是在长进中的，人性，也是在演化中的。有时候，快乐就是大家都得来点阿 Q 式的一厢情愿呢，难得糊涂嘛！信念，也会带来凝聚力和欢喜心的。

仅仅在过去 50 年的时间，人们经历了这样曲折的大时代背景：中国大陆的"文革"、美国的反战与黑人民权运动、IBM 电脑、中美复交、毛蒋凋零、中国大陆的改革开放、台湾地区的民粹式"文革"、德国的一再为第二次世界大战道歉、日本的死不认错、美国的越战与伊拉克之战、个人电脑、互联网、基因工程、欧洲共同体、"9·11"事件、中国与印度的经济崛起……如果再加个 20 年，不算长，也就仅仅是过去 70 年的时间内，那时代背景还得添上：第二次世界大战、核爆、喷气飞机、火箭、卫星、美国称霸、中国内战、朝鲜战争……新生事物，多到令人眼花缭乱，全球政经大变样，道德断层似有似无，使人们认识到，信息科技与知识的进步，一定加速了整个人类的混同与混乱。

以前各地区人们用许多世代才累积出来的经验与文化，现在都存在一个变小了的世界里的更多的人脑里，来不及教化，甚至来不及沟通明白，以至于到处都摩擦出火花。本来，文化是要让你心安理得、让你快乐的，而面对现在每个人更广泛的人、时、空接触界面，文化的惯性却意外地使你更加焦虑、倍感孤独。因为前人的生活圈子小得多、改变的步调慢得多，所有的传统文化软体，东西方、全球各地都一样，从来只要适应当时人所知和所处的环境就行了，而今人所处的环境和拥有的手段，都是前人无以想象的。高度激发的人类贪婪，在过去500年内打造了"消费经济"时代，泡沫繁荣的代价是，紧凑与独占的生活方式让人心疲惫不堪，现代工商社会反而因此付出可观的人性成本：冷漠与疏离。

今人的曲折，是每个人都得在各自传承到的文化底蕴上，迅速调试出能适应现代社会的 EQ（"情商"）软体，让自己可以从众多的贪欲之中，勇敢地说"不"或"要"，回归自在与自然。有多少商品消费，真正是生活必需的，值得你为之失落、为之折腰的呢？而没有这些商品和广告的多样性，你又会不会觉得无聊呢？你能知道"你"到底冀求什么才会安宁吗？还是只有一连串的冲动与满足，老在"爽"与"悔"中打转？

没关系，文化是人为的，社会是人为的，科技也是人为的，人们的感觉，更是可以互通的；这一切都是"人"的氛围。我们至少知道：人造的事物，是可改变的、可修补的。希特勒、裕仁闯的祸，世人都可以补救回来。小布什闯的祸，老美也自会把它补回来，老美不补，别人会给它补。天塌下来，自有大个儿的人顶着呢。但我们自己至少要尽点力不让下一个希特勒、小布什得逞，静点心、看点画、听点音乐、少点冲动、不买广告炒作的商品……并且不要投票给那些太用力去卖"爽"的人，我们就至少是七十亿分之一的地球好公民，或十五亿分之一的好中国人。不知道，不一定害你，而知道，就一定有益，越知道，越有益。勤学勤问，才不至于失去选择的自由。

比如说，人与人之间，不是两个好人在一起，就可以形成一对好朋友或好伴侣，人与人之间，还有口味、默契等一大堆难以形容的，所谓"缘分"的东西。情感和时机（chemistry、timing）的问题，强求不来，不必过分执着。朋友做不成，没关系，别存心去设计人或害人，最终就会让自己做个快乐的人。又比如说，认识到，人已然是个心理动物，就要诚实地面对、了解自己的内心世界，给自己做人心工程。从小到大，哪有人从未伤过人或从未被人伤过的，只要有真诚的忏悔与改过，足矣。常常是得原谅自己，才会真正宽恕别人的，因为谅与恕的状态都是接受，不接受自己的人，也就难以接受别人。

同样，有幽默感的人，先就幽自己的默起来；真正自尊的人，一定也尊重别人；满心欢乐的人，喜气洋洋，自然人见人爱。所有人类社会的教化，都教人为善，仍然不免有那些没机会受教或没学会的人；所以，拎个敞口的手提包，出入大都会的闹市，招来扒窃、给自己带来麻烦，绝非明智逻辑之举，甚至是助长犯罪的无知行为。经一事，就要长一智；看到听到别人和前人的故事或经验，就要举一反三，形成自己的慧根。所有社会、文化、科技，这些人群集体创造的东西，都是人为了自己要活得更好，才开发出来的；怎样才算"活得更好"呢？人心所思所欲，不会完全一样，也不会完全不一样，而对"快乐"的诉求，大概是古今中外、所有人性的共同愿望。"快乐"作为一个人类共同追求与学习的状态，活得更快乐也就算活得更好了。要形容"快乐"，也容易，也不容易，我们只好模糊一下，用自己的心情去领会，这恐怕也是唯一贴近"快乐"的办法吧。

快乐就是文化。知道那么多，学习那么多，都是为了学会快乐，因为，快乐，就是"人"的文化。快乐，是"甘愿"承担自己，感染、分享别人以及大自然的一种氛围。

跋

　　现代人都很忙，忙着讨生活。现代化的日子，分工细，全世界每个人都专注着他能做的、会做的或者是他能找到的活路。忙的感觉，有分工带来的，因为每个人都依赖着别的人的活，你的活也是大家的活的一部分，所以，谁也不能偷懒，谁都得干活。其实，前人的日子大概也差不多，尽管以前的分工没那么细，那也就是数量级的大小而已；甚至当今仍处在文明边缘的部族，日子也忙着过。勤快，是古今中外全世界人们的美德呢，大大小小所有社会，古今中外，大家都喜欢勤快的人；因为下意识里，人们感觉到，我们都依存于其他的人，无非依存的范围和人数，今时犹过于往昔。忙，勤快干活，成为人群的特色，所以，每个人也自找忙的感觉，从忙碌里肯定自我。这显然不是件坏事，谁都得好好干活，大家才能过上好日子。

　　可是，现代人忙久、忙腻了，基因里的好奇、图新鲜的本能未免要发作起来。没事儿，家里的摆设要挪动一下，工作也想要折腾一下，服饰、发型更不时变一变，美一下。人类的美境，大概就是这本能的发挥吧。所有的人，日复一日，每天不自觉地过日子，用小小的改变自娱，也看电视、听新闻、跟朋友聊天……随同人群一起"潮"一下；自我肯定的背后，希冀着别人关爱的眼神。如果我们完全无知无识于这样的一个"人"的现象，日子当然照过，忙照忙，倒怎么去认知那生活，也就是自己的"人"的生活呢？每个人的认知和欲望都不一样，也许你能有不同的生活方式和意义感呢！那可是只有自己才可以领会的事，谁都想过得更快活，就是忙得忘记了先得领会自己的知与欲！

好友沈之珍常同我喝茶、聊各自的人生经历，我们总是从各现各的宝开始，而终于一起感叹人世的好玩：这似乎无常的大千世界，却绝没少让我们共鸣默契之处，就是，"知道，所以自在"。这份交情，加上他也有个宝贝女儿，启发了我在忙碌之余，给孩子们写本人世宝典之类的"家书"；一写三年，下笔不能自休，结果竟写成为这本公诸大众的武林秘籍；所载武功，许多是和之珍切磋来的，不能一一。后记于此存照，作为纪念。

策　　划：任　超

责任编辑：许运娜

图书在版编目（CIP）数据

这才是你的世界：万物大历史/（美）李乃义 著. —北京：人民出版社，
　2017.7

ISBN 978-7-01-017714-4

Ⅰ.①这…　Ⅱ.①李…　Ⅲ.①社会发展史-通俗读物
　Ⅳ.①K02-49

中国版本图书馆 CIP 数据核字（2017）第 112898 号

这才是你的世界：万物大历史

ZHE CAI SHI NI DE SHIJIE：WANWU DALISHI

［美］李乃义　著

人民出版社 出版发行

（100706　北京市东城区隆福寺街 99 号）

北京中科印刷有限公司印刷　新华书店经销

2017 年 7 月第 1 版　2017 年 7 月北京第 1 次印刷

开本：710 毫米×1000 毫米 1/16　印张：18　字数：228 千字

ISBN 978-7-01-017714-4　定价：46.00 元

邮购地址 100706　北京市东城区隆福寺街 99 号
人民东方图书销售中心　电话（010）65250042　65289539